财政部规划教材
全国高等院校财经类教材

金融学学习指导用书

潘淑娟 主 编
徐英富 副主编

中国财经出版传媒集团
中国财政经济出版社

图书在版编目（CIP）数据

金融学学习指导用书/潘淑娟主编．—北京：中国财政经济出版社，2019.8
财政部规划教材　全国高等院校财经类教材
ISBN 978-7-5095-9124-6

Ⅰ.①金…　Ⅱ.①潘…　Ⅲ.①金融学-高等学校-教学参考资料　Ⅳ.①F830

中国版本图书馆CIP数据核字（2019）第162186号

责任编辑：樊　闽　　　　责任校对：徐艳丽
封面设计：孙俪铭

中国财政经济出版社出版
URL：http：//www.cfeph.cn
E-mail：cfeph@cfeph.cn

社址：北京市海淀区阜成路甲28号　邮政编码：100142
营销中心电话：010-88191537
北京富生印刷厂印刷　各地新华书店经销
787×1092毫米　16开　17.25印张　415 000字
2019年9月第1版　2021年1月北京第2次印刷
定价：40.00元
ISBN 978-7-5095-9124-6
（图书出现印装问题，本社负责调换）
本社质量投诉电话：010-88190744
打击盗版举报热线：010-88191661　QQ：2242791300

前言

本书是财政部规划教材，由财政部教材编审委员会审定，可作为全国高等院校财经类教材。

金融学是高等学校财经类专业的核心课程，是金融学专业的主干课程，同时也是学习和研究金融问题的基础课程和入门课程。为了帮助读者学好金融学课程，快速掌握重点和要点，我们编写了这本书。

本书系财政部规划教材《金融学》配套教学用书。根据教学需要将每章分为四个部分：第一部分为学习目的和要求；第二部分为教学内容的要点提示；第三部分为练习题；第四部分为练习题的参考答案。

我们在忠实于教材的基础上，对一些问题进行了深化和拓展，以便开阔学生思路，深化对学习内容的认识和理解。

由于时间仓促，加之水平所限，有不当或错误之处，恳请读者批评指正。

编者

2019 年 9 月

目录

基础篇

市场与机构篇

货币需求与供给篇

金融运行与发展篇

基础篇

第一章 货币

☞学习目的和要求

通过本章的学习，了解货币的起源，掌握货币本质、货币形态的变化、货币的职能、货币制度的内容和货币层次的划分，熟悉货币制度的演变。

☞要点提示

第一节 货币的本质

一、货币的起源

马克思理论认为，货币的根源在于商品本身，是商品交换的必然产物。商品要实现其价值就要通过交换，一个商品与另一个商品实现了交换，商品价值就通过另一个商品表现出来了。通过交换表现商品价值的过程也称之为价值形式。

随着商品交换的发展，价值形式相应地从低级向高级发展，即经历了简单的价值形式、扩大的价值形式、一般价值形式和货币价值形式四个阶段。货币则是价值形式发展的最后结果。

（1）简单的或偶然的价值形式。就是一种商品的价值偶尔地通过另一种商品表现出来。它是与偶尔的商品交换相适应的。

（2）扩大的价值形式。就是一种商品的价值通过许多种商品表现出来的。

（3）一般价值形式。就是所有商品的价值都通过一种商品表现出来，这种商品即是一般等价物。一般价值形式为货币形式的出现准备了条件。但是，此时充当一般等价物的商品尚未固定，在不同的地区和不同的时间，一般等价物都有所不同。

（4）货币价值形式。随着商品经济的发展，从众多一般等价物中逐渐分离出一种经常起着一般等价物的特殊商品，这种商品便是货币。

货币形式与一般价值形态相比并没有发生本质的变化，唯一的进步在于一般等价物相对固定下来。

二、货币的本质特征

马克思在前人研究的基础上得出了货币是固定充当一般等价物且体现一定生产关系的特殊商品的结论。一般地，将货币的特征归纳为以下几个方面：

1. 货币是固定地充当一般等价物的特殊商品

货币作为一般等价物，具有两个特征：一是货币成为其他一切商品价值的表现材料。二是它具有与其他一切商品直接相交换的能力。

2. 货币是自发核算社会劳动的工具

货币是一般等价物，是价值的象征，其他商品都要通过与货币的交换来实现其价值，所以货币就成为自发地核算商品生产者社会劳动的工具。

货币还可以证明某种商品生产者的私人劳动有多少为社会所需要，商品生产者生产商品的个人劳动耗费是多于还是少于社会必要劳动耗费。

3. 货币体现着社会生产与交换关系

4. 货币是实现资源跨期配置的媒介

三、货币形态

1. 实物货币

2. 金属货币

3. 纸币

纸币有广义和狭义之分。广义的纸币泛指纸质货币。狭义的纸币，又叫代用货币，它是指国家发行和强制流通的货币符号。

4. 信用货币

信用货币是在信用关系下产生的能够发挥货币职能的信用凭证，以及可以发挥支付手段职能的各种支付工具等。其中银行支付工具和商业信用票据是信用货币的主体。

5. 电子货币

进入20世纪70年代以来，由于电子计算机在银行的应用，出现了一种新的货币形式，即电子货币，就是一种通过计算机自动转账系统进行货币收付的支付工具。

第二节　货币的职能

一、价值尺度

货币在表现其他商品的价值并衡量其价值量大小时，就发挥着价值尺度的职能。

货币在执行此职能时，只需要观念上的货币就可以了。由于商品价值的货币表现是商品的价格。因此，决定商品价格高低的有两个因素：一个是商品本身的价值，另一个是货币的价值。商品价格与商品价值成正比，与货币价值成反比。

二、流通手段

货币在商品交换中起媒介作用时，就发挥流通手段的职能。

作为交易媒介的货币必须是现实的货币。作为交换的货币，在每个商品生产者手中是转瞬即逝的，人们并不关注货币本身的价值，关心的是能否按其面额价值再购买。所以贵金属货币和信用货币都可以充当流通手段。

价值尺度和流通手段是货币两个最基本的职能。马克思曾经说过："价值尺度和流通手段的统一就是货币"。货币的其他职能都是从这两个基本职能派生出来的。

三、贮藏手段

贮藏手段是指货币退出流通领域当作独立的价值形式和社会财富贮藏起来的职能。货币是一般等价物，是社会财富的一般代表，为了积累和保存社会财富，使人们产生了贮藏货币的要求。

金属货币的贮藏对于货币流通量具有自发的调节作用。在纸币流通的情况下，贮藏纸币需要具备两个附加条件：一是信用保证，即币值的稳定；二是法律保证，即国家法律强制流通。纸币流通需要发行者人为地调节。

四、支付手段

当货币作为单方面价值转移时，就发挥支付手段职能。没有商品在同时、同地与之相向运动，是货币发挥支付手段职能的特征。

随着支付关系的发展，形成了一长串的债权债务链条。如果其中一人到期不能支付，支付链条就会中断，整个债权债务关系陷入混乱，出现支付危机。

五、世界货币

货币在世界市场上发挥一般等价物的作用时就发挥着世界货币的职能。

从逻辑上讲，"世界货币"并不是货币的一个单独的职能，它只不过是货币的诸项职能超过了本国范围而在世界范围内发挥作用。具体地说有四个方面：一是作为国际价值尺度；二是作为国际一般支付手段；三是作为国际一般购买手段；四是作为一般财富的代表在国际转移。

第三节　货币制度

一、货币制度的形成

货币制度，简称"币制"，是指国家以法律规定的货币流通结构和组织形式。

前资本主义货币流通的特点是分散和紊乱，货币流通的分散和紊乱状况极不利于资本主义商品经济的发展，当资产阶级建立起自己的统治之后，逐步建立了统一的、定型的货币制度。

二、货币制度的构成要素

1. 货币材料

货币材料简称币材，就是国家法律规定的用什么样的物质材料来源充当货币，它是整个货币制度的基础。

2. 货币单位

货币单位包括两方面的内容：货币单位名称和货币单位的“值”。

货币单位更重要的是币值的确定。在金属货币流通下，就是规定每单位货币所包含的货币金属重量和成色。在流通中只有不兑现的货币而尚未与黄金脱离直接关系的情况下，则是确定本国货币的含量金，或确定本国货币在世界占主导地位的货币（如美元）的固定比价。当黄金在世界范围内非货币化后，对外则是如何维持本国货币与外国货币的比价，对内则是如何维持本国货币币值的稳定，即购买力的稳定，而无法对币值加以人为确定。

3. 各种货币的铸造、发行与流通程序

本位币又叫“主币”，是一国的基本通货，是法定的计价、结算货币。金属货币流通下，主币是用法定货币金属和货币单位铸造的货币。本位币具有无限法偿，也就是无限的支付能力。在金属货币流通下，本位币的另一特征是可以自由铸造和熔化。

辅币是本位币以下的小额通货，供日常零星交易和找零之用。辅币面值大多是本位币的1/10 或 1%。国家法律规定辅币只具有有限法偿的能力。

在发展了的资本主义条件下，纯粹金属货币流通是不可能的，因而出现了信用货币，有时国家也发行国家纸币，这些都是货币符号，国家发行的纸币和中央银行发行的信用货币，都是法定的支付手段。

4. 金准备制度

金准备即黄金储备。在金属货币流通的条件下，金准备用途有三个方面：一是作为国际支付准备金；二是作为国内金属铸币流通的准备金；三是作为存款支付和银行券兑换的准备金。当前已无金属货币流通，金准备的后两项用途已经消失，保存下来的只有第一项用途。而作为金准备构成除了金银外，还包括外汇，统称为黄金外汇储备。

三、货币制度的演变

货币制度可分为两类：一是金属本位，即以贵金属作为本位货币，有三种类型，即银本位、复本位、金本位。二是不兑现的信用货币制度，是指不以有价值的商品作为本位货币的货币制度。

1. 银本位制

银本位制是指以白银作为本位币材料的货币制度。其特点是，以白银作为本位币，银币可以自由铸造和自由熔化，并具有无限法偿能力；辅币和银行券可以自由兑换成银币；白银可以自由输出国境。

2. 金银复本位制

金银复本位是指国家法律规定用金和银同时作为本位币材料。其特征是：金币和银币都是本位币，都可以自由铸造和熔化，都具有无限的支付能力；辅币和银行券都可以自由兑换为金币或银币；金银都可以自由输出国境。

复本位又分为平行本位和双本位两种不同类型。

平行本位，即金银铸币按其自身的价值进行流通，国家对金币银币的交换比例不加规定而由市场比价决定。在这种情况下，市场上的商品必然有两种价格，即金价和银价，并且这两种价格还随市场金银比价的波动而波动。这必然导致货币流通的混乱。

双本位，是复本位的典型形态，国家用法律规定金币与银币的比价进行流通。然而市场上金银的比价是变化不定的，而法律规定的比率则不变，这就出现了劣币驱逐良币的现象。

所谓劣币驱逐良币规律，就是两种实际比价与法定比价不同的货币同时流通时，实际比价高的货币为良币，实际比价低的货币则是劣币，通过价值规律的作用，良币被收藏、熔化从而退出流通，劣币反而充斥市场。这一规律是16世纪英国财政家汤姆斯·格雷欣首先明确指出的，所以也被称为“格雷欣法则”。

复本位是一种不稳定的货币制度。

3. 金本位制

金本位制就是国家法律规定用黄金作为本位币。它先后经历了金铸币本位、金块本位和金汇兑本位三种形态，金本位具有以下特点：

（1）各国为货币确定含金量。

（2）金币可自由铸造和熔化。

（3）辅币与银行券可以自由兑换为金币。

（4）黄金可以自由输出与输出国境。

金本位是一种相对稳定的货币制度，它对资本主义的经济发展起了很大的促进作用。但到了第一次世界大战开始后，资本主义世界政治经济发展不平衡，再加上实际上一国往往都通过各种手段来限制黄金的输出入。于是金本位制被停止了。

1924—1928年是资本主义相对稳定时期，各资本主义国家企图恢复金本位，使通货稳定，但又无力恢复战前那种典型的金本位。它们所恢复的是残缺不全的、没有金币流通的金本位，即金块本位制和金汇兑本位制。

金块本位制，又称“生金本位制”，货币单位规定有含金量，但不铸造、不流通金币，而流通银行券，银行券可以按规定的含金量在一定数额（一般都很大）以上可以请求兑现金块。

金汇兑本位制，亦称“虚金本位制”，它是一种间接兑换黄金的货币制度。其特点是：货币单位规定有含金量，但不铸造、不流通金币，只流通银行券，银行券不能兑换黄金，只能兑换外汇，而这种外汇在国外能兑换黄金。

到了1929—1933年世界经济危机爆发，金本位就彻底崩溃了。

4. 不兑现的信用货币制度

不兑现的信用货币制度。由于银行券不能兑换黄金，从而纸币化了，因此，也有人称其为纸币流通制度、纸币本位制度。主要特点是：

（1）黄金退出流通，银行券与黄金没有联系。

(2) 现实经济中的货币都是信用货币，它由银行券和银行存款构成。

(3) 银行券由国家法律规定强制流通，是法定的支付手段。而银行存款货币则可以随时兑换成银行券。

(4) 信用货币是通过银行信用渠道进入流通的。

(5) 国家对货币流通的调节日益加强。不兑现信用货币的流通不存在自发调节的机制，必须由货币当局对货币流通加以调节和控制。

☞**练习题**

一、填空题

1. 在商品经济中，货币执行着________、________、________、________、________五种职能；其中在表现和衡量商品价值时，货币执行________职能；在退出流通时执行________职能；在世界市场上发挥一般等价物作用时执行________职能。

2. 货币的五种职能中，________和________是其基本职能。

3. 货币是所有商品价值的表现材料，这是由货币的________职能体现。

4. 从历史过程看，货币制度先后采取了四种类型，即________、________、________和________。

5. ________之所以为人们所接受在于政府规定了它具有无限法偿。

6. 纸币流通最大的两个缺点在于：(1) 容易引起________；(2) ________不稳定。

7. 在金本位制下，各国货币的比价是由________决定的价值基础。

8. 金银货币按各自所含的实际价值流通，市场上商品的双重价格有金银之间的比价自发调整，是复本位制中的________。

9. 一个国家的基本通货和法定的计价结算货币称为________亦称________。

10. 在金银复本位制下，由于法定的金银比价与市场形成的金银比价不相一致，从而出现________现象。

11. 当一种商品从众多的商品中分离出来，经常地、固定地充当一般等价物时，这就是________形式。

12. 由法律赋予某一种货币的不受支付性质、支付数额限制的支付偿还能力被称为________。

13. 作为新中国货币制度的开端，中国人民银行于________年____月____日发行人民币。

14. 金币可以自由铸造，黄金可以自由输出输入的金属货币制度是________。

15. 本位货币单位以下的小面额货币是________。

16. 在格雷欣法则中，实际价值高于法定比价的货币是________。

17. 在格雷欣法则中，实际价值低于法定比价的货币是________。

18. 货币制度最基本的内容是________________。

二、单项选择题

1. 纸币的发行是建立在货币（　　）职能基础上的。

A. 价值尺度　　B. 流通手段

C. 支付手段　　D. 贮藏手段

2. 历史上最早的货币制度是（　　）。

A. 金本位制　　B. 银本位制

C. 金银复本位制　　D. 金汇兑本位制

3. 贝币和谷帛是我国历史上的（　　）。

A. 信用货币　　B. 纸币

C. 实物货币　　D. 金属货币

4. 本位货币是（　　）。

A. 是一个国家货币制度规定的标准货币

B. 本国货币当局发行的货币

C. 以黄金为基础的货币

D. 可以与黄金兑换的货币

5. 典型的金本位制是（　　）。

A. 金块本位制　　B. 金汇兑本位制

C. 虚金本位制　　D. 金币本位制

6. 纸币本位制是以（　　）的货币制度。

A. 银行券为本位货币　　B. 可以自由兑换黄金的本位货币

C. 信用货币为本位货币　　D. 纸币为本位货币

7. 如果金银的法定比价位 1:13，而市场比价位 1:15，这时充斥市场的将是（　　）。

A. 银币　　B. 金币

C. 金币银币同时　　D. 都不是

8. 劣币是指实际价值（　　）的货币。

A. 等于零　　B. 等于名义价值

C. 高于名义价值　　D. 低于名义价值

9. 本位货币在商品流通和债务支付中具有（　　）的特点。

A. 无限法偿　　B. 有限法偿

C. 债权人可以选择是否接受　　D. 债务人必须支付

10. 在一国货币制度中，（　　）是不具有无限法偿能力的货币。

A. 主币　　B. 本位币

C. 辅币　　D. 都不是

11. 某公司以延期付款方式销售给某商场一批商品，则该商场到期偿还欠款时，货币执行（　　）职能。

A. 支付手段　　B. 流通手段

C. 购买手段　　D. 贮藏手段

12. 在金属货币制度下，本位币的名义价值与实际价值是（　　）。

A. 呈正比　　B. 呈反比
C. 相一致　　D. 无关

13. 在价值形式发展到一般价值形式时，等价物称为（　）。
A. 个别等价物　　B. 货币
C. 一般等价物　　D. 特殊等价物

14. 以金铸造本位币，以银铸造辅币的货币制度是（　）。
A. 银本位制　　B. 金银复本位制
C. 金本位制　　D. 金块本位制

15. “金银天然不是货币，但货币天然是金银”是指（　）。
A. 金银天然地最适宜于充当货币　　B. 金银就是货币
C. 货币就是金银　　D. 金银不是货币

16. 货币在发挥（　）职能时，可以用观念上的货币。
A. 价值尺度　　B. 流通手段
C. 贮藏手段　　D. 支付手段

17. 以金币为本位币，但并不铸造和流通金币，银行券只能兑换金块的货币制度是（　）。
A. 金本位　　B. 金块本位制
C. 金汇兑本位制　　D. 信用货币制度

18. 财政、信贷收支是借助于货币的（　）职能。
A. 价值尺度　　B. 支付手段
C. 贮藏手段　　D. 流通手段

19. 当多种商品与一种商品相交换，在不同的地区等价物不同时，货币的产生与发展正处在（　）。
A. 简单的偶然的价值形式多样　　B. 扩大的价值形式
C. 一般的价值形式　　D. 货币的价值形式

20. 当黄金从众多的商品中分离出来，经常地、固定地起着一般等价物作用时，它已经处于（　）。
A. 简单的偶然的价值形式　　B. 扩大的价值形式
C. 一般的价值形式　　D. 货币的价值形式

21. 随着商品交换的发展，价值形式相应地从低级向高级发展，即经历了（　）。
A. 简单的或偶然的价值形式、扩大的价值形式、一般价值形式、货币价值形式
B. 简单的或偶然的价值形式、一般价值形式、扩大的价值形式、货币价值形式
C. 一般价值形式、简单的或偶然的价值形式、扩大的价值形式、货币价值形式
D. 一般价值形式、简单的或偶然的价值形式、货币价值形式、扩大的价值形式

22. 自货币产生以来的几千年中，货币形态由低级向高级的不断演变，大体说来经历着（　）。
A. 金属货币、实物货币、纸币、信用货币
B. 实物货币、金属货币、纸币、信用货币
C. 实物货币、纸币、金属货币、信用货币

D. 金属货币、实物货币、信用货币、纸币

23. 格雷欣法则起作用于（　　）。

A. 平行本位制　　B. 双本位制

C. 跛行本位制　　D. 单本位制

三、多项选择题

1. 在下列货币职能中，不能采用观念上的货币，而必须采用现实的货币的有（　　）。

A. 价值尺度　　B. 流通手段

C. 贮藏手段　　D. 支付手段

E. 世界货币

2. 货币执行世界货币的职能主要表现为（　　）。

A. 国际价值尺度　　B. 国际一般的购买手段

C. 促进全球化　　D. 国际一般的支付手段

E. 国际财富转移的一种手段

3. 货币制度的基本内容有（　　）。

A. 货币材料　　B. 货币单位

C. 通货的铸造、发行和流通程序　　D. 金准备制度

E. 规定货币之间的兑换比率

4. 信用货币制度下，法偿性货币有（　　）。

A. 流通中的纸币　　B. 本位货币

C. 活期存款　　D. 小额通货

E. 转账支票

5. 金本位制经历了金币本位制、金块本位制、金汇兑本位制，其中金币本位制具有以下特点（　　）。

A. 各国为货币确定含金量　　B. 金币可以自由铸造和熔化

C. 银行券可以兑换外汇　　D. 辅币与银行券可以自由兑换为金币

E. 黄金可以自由输出入国境

6. 货币作为一般等价物，具有以下特点（　　）。

A. 它是价值的表现材料　　B. 它是具体劳动的表现材料

C. 它是抽象劳动的表现材料　　D. 它是社会劳动的表现材料

E. 它是私人劳动的表现材料

7. 纸币的特点有（　　）。

A. 产生于货币的价值尺度职能　　B. 它本身无价值

C. 它是货币符号　　D. 它需要强制流通

E. 它具有与其他商品相交换的能力

8. 人民币符合以下特点（　　）。

A. 是信用货币　　B. 起一般等价物作用

C. 是我国唯一合法流通的货币　　D. 是典型的国家纸币

E. 由中国人民银行统一发行

9. 不兑现的信用货币制度的主要特征有（　　）。
A. 黄金完全退出流通
B. 银行券是法定的支付手段
C. 现实经济中的货币都是信用货币
D. 信用货币通过银行信贷进入流通
E. 国家对货币流通的调节日益加强

10. 下列属于电子货币的有（　　）。
A. 储蓄卡
B. 信用卡
C. 比特币
D. 腾讯Q币

四、重要概念

1. 货币　2. 本位币　3. 信用货币　4. 金银复本位制　5. 货币制度　6. 劣币驱逐良币规律　7. 无限法偿　8. 有限法偿　9. 纸币　10. 辅币　11. 金本位制　12. 金块本位制　13. 金汇兑本位制　14. 价值尺度　15. 双本位制　16. 平行本位制　17. 铸币

五、简答题

1. 货币是如何产生和演变的?
2. 货币制度有哪些构成要素，它是如何演变的?
3. 不兑现的信用货币制度有哪些特点?
4. 简述人民币制度的性质和内容。

六、论述题

如何理解货币的本质?

七、深度思考题

“无形的手”调节社会经济有何利弊?

☞参考答案

一、填空题

1. 价值尺度　流通手段　支付手段　贮藏手段　世界货币　价值尺度　贮藏手段　世界货币
2. 价值尺度　流通手段
3. 价值尺度
4. 银本位制　金银复本位制　金本位制　不兑现的信用货币制度
5. 本位币
6. 通货膨胀　货币流通
7. 铸币平价
8. 平行本位制
9. 本位币　主币

10. 劣币驱逐良币
11. 货币价值
12. 无限法偿
13. 1948　12　1
14. 金币本位制
15. 辅币
16. 良币
17. 劣币
18. 货币材料的确定

二、单项选择题

1. B　2. B　3. C　4. A　5. D　6. D　7. A　8. D　9. A　10. C
11. A　12. C　13. C　14. C　15. A　16. A　17. B　18. B　19. C　20. D
21. A　22. B　23. B

三、多项选择题

1. BCDE　2. ABDE　3. ABCD　4. ABD　5. ABDE　6. ACD　7. BCDE
8. ABCE　9. ABCDE　10. AB

四、重要概念

1. 货币。是固定地充当一般等价物的特殊商品，是自发地核算社会劳动的工具，它体现着一定的生产关系。

2. 本位币。又叫“主币”，是一个国家的基本通货，具有无限法偿的能力，任何人不得拒绝接受，具有强制流通的力量。

3. 信用货币。是国家法律规定强制流通的，不以金银为基础独立发挥货币职能的货币。信用货币载体包括纸币、银行存款、信用卡、电子货币等。

4. 金银复本位制。是指国家法律规定用金和银同时作为本位币材料的货币制度。

5. 货币制度。简称“币制”，是指国家以法律规定的货币流通结构和组织形式。

6. 劣币驱逐良币规律。就是两种实际比价与法定比价不同的货币同时流通时，实际比价高的货币为良币，实际比价低的货币则是劣币，通过价值规律的作用，良币被收藏、熔化，从而退出流通，劣币反而充斥市场。这一规律也称为“格雷欣法则”。

7. 无限法偿。就是指具有无限支付的能力。即法律规定，支付时没有数额限制，不论每次支付数额多大，任何人都不得拒绝接受。本位币具有无限法偿能力。

8. 有限法偿。就是一次支付中有法定支付限额的限制，超过一定的数量，收款人有权拒绝接受。辅币具有有限法偿能力。

9. 纸币。广义的纸币，泛指纸质货币。狭义的纸币又叫“代用货币”，是指国家发行和强制流通的货币符号。

10. 辅币。是本位币以下的小额通货，供日常零星交易和找零之用。

11. 金本位制。就是以黄金作为本位币的一种货币制度。

12. 金块本位制。又称“生金本位制”，货币单位规定有含金量，但不铸造、不流通金币，而流通银行券，银行券达到一定数额后可以兑换金块的货币制度。

13. 金汇兑本位制，亦称“虚金本位制”，它是指一种以银行券作为流通货币，通过兑换外汇来间接兑换黄金的货币制度。

14. 价值尺度。是货币最基本的职能，它是表现其他商品的价值并衡量其价值量的大小，反映了货币与商品之间价值的对等关系。货币执行价值尺度职能时，可以是观念上的货币，但必须是足值的。

15. 双本位制。是典型的金银复本位制，是指国家和法律规定金、银两种铸币的固定比价，两种铸币按国家比价流通，而不是随着金、银市场比价的变动而变动。

16. 平行本位制。指金银铸币按其自身的价值进行流通，国家对金币银币的交换比例不加规定而由市场比价决定。

17. 铸币。是国家统一铸造的，标明一定重量、成色，并具有一定形状的金属货币。

五、简答题

1. 货币是如何产生和演变的?

货币是商品交换发展的产物，由简单的价值形式到扩大的价值形式再到货币形式。货币形态经历了实物货币、金属货币、纸币和信用货币。

2. 货币制度有哪些构成要素，它是如何演变的?

货币制度的构成要素有：货币材料；货币单位；各种货币的铸造、发行与流通程序；金准备制度。

货币制度的演变过程是：由银本位到金银复本位，再到金本位，最后过渡到当今的不兑现信用货币制度。

3. 不兑现的信用货币制度有哪些特点?

不兑现信用货币制度的主要特点是：

(1) 黄金退出流通，银行券与黄金没有联系。

(2) 现实经济中的货币都是信用货币，它由银行券和银行存款构成。

(3) 银行券由国家法律规定强制流通，是法定的支付手段。而银行存款货币则可以随时兑换成银行券。

(4) 信用货币是通过银行信用渠道进入流通的。

(5) 国家对货币流通的调节日益加强。

4. 简述人民币制度的性质和内容。

人民币制度是信用货币制度，它具有信用货币制度的一切特征。它的内容有：

(1) 人民币是我国唯一法定货币。

(2) 人民币的单位为元，人民币的辅币单位为角、分。

(3) 人民币是由中国人民银行统一印制、发行的钞票，采取的是不兑现的银行券形式。

(4) 国家对货币流通还分不同情况规定了不同的管理制度。

(5) 我国建立的金银储备和外汇储备是国际支付的准备金，主要不是作为货币发行的准备或保证，但对稳定国内货币流通也能起作用。

六、论述题

如何理解货币的本质？

（1）货币是一般等价物，是表现其他商品价值的材料，具有与其他商品直接交换的能力。（2）货币是核算社会劳动的工具。（3）货币体现社会生产关系。（4）货币是实现资源跨期配置的工具。

第二章

信　　用

☞学习目的和要求

通过本章的学习，要求熟悉信用的产生和发展、信用作用原理，掌握融资方式与融资结构；掌握和理解现代信用的各种形式和作用；理解信用工具特征和常见的信用工具以及直接融资和间接融资的特点。

☞要点提示

第一节　信用的产生和发展

一、信用的定义

信用是一种借贷行为，是以偿还和付息为条件的单方面价值转移。

分析和理解信用的概念应从以下几个方面着手：信用是以偿还和付息为条件的借贷行为；信用关系是债权债务关系；信用是价值运动的特殊形式。

二、信用的产生和发展

信用的产生是以剩余产品和私有制为前提条件的，只有当人们有了剩余产品才能借出去，同时只有私有制造成贫富分化，所需不足的人才只能通过借贷的方式求助于富有者，这样就产生了信用关系。原始社会后期产生了信用的萌芽，随着生产力和社会形态的发展，信用关系也不断发展和变化。

从信用技术角度看，其发展大致经历了四个阶段：未工具化的信用阶段，非流通化的信用，流动化的信用，电子化及网络化与信用制度相结合的阶段。

从借贷标的来看，是实物形态向货币形态转化；从社会形态来看，资本主义以前的信用属于高利贷信用，资本主义以后的信用与高利贷信用相比，发生了本质的变化，所以称之为现代信用。现代信用又包括资本主义信用和社会主义信用。

三、信用与金融

信用和货币本来是两个不同的范畴，但随着社会经济的发展，两者紧密相连，信用的扩张和收缩，则伴随着货币供给的增加或减少，当货币的运动和信用的活动不可分割地联结在一起时，则产生了由货币和信用相互渗透而形成的新范畴——金融，即货币资金的融通。

第二节　现代信用存在的基础

一、社会各经济行为主体资金余缺的存在

（1）企业在生产经营中有资金余缺现象存在：在实际经济运行中，企业在固定资金周转、流动资金周转以及扩大再生产中都有资金余缺的情况，这就需要调剂。一般而言，在整个社会当中，企业是资金的需求者。

（2）个人的货币收支也有余缺现象：剩余的进行储蓄或投资，不足的进行借贷。一般而言，在整个社会当中，个人是资金的供给者。

（3）财政收支的余缺：财政收支有结余和赤字，还有收支的间隔。当今世界财政赤字的国家较多，所以一般而言，国家政府也是资金需求者。

二、所有制的不同

因为所有制的不同就存在利益的差别，资金余缺只能通过借贷的方式进行调节。所以，现代信用有其存在的客观基础。

第三节　信用的形式

一、商业信用

1. 商业信用的含义

商业信用是企业之间在买卖商品时以商品形态提供的信用，其形式有赊销商品延期支付和预付货款。

2. 商业信用的特点

（1）商业信用寓于商品买卖活动中，即商业信用包含了两种行为——商品买卖行为和借贷行为；

（2）商业信用的债权人和债务人都是企业，即生产和经营商品的工商企业；

（3）商业信用的基本规模与经济周期变化密切相关。

3. 商业信用的作用

（1）能够克服流通中货币量的不足的困难，创造信用流通工具，加速商品的流通；

（2）能够促使滞销商品的销售，避免社会财富的浪费；

（3）由于有预付货款，能够加速短缺商品的生产尽快实现生产的平衡。

4. 商业票据和票据流通

（1）商业票据。是在商业信用关系中产生的反映债权和债务（包括金额、期限等内容）的书面凭证。商业票据有本票和汇票两种：本票是由债务人签发的承诺到期将款项支付给持票人或指定人；商业汇票是由债权人签发的命令债务人到期将款项支付给持票人或指定人，因为汇票是由债权人签发的，所以要得到债务人的认可才有法律效力，认可的手续称为“承兑”。当今的商业票据已成为企业融资的一种手段。

（2）商业票据的流通。商业票据未到期，持票人将其用于支付转让，这就是票据流通、票据转让时，持票人要在票据的背面签上自己的名字，这叫“背书”，任何签字人对债务都由连带责任。

5. 商业信用的局限性

（1）商业信用的规模受到限制。因为商业信用的对象是企业的商品资本，所以每一次的信用规模就以企业的商品资本的数量为限。

（2）商业信用的使用方向受到限制。因为借贷的对象是商品，而商品是有它的特殊使用价值和流通方向的，所以商业信用的使用方向也受到相应的限制。

（3）商业信用的期限也有限制。企业在由对方提供商业信用时，期限一般受企业生产周转时间的限制，期限较短，所以商业信用只能解决短期资金融资的需要。

二、银行信用

1. 银行信用的含义

银行信用是银行和其他金融机构以货币的形式向社会经济主体（一般指企业）提供的信用。在银行信用中债权人是银行，债务人是企业；借贷的客体是货币。银行信用与商业信用有明显的区别。

2. 银行信用的优点

（1）在规模上克服了商业信用的局限性。

（2）使用方向不受限制。

（3）银行信用在资金期限上局限较小。

3. 银行信用与商业信用的联系和区别

（1）商业信用是银行信用的基础。首先，从信用发展的历史来看，商业信用先于银行信用，银行信用是在商业信用广泛发展的基础上产生和发展起来的，所以商业信用是银行信用乃至整个信用制度发展的基础。其次，商业信用直接与商品生产和流通紧密相连，一般而言企业优先考虑使用商业信用。

（2）银行信用是主导。首先，银行信用克服了商业信用的局限性，规模和范围远远超过商业信用。其次，有了银行信用办理票据的承兑和贴现，有利于商业信用的发展和完善。

三、国家信用

1. 国家信用的含义

国家信用是国家以债务人的身份通过举债来筹措资金的一种信用形式。有两种方式：

（1）公债。在西方国家公债是政府为了弥补财政赤字而发行的长期债券。

（2）国库券。在西方国家国库券是国库发行的短期（一年以内）债券，以解决收支间隔的矛盾。

2. 国家信用的作用

（1）调节国库年度收支的平衡。由于财政收支有先支后收的特点，因而需要国库券以保持短期内的收支平衡。

（2）调节财政收支、弥补财政赤字。

（3）调节经济。政府从总量上调节经济，以此促进经济增长，扩大总需求，增大经济投资。

（4）配合其他经济政策的实施。与货币政策、产业政策等相配合，更好地发挥各项经济政策的作用。

此外，国家信用还有利于集中资金保证重点建设，加速国民经济的协调发展；有利于带动其他投资主体的投资的作用，在国家干预经济不断强化的形势下，国家承担基础建设、调整经济结构和产品升级的任务越来越重，国家的投资具有示范效应，能带动其他主体的投资。

四、消费信用

1. 消费信用的含义

消费信用是指企业、银行或其他金融机构向消费者个人提供的满足个人消费需要的信用。其客体可以是商品、货币或劳务。消费信用的方式有三种：

（1）赊销。即赊销商品延期付款。

（2）分期付款。消费者购买消费品时先支付一部分货款（这被称之为“首付”），然后按合同分期支付剩余货款。

（3）消费贷款。是银行或其他金融机构利用信用放款或抵押放款方式，对消费者发放贷款，用以购买耐用消费品、住房以及支付旅游等费用。

2. 消费信用的作用

（1）消费信用对消费商品的生产与销售有促进作用。

（2）消费信用能够起到调节消费的作用。消费信用在一定程度上帮助个人实现收入——消费（储蓄）的“跨期配置”，因此有助于提高消费者的福利水平。

3. 我国的消费信用

近年来随着我国经济的发展，商品供应的丰富，消费信用有了一定的发展，比如住房贷款、汽车贷款、医疗贷款、助学贷款等。但消费信用的发展也受到了一些因素的制约，比如大多数人的收入水平比较低，对今后的收入预期不定，社会保障制度不健全，传统消费观念的约束等，针对这些问题，要采取各种措施加以解决，消费信用才能得到进一步的发展。

第四节　信用工具

一、信用工具的特征

1. 信用工具的含义

信用工具又称金融工具，是资金供应者和需求者之间以书面形式发行和流通，借以保证债权人和债务人权利义务关系的具有法律效力的凭证。

2. 信用工具的特征

（1）偿还性。偿还性是指信用工具按照其不同的偿还期限要求偿还的性质。偿还期是指债务人全部偿还债务之前所经历的时间。

（2）流动性。流动性是指信用工具在短期内转变为现金而不受或少受损失的能力。信用工具的偿还期长，则流动性减弱；债务人的信用程度越高，则信用工具的流动性越强。

（3）风险性。风险性是指投入的本金和所获收入遭到损失的可能性。信用工具风险主要有：①违约风险。是指债务人不按合同履约，或是公司破产等因素造成持有人本息方面损失的风险。②市场风险。这是由于市场利率上升而引起证券价格下跌的风险。③购买力风险。是指信用工具的本金和利息收入所表示的实际购买力水平由于通货膨胀等因素造成下降的风险。④流动性风险。是指在金融市场上，因信用工具不兑现或不易转让而造成其流动性下降的风险。

（4）收益性。信用工具都有一定的利息或股息收益，信用工具的收益性通常用收益率来表示，收益率是年净收益与本金的比率，通常有 3 种表示方法：①名义收益率，即票面利息与票面金额的比率。②即期收益率，即规定的利息与信用工具市场价格的比率。③实际收益率，即平均实际收益与市场价格的比率。

二、短期信用工具

短期信用工具一般是指期限在一年期以内的各种票据。短期信用工具主要有：

（1）本票。又称期票。是一种承诺式的信用凭证。即债务人（发票人）承诺在一定日期支付一定金额给债权人（持票人）的债务凭证。按签发人不同，本票可分为银行本票和商业本票。

（2）汇票。汇票是一种命令式信用凭证。即由债权人签发，要求债务人在一定期间向收款人支付一定金额的支付命令书。按出票人不同，汇票可分布商业汇票和银行汇票。凡由企业承兑的称商业承兑汇票，凡由银行承兑的称银行承兑汇票。

（3）支票。支票是活期存款的支付凭证。支票按其支付方式分为现金支票和转账支票。支票按是否记名可分为记名支票和不记名支票。支票按支付期限可分为即期支票和远期支票。此外，还有保付支票、旅行支票等等。

（4）国库券。是国家财政当局为弥补短期财政收支失衡而发行的一种政府债券。

三、长期信用工具

（1）债券。债券是一种借款者向贷款者出具的、承担还本付息义务的书面凭证。一般可分为政府债券、企业债券和金融债券。

（2）股票。股票是股份公司为筹集资金而公开发行的证明股东持有公司股份的所有权凭证。持有者即为发行股票公司的股东。股票已成为资本市场上主要的、长期的信用工具。

第五节 融资方式与融资结构

一、融资方式与融资体制

在市场经济中，企业一般通过两种方式获取资金：内源融资和外源融资。

内源融资是企业不断将企业的储蓄（留存盈利和折旧）转化为投资的过程。

外源融资是企业吸收其他经济主体的储蓄，使之转化为企业投资的过程。它对企业的资本形成具有高效性、灵活性、大量性和集中性的特点。因此，在经济日益货币化、信用化和证券化的进程中，外源融资成为企业获取资金的主要方式。

一般来说，企业外源融资是通过金融媒介机制的作用实现的，有直接融资和间接融资两种形式。

二、间接融资与直接融资

间接融资即间接信用，是以银行等金融机构为媒介的资金融通活动（或信用活动）。银行等金融中介机构既是债权人又是债务人，其获利的途径主要是利差，银行信用就是间接融资。

直接融资是指企业在金融市场上从资金所有者那里直接融通资金，主要是发行股票和债券。直接融资也需要中介机构的服务，但这个中介机构不像银行那样具有债权人和债务人的双重身份，其获利的途径是佣金，资金的供应者有选择的权利。

两种融资效能的比较：

1. 间接融资的优缺点

（1）融资具有广泛性，因为银行和金融机构的网点多，存款的起点低，能广泛筹集社会闲散资金。

（2）金融机构的资产多样化，融资的风险较小。

（3）融资的成本低，因为金融机构是专业化的融资机构，且有规模效应，所以能降低融资成本。

（4）间接融资的局限性，主要是资金供求双方不直接联系，在一定程度上减少了对资金使用的关注和筹资者在资金使用方面的压力和约束。

2. 直接融资的优缺点

（1）资金供求双方直接联系，可以根据各自的融资条件和要求（比如数量、期限、利率等）来实现融资。

（2）由于资金供应者的关注，增加了资金使用者的压力，因此有利于提高资金的使用效益。

（3）股票和债券大多为长期证券，有利于企业长期稳定的使用资金。

（4）直接融资的局限性有两个方面：一是融资的条件（比如数量、期限、利率等）限制比较多，小额资金很难进入；二是对资金的供给者来说，缺乏中介机构的缓冲，风险较大。

三、我国融资结构的变化

（1）改革开放以前，由于高度集中的计划管理体制，融资的方式几乎都是以银行为中介机构的间接融资，由于政府的干预和体制的原因，影响了间接融资的效率，造成了银行大量的不良资产。

（2）改革开放以来，逐步增加了直接融资的比重。融资结构发生了以下变化：①融资格局由财政主导型转向金融主导型；②在金融主导型格局下，直接融资的比重正在逐步扩大，但间接融资仍占主导地位；③间接融资体系中多种金融机构和非国有金融机构融资比重逐步扩大，国有银行贷款比重下降，但仍占主导地位；④直接融资体系中，货币市场和资本市场得到发展，其中股票市场融资比重上升较快。我国的融资结构正朝向融资主体多元化、融资方式多源化、融资渠道多样化、融资结构合理化的方向发展。

20 世纪 90 年代以来，加大了对国有企业和国有商业银行的改革力度，同时又发展了直接融资市场，比如债券市场和股票市场，但仍未改变间接融资为主、直接融资为辅的局面。

☞知识拓展

1. 从我国企业融资难的角度分析信用形式多样化的重要性

在当前经济活动中，信用形式、信用工具都呈现多样化的发展趋势，以充分适应不同的融资需要，更大限度地发挥信用的资金调剂作用。以企业为融资主体的信用形式被称为企业信用，主要包括商业信用、银行贷款、债权信用等等。

商业信用是企业在购销活动中经常采用的一种信用形式，其规模小、期限短，主要用于解决企业短期的资金不足。票据的承兑主体可以是资信优良的大型企业，也可以是商业银行。票据多次背书转让，使众多为大型企业配套服务的中小企业成为最终持票人，它们可以通过向商业银行办理贴现而最终获得资金支持。

银行贷款是企业通过信用渠道融资的主要形式。通常企业都与银行保持比较固定的联系，银行贷款从规模、期限和投向上都比较灵活，比较容易适应企业的融资需要，因此在企业外源融资中占有重要地位。一般来说，由于银行长期贷款利率较高，企业融资成本也较高，因此银行贷款大部分用于满足短期资金需求。

发行企业债券是企业融资的另一种信用形式，它是企业信用活动的重要内容。对企业来说，发行债券融资需要按期还本付息，但是利息支出基本上是固定，而且不会影响企业管理层的稳定。一般来说，发行债券融资主要用于为企业筹集巨额的长期资金。

企业的股权融资是指发行股票筹集资本的形式。股票融资不存在归还本金和支付固定的利息，因此财务负担小。但是由于股票是所有权证券，而且股票对企业的经营利润具有要求权，因此股票的发行规模会影响企业控制权的分布，影响利润的分配。对企业来讲，股票融资一般用于企业最初筹集资本金。

从企业主要信用形式来看，不同的信用形式可以满足企业不同的融资需求。各种信用形式相得益彰，解决企业的融资问题。在我国，由于多种信用形式发展程度不统一，企业融资过分依赖银行贷款，从而出现融资难的问题。因此，我国应充分发展多种信用形式，促进资金的合理利用，推动经济的发展。

2. 近年来，我国消费信贷进入快速发展阶段，总量迅速上升，品种也日益增多。随着消费信用的发展，中国人民银行颁布有关文件表明要坚持促进发展与防范风险并重的指导思想，试分析其原因。

消费信用是企业、银行和其他金融机构向消费者个人提供的用于生活消费的信用。消费信用的发展，对刺激消费、扩大内需、提高人民生活水平，发挥了重要作用。通过增加最终消费品需求以及扩张投资乘数效应，有效地带动了住房、汽车、教育等相关产业的发展。同时，消费信贷不良贷款率远低于金融机构其他贷款的不良比率，改善了信贷资产结构，提高了资产质量。

但是，在我国由于消费信贷发展时间不长，风险问题仍需引起重视。目前，我国消费信贷风险主要表现在三个方面，一是长期潜在性。由于消费信贷主要为中长期贷款，贷款风险短时间内很难显现。如占比较高的住房贷款绝大多数尚未到期，随着消费信贷的发展，风险将逐步显现。二是不确定因素多。除了一般贷款都要面对的利率变动、借款人收入变动等风险因素以外，消费信贷风险的不确定性因素，还表现在借款人工作、住所、支出、健康、家庭变故等多方面因素，都可能对借款人的还款能力产生不利影响。三是存在违规经营。部分商业银行自身约束机制不健全，控制风险的经验不足，也增加了信贷风险。

另外，我国个人信用制度缺位，金融市场基础设施“瓶颈”约束日益突出，各商业银行对个人信用审查缺乏科学、合理、完整的判定标准，也使银行在业务发展过程中面临着一定的风险。所以，随着消费信贷的发展，中国人民银行有关文件强调要坚持促进经济发展与防范风险并重的指导思想。

☞练习题

一、填空题

1. 信用产生和存在的经济基础是______和______。

2. 信用是一种特殊的价值运动形式，是以______和______为条件的单方面的______。

3. 信用工具的特征主要有______、______、______、______。

4. 资本主义信用主要表现为______资本运动。

5. 信用的基本形式有________、________、________、________、________。

6. 商业信用是企业之间在买卖商品时，以________或________形式提供的信用。

7. 商业票据，按签发人不同可以分为两种，债务人签发的称为________，债权人签发的称为________。

8. 消费信用的形式有________、________、________。

9. 商业信用的局限性主要表现为两个方面，即________、________受到限制。

10. 信用工具的收益性通常用收益率来表示，通常有三种表示方法________________、________________和____________。

11. 常见的短期信用工具主要有________、________、________和________等。

12. 常见的长期信用工具主要有____________和____________等。

13. 以发行国债的方式提供信用是________。

14. 直接融资活动中的核心机构是________。

15. 信用活动的最基本特征是________，信用的本质是________。

16. 在旧中国农村，粮食借贷有“春借一斗，秋还三斗”的说法，这种信用形式所采用的是________方式，后来随着生产力的提高，逐渐发展成________方式，并成为主要借贷形式。

17. 货币和信用相互渗透而形成的新范畴是________。

18. 按融资活动中当事人的法律关系和法律地位可划分为________和________。

19. 债务人无法按照承诺偿还债权人本息的风险被称为________。

20. 规范和约束社会信用活动和信用关系的行为规则是________。

21. 在经济生活中，某种资产或商品的价格大幅偏离其基本价值的现象被称为________。

二、单项选择题

1. 在资本主义以前，信用主要以（　　）的形式表现出来。

A. 生息资本　　B. 信贷资本

C. 高利贷资本　　D. 借贷资本

2. 资产阶级反对高利贷斗争的焦点是（　　）。

A. 反对借贷　　B. 取消利率

C. 反对高利贷的非生产性　　D. 利率要符合平均利润率的要求

3. 作为整个信用制度的基础且与商品生产和交换紧密联系的信用是（　　）。

A. 商业信用　　B. 银行信用

C. 国家信用　　D. 消费信用

4. 必须经过承兑才能转让流通的票据是（　　）。

A. 商业汇票　　B. 商业本票

C. 银行汇票　　D. 银行券

5. 在各种信用形式中，处于主导地位的信用是（　　）。

A. 商业信用　　B. 银行信用

C. 国家信用　　D. 消费信用

6. 在我国企业中存在的三角债现象，本质上属于（　　）。

A. 商业信用　　B. 银行信用

C. 国家信用　　D. 消费信用

7. 信用是以偿还付息为条件的（　　）。

A. 货币的借贷行为

B. 商品买卖中的延期付款

C. 货币的借贷行为或商品买卖中的延期付款

D. 银行的存贷业务

8. 社会极少的资金供给是（　　）信用资金的来源。

A. 再生产过程资金的暂时闲置　B. 高利贷

C. 社会大量的闲置资金　D. 小生产者的储蓄

9. 借贷资本的主要来源（　　）。

A. 全社会暂时闲置的货币资本　B. 产业资本循环中暂时闲置的货币资本

C. 富裕人群的储蓄　D. 再生产之外的闲置资金

10. 通过（　　）使票据具有法律效用的凭证。

A. 票据承兑　B. 票据贴现与抵押

C. 银行贷款　D. 出售不动产

11. 由商业银行、商店以分期付款的方式提供耐用消费品，这一形式为（　　）。

A. 银行信用　B. 消费信用

C. 国际信用　D. 商业信用

12. 将商业信用转化为银行信用可以通过（　　）。

A. 票据承兑、贴现、抵押　B. 贴现与抵押

C. 背书和转让　D. 在金融市场流通

三、多项选择题

1. 现代信用活动的基础有（　　）。

A. 信用货币在现代经济中的使用　B. 经济中存在大量的资金需求

C. 企业间的赊销活动　D. 现代经济中广泛存在着盈余或赤字单位

E. 经济主体的所有制不同

2. 以货币形态提供的信用有（　　）。

A. 商业信用　B. 银行信用

C. 国家信用　D. 消费信用

E. 国际信用

3. 银行提供的贷款有可能属于（　　）。

A. 商业信用　B. 银行信用

C. 国家信用　D. 消费信用

E. 高利贷信用

4. 国家信用的典型形式有（　　）。

A. 公债　B. 国库券

C. 政府信贷　D. 国家税收

E. 国家基本建设拨款

5. 下列属于直接融资方式的有（　　）。

A. 银行存款　B. 银行贷款

C. 发行股票　　D. 发行债券
E. 国际信贷

6. 以分期付款、延期付款、代销、租赁为主要形式的信用属于（　　）。
A. 消费信用　　B. 银行信用
C. 商业信用　　D. 实物信用

7. 为了使再生产过程中的商品资金提前转化为货币资金，使价值形态提前得到补偿，企业可以通过（　　）进行短期融资。
A. 票据贴现　　B. 票据抵押
C. 信托　　D. 股权交易
E. 赊销

8. 信用工具具有（　　）特征。
A. 流动性　　B. 偿还性
C. 风险性　　D. 收益性
E. 安全性

9. 资本市场的信用工具有（　　）。
A. 国库券　　B. 公债
C. 股票　　D. 回购协议
E. 商业票据

10. 在典型的商业信用中包含两个性质不同的行为即（　　）。
A. 买卖行为　　B. 借贷行为
C. 分配行为　　D. 生产行为
E. 所有权转移行为

11. 信用产生的原因有（　　）。
A. 利息的出现　　B. 私有制的出现
C. 人们对利益的追求　　D. 劳动生产率的提高
E. 财富占有不均

四、重要概念

1. 信用　2. 金融　3. 高利贷信用　4. 商业信用　5. 商业票据　6. 商业汇票　7. 商业本票　8. 银行信用　9. 国家信用　10. 消费信用　11. 直接融资　12. 间接融资　13. 社会主义信用　14. 信用工具　15. 债券　16. 股票　17. 内源融资　18. 外源融资

五、简答题

1. 简述信用的产生和发展。
2. 为什么资本主义以前高利贷信用能占统治地位，它有何作用？
3. 商业信用有何特点、作用和局限性？
4. 银行信用与商业信用的区别和联系？
5. 简述国家信用的作用。
6. 简述信用工具及其特征。

六、论述题

1. 试述现代信用的作用。
2. 在我国发展消费信用有何意义，如何进一步发展我国的消费信用？
3. 比较间接融资和直接融资的优点和局限性，并结合我国实际情况谈谈发展直接融资的意义。

七、深度思考题

我国融资结构失衡的深层次原因有哪些？

☞参考答案

一、填空题

1. 剩余产品　私有制
2. 偿还　付息　价值转移
3. 偿还性　流动性　风险性　收益性
4. 借贷资本
5. 商业信用　银行信用　国家信用　消费信用　国际信用
6. 赊销商品延期支付　预付货款
7. 商业本票　商业汇票
8. 赊销　分期付款　消费贷款
9. 规模　使用方向
10. 名义收益率　即期收益率　实际收益率
11. 本票　汇票　支票　国库券
12. 债券　股票
13. 国家信用
14. 证券公司
15. 偿还性　债权债务关系
16. 实物借贷　货币借贷
17. 金融
18. 债权融资　股权融资
19. 信用风险
20. 信用制度
21. 经济泡沫

二、单项选择题

1. C　2. D　3. A　4. A　5. B　6. A　7. C　8. B　9. B　10. A　11. B　12. A

三、多项选择题

1. DE 2. BCDE 3. BCD 4. ABC 5. CD 6. ABCD 7. AB 8. ABCD
9. BC 10. AB 11. BD

四、重要概念

1. 信用。是一种借贷行为，是以偿还和付息为条件的单方面的价值转移。

2. 金融。就是货币资金的融通，信用活动与货币运动相结合就产生了金融。

3. 高利贷信用。是最古老的信用形式，是通过贷放货币或实物以收取高额利息为目的的一种信用关系。

4. 商业信用。就是企业之间以商品形态提供的信用，包括赊销商品延期支付和预付货款。

5. 商业票据。是在商业信用关系下产生的表明债权和债务的书面凭证。

6. 商业汇票。是在商业信用活动中由债权人签发的命令债务人到期将款项支付给持票人或指定人的书面凭证。

7. 商业本票。就是在商业信用活动中，由债务人签发的承诺到期将款项支付给持票人或指定人的书面凭证。

8. 银行信用。就是银行或金融机构以货币形态向企业提供的信用。

9. 国家信用。就是国家以债务人的身份通过举债来筹措资金的一种信用形式。

10. 消费信用。就是银行和金融机构或企业向消费者个人提供的、用以满足个人消费需要的信用。

11. 直接融资。就是融资双方不通过金融机构而是直接见面实现融资，比如股票、债券的发行和购买等。

12. 间接融资。就是融资双方不直接见面而是通过银行或金融机构来实现融资。

13. 社会主义信用。指存在于社会主义经济所有制中借贷资金的运动形式，但就其基本特征来说，社会主义信用仍然是一种借贷关系，是以偿还为条件的价值运动形式。

14. 信用工具。又称金融工具，是资金供应者和需求者之间以书面形式发行和流通、借以保证债权人和债务人权利义务关系的、具有法律效力的凭证。

15. 债券。它是一种借款者向贷款者出具的、承担还本付息义务的书面凭证。一般可分为政府债券、企业债券和金融债券。

16. 股票。股票是股份公司为筹集资金而公开发行的、证明股东持有公司股份的所有权凭证。

17. 内源融资。内源融资是企业不断将企业的储蓄（留存盈利和折旧）转化为投资的过程。内源融资对企业的资本形成具有原始性、自主性、低成本性和抗风险性的特点，是企业生存与发展不可或缺的重要组成部分。

18. 外源融资。外源融资是企业吸收其他经济主体的储蓄，使之转化为企业投资的过程。它对企业的资本形成具有高效性、灵活性、大量性和集中性的特点。因此，在经济日益货币化、信用化和证券化的进程中，外源融资成为企业获取资金的主要方式。

五、简答题

1. 简述信用的产生和发展。

原始社会初期没有信用，随着生产力的发展出现了剩余产品和私有制，因而出现了贫富分化，出于生存或其他需要，贫穷的人向富裕的人借贷，这就产生了早期的信用。资本主义以前的信用是以实物为主的高利贷信用，1694 年英格兰银行的建立标志着现代信用制度的建立。

2. 为什么资本主义以前高利贷信用能占统治地位，它有何作用？

在资本主义社会以前，高利贷之所以占统治地位，是自给自足的自然经济决定的，在这样的经济基础下，小生产者遇到任何意外，就可能无法维持生产和生活，为了维持生存，小生产者不得不借高利贷，而放高利贷者便乘机提供利率。高利贷信用的作用有几个方面：一是对生产有破坏作用，由于高利贷的盘剥使得大量小生产者破产，生产萎缩；二是促使了自然经济的解体和商品货币关系的产生；三是在生产方式向资本主义过渡中具有双重作用，促使了资本的集中和雇佣工人队伍的形成，同时又阻止资本主义生产方式的到来。

3. 商业信用有何特点、作用和局限性？

（1）商业信用的特点是：借贷双方都是企业；借贷的客体是商品；借贷行为与商品买卖紧密联系。（2）商业信用的作用有：能够克服流通中货币量的不足，创造信用流通工具，促使商品的流通；促使滞销商品的销售，避免社会财富的浪费；加速短缺商品的生产，尽快实现生产的均衡。（3）商业信用的局限性是：规模受到限制；使用方向受到限制。

4. 银行信用与商业信用的区别和联系？

（1）商业信用与银行信用的区别：商业信用借贷双方都是企业，借贷的客体是商品，借贷行为与商品买卖紧密联系，但它有规模和使用方向的局限性。而银行信用借方是企业贷方是银行或金融机构，信用的客体是货币，且规模和使用方向超出了商业信用的局限性。

（2）商业信用与银行信用的联系：商业信用是银行信用乃至整个信用制度的基础，因为商业信用先于银行信用，银行信用是在商业信用广泛存在的基础上发展起来的，同时企业在选择信用的时候优先考虑商业信用；银行信用是主导，因为它克服了商业信用的局限性，同时有了银行信用对商业票据的承兑和贴现，也有利于商业信用的发展。

5. 简述国家信用的作用。

国家信用的作用有：有利于解决财政困难；有利于集中资金保证重点建设；能够带动其他投资主体的投资。

6. 简述信用工具及其特征。

信用工具又称金融工具，是资金供应者和需求者之间以书面形式发行和流通，借以保证债权人和债务人权利义务关系的具有法律效力的凭证。信用工具的特征有：（1）偿还性，指信用工具按照其不同的偿还期限要求偿还的性质。（2）流动性，指信用工具在短期内转变为现金而不受或少受损失的能力。（3）风险性，指投入的本金和所获收入遭到损失的可能性。（4）收益性，信用工具都有一定的利息或股息收益。

六、论述题

1. 试述现代信用的作用。

（1）使社会闲散资金得到充分利用。

（2）丰富流通工具，节约流通费用。

（3）推动了资本的集中和积累，加速了扩大再生产的发展。

（4）调节国民经济的运行。

2. 在我国发展消费信用有何意义，如何进一步发展我国的消费信用？

发展消费信用的意义：

（1）促进消费，推动生产。

（2）调节消费，提高了人们的生活水平。

（3）优化银行的资产结构，增加银行的利润。

进一步发展消费信用，必须要解决好以下问题：

（1）转变人们传统的消费观念，提高对消费信用的认识。

（2）调整收入分配结构，提高大多数人的收入水平。

（3）完善社会保障制度。

3. 比较间接融资和直接融资的优点和局限性，并结合我国实际情况谈谈发展直接融资的意义。

间接融资就是融资双方不直接见面，而是通过银行等金融机构来实现融资的，它的优点和局限性在于：

（1）银行等金融机构网点多、存款的起点低，能广泛筹集社会闲散资金。

（2）银行等金融机构通过资产多元化，分散投资，可以降低资金的风险。

（3）可以降低融资成本。因为银行和金融机构是专业化分工协作的产物，具有融资的专长，且规模经营从而能降低融资成本。

间接融资的局限性，主要是割断了资金供求双方的联系，资金所有者不关心资金的使用情况，减少了资金使用的压力，不利于资金使用效益的提高。

直接融资就是资金供求双方直接见面实现融资，比如企业发行股票、债券直接融资。其优点和局限性在于：

（1）资金供求双方直接联系，可以根据各自的条件要求（数量、期限、利率等）来实现融资，能符合双方的意愿。

（2）资金供求双方直接形成债权债务关系，债权人十分关注债务人的经营情况并进行一定的监督，给债务人的经营增加了压力，从而促使资金使用效益的提高。

（3）企业通过发行长期债券和股票筹集长期的资金，有利于资金长期稳定的使用，有利于企业的长期发展。

直接融资的局限性：一是融资双方的条件（数量、期限、利率）限制比较多，小额短期资金难以进入直接融资市场；二是对于资金供应者来说，投资相对集中且缺乏中介机构的缓冲，风险较大。

改革开放以来，我国逐步发展以股票债券为主的直接融资市场，其意义在于：

（1）改善了融资结构，提高了金融效率。

（2）有利于国有企业筹集长期、稳定的资金，促使国有企业的改革和发展。

（3）提供了多种投资渠道，增强了人们的投资意识，降低了国家承担的金融风险。

第三章

利　　息

☞学习目的和要求

通过本章的学习，要求掌握各种利率的内涵；理解和掌握利率决定的不同理论观点，熟知影响利率水平的因素；理解利率的风险结构和期限结构；理解利率的作用和发挥作用的条件，了解我国的利率市场化改革进程。

☞要点提示

第一节　利息与利息率

一、利息概念和本质

利息是借款人支付给贷款人本金以外的报酬，是贷款人让渡货币使用权的代价。利息也可以视为资金的回报，是一定时间内使用资金的费用。

马克思指出，利息是剩余价值的转化形式，是利润的一种分割，从而从本源上回答了利息的性质问题。

二、利息率表示方法、计算方法及其分类

（一）利率的概念

利率即利息率，是指借贷期内所形成的利息额与所贷资金额的比率。它是衡量利息高低的指标。

（二）利率的表示方法

日利是以天为时间单位计算利率，习惯叫“拆息”，通常以万分之几计算（毫）。

月利是以月为时间单位计算利率，通常以千分之几计算（厘）。

年利是以年为时间单位计算利率，通常以百分之几计算（分）。

（三）利息的计算方法——单利和复利

（1）单利，就是在借贷期间内分段计息时只计本金利息，利息的部分则不再计息。设 I 表示利息额，P 表示本金，r 表示利率，n 表示时间，S 表示本息之和。则：

单利公式为：$I = P \cdot r \cdot n$

$S = P \cdot (1 + r \cdot n)$

（2）复利指计算利息时，按一定期限（如一年），将所生利息加入本金后再计算利息，逐期滚算。复利公式为：

$I = S - P$

$S = P \cdot (1 + r)^n$

用复利法计算利息额度时，要注意考虑在利息税条件下如何处理？

（三）利率的分类

（1）以时间长短为标准，可以分为短期利率和长期利率。

（2）按利率与通货膨胀的关系划分，利率可以分为名义利率与实际利率。

设 r 为名义利率，i 为实际利率，P 为物价变动率，则有：

$r = i + p$ 或 $i = r - p$

以上这个公式是概略的计算公式，目前国际上通用的实际利率的计算公式为：

$$i = \frac{1 + r}{1 + p} - 1$$

（3）按借贷期内利率是否变动，可将利率分为固定利率和浮动利率。

（4）从国家对利率管理的角度，可将利率划分为市场利率和官方利率。

（5）按在整个利率体系中产生的影响不同，利率可以分为基准利率和非基准利率。

（6）按利率是否有优惠，利率可以分为一般利率和优惠利率。

（四）利率的计算——现值和终值

（1）现值。一般把资金运动起点的金额称为现值或是指未来某一时间的终值在现在的价值，可见它与终值正好相反。其计算公式为：

$$P = \frac{S}{(1 + r)^n}$$

而把未来某一时期的资金值按一定的利率水平折算成现在时期的资金值，就形成了贴现的概念。贴现公式为：

$$PV = \frac{R_1}{1 + i} + \frac{R_2}{(1 + i)^2} + \cdots + \frac{R_k}{(1 + i)^k} + \cdots + \frac{R_n}{(1 + i)^n} = \sum_{k=1}^{n} \frac{R_k}{(1 + i)^k}$$

式中：PV 为资产（或资金）的现值；R_1，R_2，…，R_n，为当前预期的第 1，2，…，n 的收益；i 为贴现率。

（2）终值。是指资金运动结束时与现值等值的金额称为终值或未来值。或是指本金在约定的期限内按一定的利率，以复利方法计算到约定期末的本金和利息的总额，其计算公式为：

$S = P \cdot (1 + r)^n$

（3）到期收益率，到期收益率是使从债券工具上获得的未来收益的现值等于其今天的价格的贴现率。

第二节　利率的决定

一、马克思的利率决定理论

（一）马克思的利率决定理论基本观点

利息是利润的一部分，是剩余价值的特殊转化形式，因此，利率受到一般利润率的调节，利率的变化是在零与平均利润率之间。

由于受实际因素的影响，利率也有可能偏离这个界限。利率还要受其他因素的影响。

（二）影响利率水平的基本因素

依据马克思对利率决定的科学论述，从现实角度考虑，影响利率水平的因素有以下几个方面：

（1）平均利润率。利息是对剩余价值的分割，剩余价值的转化形式是利润，因此，利息只是利润的一部分，利息率要受平均利润率的约束。

（2）借贷资金供求状况。平均利润率对利息率的决定和约束作用是从总体上讲的，但市场利率的变化在很大程度上是由资金供求状况决定的，市场上借贷资金供应紧张，利率就会上升，反之则会下降。

（3）通货膨胀预期或物价水平。在预期通货膨胀率上升的期间，利率水平有很强的上升趋势；在预期通货膨胀率下降时，利率水平也趋于下降。

（4）国际利率水平。在国际经济联系日益加深的时代，国际利率水平及其变动趋势对一国利率水平具有很强的"示范效应"。国家间的利率具有很强的联动性。这是因为，随着对外开放范围的拓宽、程度的加深，国际市场上"一价定律"的作用、借贷资本自由流动的本性，使得利率的国际影响愈来愈大。

（5）经济周期。利率的波动表现出很强的周期性，经济扩张期利率上升，经济衰退期利率下降。

除此之外，影响利率水平的因素还有：

（1）中央银行的货币政策。中央银行通过运用货币政策工具改变货币供给量，来影响可贷资金的数量。当中央银行想要刺激经济时，会增加货币投入量，使可贷资金的供给增加，利率下降。当中央银行想要限制经济过度膨胀时，会减少货币供给，使可贷资金的供给减少影响利率上升。

（2）政府预算赤字。如果其他因素不变，政府预算赤字与利率水平将会同方向运动，即政府预算赤字增加，利率则会上升；政府预算赤字减少，利率则会下降。

（3）利率管制。在一些经济不发达地区，或者发达国家的非常时期，利率管制也是直接影响利率的重要因素。利率管制的基本特征是由政府有关部门直接制定利率或规定利率变动的上下界限。由于利率管制具有高度行政干预的力量，利率决定的经济因素就被排斥了。

二、古典利率决定理论

马歇尔则运用“供求均衡原理”来解释利率的决定，认为利息是资本需求与资本供给达到均衡时的价格。资本的需求决定于资本的边际生产力。资本的供给则取决于抑制现在消费而对享受的“等待”。利息率就由资本的供求双方共同决定。

古典利率理论认为，资本的供给来源于储蓄，储蓄取决于“时间偏好”“节欲”“等待”等因素，储蓄是利率的增函数。资本的需求取决于资本边际生产力与利率的比较。在资本边际生产力一定的条件下，利率愈高，投资愈少；利率愈低，投资愈多，即投资是利率的减函数。用公式表示为：

投资函数：$I=I(r)$　　　　$dI/dr<0$

储蓄函数：$S=S(r)$　　　　$ds/dr>0$

当投资等于储蓄时，即：$I(r)=S(r)$。

上式就决定了社会上的一般利率水平以及储蓄和投资的数量，公式中I代表投资，S代表储蓄，r代表利率。

三、流动性偏好利率决定理论

（一）凯恩斯对古典利率理论的批判

凯恩斯首先抨击了古典利率理论。他认为，古典利率理论将储蓄和投资看作是两个独立的因素，这两个因素的相互作用决定利率。凯恩斯认为，储蓄主要取决于收入，而收入又取决于投资。所以，储蓄与投资是两个相互依赖的变量，而不是两个独立的变量。凯恩斯还指出，在古典利率理论中，充分就业条件下收入不变的假设，与储蓄和投资两条曲线可以独立地变动，从而引起利率变动的假设是相矛盾的。此外，在现实的经济社会中，储蓄和投资是由两种不同的群体决定的。储蓄并非必然转化为投资，利率也并不能自动调节储蓄和投资的均衡。对储蓄和投资的均衡起作用的，是收入或产量水平与利率共同作用的结果。

（二）凯恩斯利率理论的主要内容

凯恩斯认为，利率不是由储蓄和投资所决定的，而是在货币市场由货币的供应和需求所决定的。货币最富于流动性，利息是在一定时期内放弃货币、牺牲流动性所得的报酬。利率水平主要取决于货币数量和人们对货币的偏好程度。货币供应由中央银行控制，是一外生变量，故没有利率弹性。货币需求则取决于人们心理上的“流动性偏好”，即由于货币具有完全的流动性而引起的人们对货币的偏好。而人们的流动性偏好的动机有三个：交易动机、谨慎动机和投机动机。其中，交易动机和谨慎动机与利率没有直接的关系，而与收入成正比关系，投机动机则与利率成反比关系。由此，凯恩斯提出了他的货币需求函数，即：

$$L=L_1(Y)+L_2(r)$$

凯恩斯认为，利率决定于货币供应和货币需求的均衡点，设货币供应为M，货币需求为L，则利率的决定由下式表示：

$$M=L=L_1(Y)+L_2(r)$$

凯恩斯认为，均衡利率就决定于货币需求与货币供给的相互作用。如果人们的流动性偏好加强，货币需求量大于货币供给量，利率就会上升；相反，当人们的流动性偏好减弱，货币需求量小于货币供给量时，利率便会下降。当人们的流动性偏好所决定的货币需要量与货币管理当局所决定的货币供给量相等时，利率便达到均衡水平。

四、可贷资金利率决定理论

可贷资金利率理论的宗旨是将货币因素与实际因素，存量分析与流量分析综合为一种新的理论体系，其特点就是综合了古典利率理论和凯恩斯的“流动性偏好”利率理论。这一理论的核心是利率决定于可贷资金的供给与需求的均衡点。

从现实来看，对可贷资金需求一方面来自于投资需求，另一方面还可能来自于窖藏需求。因此，可贷资金包括储蓄和中央银行增发的货币以及商业银行所创造的信用。

可贷资金的需求包括：（1）投资 I。（2）可贷资金的净窖藏 ΔH。因此，可贷资金的需求为：I（r）+ΔH（r）。

可贷资金的供应包括：（1）储蓄 S。（2）货币供应增量 ΔM，包括中央银行所增发的货币和商业银行所创造的信用。因此，可贷资金的供应为：S（r）+ΔM。

利率取决于可贷资金的供应与需求的均衡点，故可贷资金利率理论可用以下公式表示：

$$S(r)+\Delta M=I(r)+\Delta H(r)$$

式中，除 ΔM 外，其他因素均为利率的函数。当可贷资金的供应等于需求时，就决定了均衡利率水平。

五、IS－LM 分析的利率理论

希克斯（J. Hicks）等人认为，以上这三种利率理论都没有考虑收入的因素，因而无法确定利率水平，不能明确得出利率究竟是多少的结论。

希克斯认为，若不将收入考虑进去，任何理论都不能明确确定利率究竟是多少。为弥补以上三种利率理论的缺陷，希克斯于 1937 年发表了一篇著名的论文《凯恩斯与古典学说》，首倡著名的 IS－LM 模型，后经美国经济学家汉森加以说明和解释，从而建立了一种使利率与收入在储蓄和投资、货币供应和货币需求这四个因素的相互作用之下同时决定的利率理论，这就是由 IS－LM 分析所表述的利率理论。希克斯认为，在现实社会中，收入水平和利率水平必然是同时决定的。这就意味着商品市场和货币市场必须同时达到均衡。

（一）商品市场的均衡

从商品市场来看，储蓄 S 与收入 Y 正相关，投资 I 与利率 r 负相关，储蓄等于投资是商品市场均衡的必要条件，因为只有在这一条件下，才能使商品市场的供给与需求相一致。

（二）货币市场的均衡

从货币市场来看，由货币市场的供求均衡也可求出收入与利率之间的关系。按照凯恩斯的流动性偏好理论，利率决定于货币供应与货币需求相等的均衡点。

（三）商品市场和货币市场均衡状态下的利率决定

以上所导出的 IS 曲线和 LM 曲线分别代表商品市场和货币市场的均衡，但是，无论是 IS 曲线还是 LM 曲线都不能单独决定均衡收入和均衡利率。只有商品市场和货币市场同时达到均衡，即同时储蓄等于投资、货币供应等于货币需求时，均衡收入和均衡利率才能确定。

IS－LM 模型认为，只有在储蓄与投资、货币供应与货币需求同时相等，即在商品市场和货币市场同时达到均衡的条件下，收入与利率同时被决定时，才能得到完整的、能使利率得以明确决定的利率理论。

第三节 影响利率的主要因素

一、宏观经济周期对利率的影响

在宏观经济波动中，社会再生产会表现为危机、萧条、复苏、繁荣四个往复循环过程。在经济周期不同的阶段，经济增长、投资、消费及通货膨胀等会发生相应的变化，进而主要由财政、金融政策组成的宏观经济政策会做出相应的调整，这些会对利率变化及其走势产生重要的影响。

在危机阶段，商品市场和资金市场的双重信用下降紧张，导致资金供求紧张加剧，引发利率走高。

在萧条阶段，市场对资金需求下降，同时，为刺激经济增长而实施的扩张宏观调控政策扩大了货币供给量，两个方面的因素导致利率不断走低，极端情况下甚至会出现零利率的情况。

经济进入复苏阶段，消费需求和投资需求双双增长，对资金需求相应增加，此时，利率水平逐步提高。

经济进入繁荣阶段，经济体中各类主体对资金需求不断上升，宏观调控部门防止经济运行过热，往往采取偏紧的调控政策，市场利率承受着不断提高的压力。这为下一轮的危机埋下伏笔。

二、风险因素对利率的影响

利率风险结构指各期限相同的债券利率间的关系。利率的风险结构主要是由债券的违约风险、债券的流动性及税收等因素所决定。

（1）违约风险。债券的违约风险是债券的发行人可能无法按期还本付息而给债券购买者造成损失的可能性。违约风险大，利率应较高。

（2）流动性。债券的流动性是指能及时、低成本变现的能力。流动性低，利率应较高。

（3）税收因素。如果政府对债券利息收入课税，税收待遇不同显然也会影响债券利率，税率越高的债券，其税前利率也应该越高；反之，税率越低的债券，其税前利率相应较低。

税后收益率是指相同投资者购买不同证券的纳税之后的收益率，税后收益率的计算公式为：

税后收益率 = 税前收益率 ×（1 − 边际税率）

三、期限因素对利率的影响

利率的期限结构是指收益与到期时间之间的关系。该理论是人们用于解释在债券市场上发现的两个现象：第一，各种期限债券的利率往往是同向波动的；第二，长期债券的利率往往高于短期债券。对于这两种现象有三种流行的理论可加以解释，构成了利率期限结构理论的主要内容。

（一）预期假说

假定整个债券市场是统一的，不同期限的债券具有完全替代性，并且长期债券的利率等于长期债券到期之前人们对短期利率预期的平均值。

$$i_{nt}=\frac{i_t+i_{t+1}^e+i_{t+2}^e+\cdots+i_{t+(n-1)}^e}{n}$$

（二）分割市场理论

假定债券市场是完全独立和分割开的市场，不同期限的债券不是替代品，各种期限债券的利率仅由该种债券的供求所决定，不受其他债券预期回报率的影响。

（三）期限选择理论

期限选择理论假设不同期限的债券是替代品，但并非是完全替代品。一种债券的预期回报率可以影响具有不同期限债券的预期回报率，同时考虑到时间的风险因素，长期债券的利率等于该种债券到期之前短期利率预期的平均值加上这种债券随供求条件变化而变化的期限升水。用公式表示为：

$$i_{nt}=\frac{i_t+i_{t+1}^e+i_{t+2}^e+\cdots+i_{t+(n-1)}^e}{n}+K_{nt}$$

式中，K_{nt}为债券期限升水，K_{nt}随债券期限延长而增大，一般为正值。

第四节 利率的作用与作用的发挥

一、利率的作用

（1）利率在宏观经济活动中的作用主要体现在：利率能够调节社会资本供给；利率可以调节投资；利率可以调节社会总供求。

（2）利率在微观经济活动中的作用主要体现在：对企业而言，利率能促使企业加强经济核算，提高经济效益；对个人而言，利率可以调节个人的消费和储蓄倾向，利率可以引导人们选择金融资产。

二、利率作用的条件

（一）市场化的利率决定机制

（二）没有授信限量管制

（三）市场开放程度高

（四）利率弹性大

三、我国的利率市场化改革

（一）利率市场化的国际经验

从国际一般经验来看，利率市场化的一般步骤包括：第一，通过将利率提高到市场均衡状态下来保持经济金融运行的稳定；第二，完善利率浮动制，扩大利率浮动范围，下放利率浮动权；第三，实行基准利率引导下的市场利率体系。从我国利率改革的进展看，目前已经进入第三个阶段。

（二）我国利率市场化改革的总体思路

我国利率市场化改革的总体思路是：先放开货币市场利率和债券市场利率，再逐步推进存款、贷款利率的市场化。存贷款利率市场化按照“先外币、后本币；先贷款、后存款；先长期、大额，后短期、小额”的顺序进行。在我国近年来的利率市场化进程中，充分体现了这一总体思路。

（三）深化我国利率市场化改革

深化我国利率市场化改革还需要做好以下几个方面的工作：

（1）要建立健全充分公平的市场竞争环境。

（2）要推动整个金融产品与服务价格体系的市场化。

（3）需要进一步完善货币政策传导机制。

（4）利率市场化与汇率市场化统筹安排。

（5）加快发展金融衍生产品市场。

☞**练习题**

一、填空题

1. 利息的本质是__________的转化形式。

2. 市场利率反映了货币资金供求状况的变化，当货币资金供应大于需求时，利率呈______趋势；反之，利率呈______趋势。

3. 按照计息方法的不同，利率可分为________和________两种。

4. 按照计息单位时间的不同，利率可分为____________（%）、__________（‰）、__________（‱）三种。

5. 按利率与通货膨胀的关系划分，利率可分为__________和__________。

6. 利率即利息率，是指借贷期内所形成的________与________的比率。

7. 按国家对利率管理的角度划分，利率可分为________和________。

8. 按照信用行为的期限长短，利率可分为__________和__________。

9. 一般把资金运动起点的金额称为________；把资金运动结束时与现值等值的金额称为____________。

10. 人们的流动性偏好的动机有____________、____________、____________。

11. 马克思的利率决定论认为利息率的变化范围是在__________和__________之间。

12. 利率根据在借贷期内是否调整，可分为__________和__________。

13. 根据利率杠杆的功能，利率调低，则资金供给______________。

14. 利息税税率越高的债券，其税前利率越__________；反之，税率越低的债券，其税前利率相应越____________。

15. 各种债券利率之间的关系称为____________。

16. 各期限相同的债券利率之间的关系称为______________。

17. 经济学上，将现在的货币资金价值称为______，将现在的货币资金在未来的价值称为______。

18. ______是指由金融机构或行业公会、协会（如银行公会等）按协商的办法所确定的利率。

19. 古典的利率理论认为，利率决定于______与______的均衡点。

20. 凯恩斯认为，满足投机需要的投机性货币需求是利率的______函数，而与收入无关。

21. IS－LM 分析模型认为，整个社会经济活动可分为两个领域：______和______。

22. ______理论认为，长期利率等于债券到期日以前预期短期利率的平均值。

23. ______理论认为，长期利率等于债券到期日以前未来短期利率的平均值加上该种债券由供求状况变化决定的期限和流动性升水。

24. ______理论认为，利率差别为各种债券市场独立的供求关系所决定，即长期利率和短期利率分别又由长期市场和短期市场上的供求关系所决定。

25. 中国人民银行还提出了我国利率市场化改革的次序，那就是：先外币，后本币；先农村，后城镇；先贷款，后存款；先______，后______。

二、单项选择题

1. 利息率的合理区间是（　　）。

A. 小于零　　B. 大于零

C. 高于平均利润率　　D. 大于零小于平均利润率

2. 利息率的高低主要意味着（　　）。

A. 本金的多少　　B. 期限的长短

C. 负债能力的强弱　　D. 利息水平的高低

3. 在物价上涨的条件下，名义利率不变，实际利率会（　　）。

A. 上涨　　B. 下降

C. 持平　　D. 随物价变动

4. 某国某年的名义利率为20%，而通货膨胀率达13.5%，那么实际利率应为（　　）。

A. 6.65%　　B. 16.75%

C. 5.73%　　D. 2.865%

5. 在物价下跌的条件下，要保持实际利率不变，名义利率应（　　）。

A. 保持不变　　B. 与实际利率对应

C. 调高　　D. 调低

6. 某公司获得银行贷款100万元，年利率为6%，期限3年，按年计息，单利计算，那么到期后应偿付银行本息是（　　）万元。

A. 19.1　　B. 119.1

C. 18　　D. 118

7. 某公司获得银行贷款100万元，年利率为6%，期限三年，若以半年为转换期，复利计息，那么，到期后应偿付银行本息是（　　）万元。

A. 19.1　　B. 118

C. 119.4　　D. 119.1

8. 目前我国银行的存贷款利率是由（　　）决定的。

A. 商业银行自己　　B. 中国人民银行

C. 财政部　　D. 市场变动

9. 优惠利率是相对（　　）而定的。

A. 固定利率　　B. 浮动利率

C. 一般利率　　D. 市场利率

10. 银行贷款利率的提高，会使贷款需求（　　）。

A. 增加　　B. 减少

C. 不变　　D. 变化不定

11. 下调利率对投资的影响，表现为投资相对（　　）。

A. 稳定　　B. 下降

C. 上升　　D. 波动

12. 提高利率会使企业利润相对（　　）。

A. 减少　　B. 增加

C. 不受影响　　D. 不一定

13. 当借贷资金的量一定时，平均利润率越低，利率相对（　　）。

A. 不变　　B. 多变

C. 越高　　D. 越低

14. 负利率是指（　　）。

A. 名义利率低于零　　B. 实际利率低于零

C. 实际利率低于名义利率　　D. 名义利率低于实际利率

15. 所谓“利率倒挂”是指（　　）。

A. 利率小于或等于零　　B. 存款利率小于贷款利率

C. 存款利率大于贷款利率　　D. 利息率大于平均利润率

16. 如果金融市场上资金的供给大于需求，利息率将趋于（　　）。

A. 上升　　B. 下降

C. 不变　　D. 不确定

17. 到期收益率是衡量（　　）的指标。

A. 利息的多少　　B. 利息率的高低

C. 期限的长短　　D. 负债能力的强弱

18. 马克思认为，利息的本质是（　　）。

A. 贷款人取得的报酬　　B. 借款人付出的代价

C. 利润的一部分　　D. 成本的一部分

19. 我国银行的人民币贷款一般实行（　　）。

A. 基准利率　　B. 公定利率

C. 官定利率　　D. 市场利率

20. 一笔贷款 1 年的利息收益是 50 元，而市场平均利率为 5% 时，那么本金应为

(　　) 元。

A. 1005　　B. 1050

C. 1000　　D. 900

21. 古典利率理论的代表人物没有（　　）。

A. 庞巴维克　　B. 费雪

C. 马歇尔　　D. 凯恩斯

22. IS－LM 利率模型的代表人物有（　　）。

A. 弗里德曼　　B. 李嘉图

C. 希克斯　　D. 汉森

23. 可贷资金利率理论认为，若自然利率低于市场利率，则表明（　　）。

A. 储蓄增加　　B. 储蓄减少

C. 储蓄不变　　D. 投资增加

24. 古典利率理论的基本观点是（　　）。

A. 利率是由资本的供求决定的　　B. 利率是由货币的供求决定的

C. 利率是由资金的供求决定的　　D. 利率是由收入的多少决定的

25. 流动性偏好利率理论认为利率是由（　　）决定的。

A. 资本的供求　　B. 货币的供求

C. 资金的供求　　D. 收入的大小

26. 古典利率理论认为，利率与（　　）无关。

A. 储蓄量　　B. 投资量

C. 货币量　　D. 资本供求

27. 可贷资金利率理论认为，自然利率是由（　　）决定的。

A. 可贷资金的供求　　B. 资本的供求

C. 收入的大小　　D. 货币的供求

28. 古典利率理论、流动性偏好利率理论和可贷资金利率理论的共同缺点是（　　）。

A. 忽略了货币因素对利率的影响　　B. 忽略了实际因素对利率的影响

C. 忽略了收入因素对利率的影响　　D. 忽略了存量分析

29. IS－LM 利率模型认为，利率是由（　　）。

A. 商品市场的均衡决定的　　B. 货币市场的均衡决定的

C. 商品市场和货币市场共同决定的　　D. 先由商品市场决定，再由货币市场决定

30. 近年来美国联邦储备委员会曾多次针对经济形势，调高或降低（　　）从而起到了紧缩信用或扩张信用的作用。

A. 再贷款利率　　B. 再贴现利率

C. 存款利率　　D. 贷款利率

三、多项选择题

1. 提高利率所产生的经济效应包括（　　）。

A. 银行存款增加　　B. 贷款规模收缩

C. 银行存款下降　　D. 即期消费减少

E. 投资规模的减少

2. 决定和影响利息率的因素有（　　）。

A. 平均利润率　　B. 资金的供求状况

C. 商业周期　　D. 通货膨胀状况

E. 国际利率水平

3. 按对利率管制程度的不同，利率可以分为（　　）。

A. 一般利率　　B. 市场利率

C. 公定利率　　D. 官定利率

E. 优惠利率

4. 促使贷款利息率上升的因素包括（　　）。

A. 平均利润率下降　　B. 银行经营成本上升

C. 市场信贷资金供应增加　　D. 预期通货膨胀率上升

E. 商业周期处于经济扩张阶段

5. 促使贷款利息率下降的因素包括（　　）。

A. 平均利润率下降　　B. 银行经营成本下降

C. 市场信贷资金供应减少　　D. 预期通货膨胀率下降

E. 商业周期处于经济衰退期

6. 影响利率风险结构的基本因素有（　　）。

A. 违约风险　　B. 流动性

C. 变现成本　　D. 税收因素

E. 风险补偿

7. 下列观点属于凯恩斯流动偏好利率理论的有（　　）。

A. 货币的供给与需求是决定利率的因素

B. 货币供给是一个外生变量，由中央银行控制

C. 货币需求取决于人们的流动性偏好

D. 市场利率是由可贷资金市场中的供求关系决定的

E. 在充分就业的所得水平下，储蓄和投资的数量仅为利率的函数

8. 下列因素中影响利率的有（　　）。

A. 中央银行政策　　B. 商业周期

C. 借款期限和风险　　D. 政府预算赤字

E. 资金供求状况

9. 利率作为经济杠杆发挥作用，其一般功能有（　　）。

A. 中介功能　　B. 分配功能

C. 调节功能　　D. 动力功能

E. 控制功能

10. 利率的宏观经济功能包括（　　）。

A. 利率调节社会资本供给　　B. 利率调节投资

C. 利率调节社会总供求　　D. 利率调节居民投资和消费的比例

E. 调节金融资产结构

11. 利率的微观经济功能包括（　　）。
A. 调节投资规模　B. 促使企业提高经济效益
C. 促使居民的投资和储蓄比例发生变化　D. 引导人们选择金融资产
E. 调节社会总需求
12. 限制利率发挥作用的因素有（　　）。
A. 利率形成机制　B. 利率管制程度
C. 授信限量　D. 市场开放程度
E. 利率弹性
13. 市场经济条件下，利率充分发挥作用的条件有（　　）。
A. 市场化的利率决定机制　B. 灵活的利率联动机制
C. 适当的利率水平　D. 合理的利率结构
E. 灵活有效的利率管理体系
14. 下列说法中正确的有（　　）。
A. 各种期限债券的利率往往是同向波动的　B. 长期债券的利率往往高于短期债券
C. 长期债券的利率往往低于短期债券　D. 各期期限债券的利率往往是反向波动的
E. 长期回报率曲线也会出现偶尔向下倾斜的情况
15. 关于利息的理解中正确的有（　　）。
A. 利息只存在于资本主义经济关系中　B. 利息属于信用范畴
C. 利息的本质是对价值时差的一种补偿　D. 利息是企业生产成本的构成部分
E. 利息构成了信用的基础
16. 我国中央银行的再贷款利率属于（　　）。
A. 市场利率　B. 官方利率
C. 基准利率　D. 公定利率
E. 长期利率
17. 根据名义利率与实际利率的比较，实际利率出现三种情况：（　　）。
A. 名义利率高于通货膨胀率时，实际利率为正利率
B. 名义利率高于通货膨胀率时，实际利率为负利率
C. 名义利率等于通货膨胀率时，实际利率为零
D. 名义利率低于通货膨胀率时，实际利率为正利率
E. 名义利率低于通货膨胀率时，实际利率为负利率
18. 在经济周期中，处于不同阶段利率会有不同变化，以下描述正确的有（　　）。
A. 处于危机阶段时，利率会降低　B. 处于萧条阶段时，利率会降低
C. 处于复苏阶段时，利率会慢慢提高　D. 处于繁荣阶段时，利率会急剧提高
E. 以上答案都不对
19. 以下因素与利率变动的关系描述正确的有（　　）。
A. 通货膨胀越严重，名义利率就越低　B. 通货膨胀越严重，名义利率就越高
C. 对利息征税，利率就越高　D. 对利息征税，利率就越低
E. 是否征税对利率没有影响
20. 利率水平的变动只能影响社会总供求的总体水平，要调整总供求的结构和趋向，需

要（　　）。

A. 市场化的利率决定机制

B. 灵活的利率联动机制

C. 适当的利率水平

D. 较高的市场开放程度，较强的政府控制利率的能力

E. 合理的利率结构

四、重要概念

1. 利息　2. 利率　3. 短期利率　4. 长期利率　5. 名义利率　6. 实际利率　7. 固定利率　8. 浮动利率　9. 市场利率　10. 官定利率　11. 公定利率　12. 基准利率　13. 非基准利率　14. 单利法　15. 复利法　16. 现值　17. 终值　18. 到期收益率　19. 收益的资本化　20. 一般利率　21. 优惠利率　22. 利率的风险结构　23. 流动性　24. 利率的期限结构　25. 负利率

五、计算题

1. 银行发放一笔金额为 30000 元，期限为 3 年，年利率为 10% 的贷款，规定每半年复利一次，试计算 3 年后本利和是多少？

2. 某人 3 年后需一笔 93170 元的货币，银行存款的年利率为 10%，他应该筹集多少元本金存入银行，才能在 3 年后得到这一数量的货币？

3. 假设某债券期限为 4 年，息票收益为 50 元，债券收益率为 5%，债券到期收回本金 1000 元，那么该债券的市场价格为多少元？

4. 设某一时期的名义利率为 2%，当物价上涨率为 4% 时，实际利率是多少？

5. 某人在银行存入 3 年期存款 100 万元，若 3 年期定期存款年利率为 4%，请利用单利法和复利法分别计算在利息所得税率为 20% 时，此人存满 3 年的实得利息额是多少？

六、简答题

1. 影响利率水平的因素有哪些？

2. 简述马克思的利率决定论。

3. 简述古典利率决定理论。

4. 简述凯恩斯学派的流动性偏好利率理论。

5. 简述利率的风险结构及其影响因素。

6. 简述利率市场化的国际经验。

七、论述题

1. 试论利率理论中可贷资金理论与流动性偏好理论和古典利率理论的异同。

2. 试述利率的作用。

3. 试述限制利率作用的因素和发挥利率作用的条件。

4. 试述我国的利率市场化改革。

八、深度思考题

在我国利率完全市场化的难点有哪些?

☞参考答案

一、填空题

1. 剩余价值
2. 下降　上升
3. 单利　复利
4. 年利率　月利率　日利率
5. 名义利率　实际利率
6. 利息额　借贷资金额
7. 市场利率　官定利率
8. 长期利率　短期利率
9. 现值　终值
10. 交易动机　预防动机　投机动机
11. 零　平均利润率
12. 固定利率　浮动利率
13. 减少
14. 高　低
15. 利率的结构
16. 利率的风险结构
17. 现值　终值
18. 公定利率
19. 储蓄　投资
20. 减
21. 商品市场　货币市场
22. 预期假说
23. 期限选择
24. 市场分割
25. 长期、大额　短期、小额

二、单项选择题

1. D	2. D	3. B	4. C	5. D	6. D	7. C	8. B	9. C	10. B
11. C	12. A	13. D	14. B	15. C	16. B	17. B	18. C	19. C	20. C
21. D	22. C	23. A	24. A	25. B	26. C	27. C	28. C	29. C	30. B

三、多项选择题

1. ABDE 2. ABCDE 3. BCD 4. BDE 5. ABDE 6. ABD 7. ABC 8. ABCDE 9. ABCDE 10. ABC 11. BCD 12. ABCDE 13. ABCDE 14. ABE 15. BCE 16. BC 17. ACE 18. BCD 19. BD 20. ABCE

四、重要概念

1. 利息。利息是和信用相伴而生的一个经济范畴，它是借贷资本或信贷资金的“价格”，是借入者付给贷出者的报酬。

2. 利息率。利息率是在一定时间内所获得的利息和所贷金额的比率，即利息额与本金之比。

3. 长期利率。一般来说 1 年期以上的信用通常称为长期信用，相应的利率就是长期利率。

4. 短期利率。一般来说 1 年期以下的信用行为称为短期信用，相应的利率就是短期利率。

5. 名义利率。指合同利率或挂牌利率，是支付利息的依据。

6. 实际利率。指根据已知的名义利率和通货膨胀率推算的结果，反映实际获利的水平。

7. 固定利率。指在借贷期内保持利率恒定不变的利率。

8. 浮动利率。指在借贷期间，可以根据市场变化的情况对利率进行相应调整的利率。

9. 市场利率。指按市场规律自由变动、金融机构自主掌握的利率。

10. 官定利率。指由政府或中央银行确定并强令执行的利率。

11. 公定利率。由非政府的民间金融组织，如银行公会等所确定并统一执行的利率，这种利率对会员银行等具有约束力。

12. 基准利率。指在多种利率并存的条件下起决定作用的利率。在国外，通常以中央银行的再贴现利率为基准利率；在我国，基准利率指中国人民银行对商业银行的贷款利率。

13. 非基准利率。基准利率以外的利率被称为非基准利率。

14. 单利法。单利法是指在计算利息额时，只按本金计算利息，而不将利息额加入本金进行重复计算的方法。

15. 复利法。复利法是单利法的对称，是指将按本金计算出的利息额再计入本金，计算利息的方法。

16. 现值。一般把资金运动的起点的金额称为现值。

17. 终值。资金运动结束时与现值等值的金额称为终值或未来值。

18. 到期收益率。所谓到期收益率是使从债券工具上获得的未来收益的现值等于今天的价格的贴现率。

19. 收益的资本化。任何有收益的事物，不论它是否是一笔贷放出去的货币金额，甚至也不论它是否是一笔资本，都可以通过收益与利率的对比而倒过来计算出它相当于多大的资本金额，这习惯地称之为“资本化”。

20. 一般利率。指市场资金供求所决定，不带有优惠性质的利率。

21. 优惠利率。指在放款时，低于一般利率的利率。优惠利率一般提供给信誉好、经营状况好且有良好发展前景的借款人。

22. 利率的风险结构。利率的风险结构是指各种期限相同的债券利率间的关系。

23. 流动性。债券的流动性是指及时，低成本变现的能力。

24. 利率的期限结构。利率的期限结构是指收益与到期时间的关系。

25. 负利率。指名义利率低于通货膨胀率，使实际利率小于零的情况。

五、计算题

1. 解：年利率为 10%，半年利率 $=10\% \div 2=5\%$

$S=P\times(1+r)^{n}=30000\times(1+5\%)^{3\times2}=40203$（元）

2. 解：$S=93170\quad r=10\%\quad n=3$

$$P=\frac{S}{(1+r)^{n}}=\frac{93170}{(1+10\%)^{3}}=70000\text{（元）}$$

3. 解：债券市场价格为：

$$PV=\frac{50}{1.05}+\frac{50}{1.05^{2}}+\frac{50}{1.05^{3}}+\frac{50}{1.05^{4}}+\frac{1000}{1.05^{4}}=1000\text{（元）}$$

4. 解：实际利率 $=2\%-4\%=-2\%$

5. 解：（1）单利计算法

$I=p\cdot r\cdot n=100\times4\%\times3=12$（万元）

实际利息额 $=12\times(1-20\%)=9.6$（万元）

（2）复利计算法

$I=p\cdot(1+r)^{n}-p$

$=100\times(1+4\%)^{3}-100=12.49$（万元）

实际利息额 $=12.49\times(1-20\%)=9.992$（万元）

六、简答题

1. 影响利率水平的因素有哪些？

（1）平均利润率。利息是利润的一部分，利息率必然受平均利润率的制约。通常情况下，平均利润率是利息率的上限。

（2）通货膨胀预期。预期通货膨胀会上升，则利率水平也趋于上升；预期通货膨胀会下降，则利率水平也趋于下降。

（3）中央银行政策。中央银行根据形势需要，通过运用货币政策工具改变货币供给量，导致利率的变动。有时，中央银行则实施利率管制，直接控制利率的变动。

（4）商业周期。利率的波动随商业周期的变化表现出相应的周期性；在经济扩张期利率上升，在经济衰退期利率下降。

（5）借贷资金供求状况。市场利率在很大程度上受市场资金供求状况的影响，借贷资金供应紧张，利率就会上升，反之则会下降。

（6）政府预算赤字。其他因素不变的条件下，政府预算赤字与利率水平呈同方向运动：赤字增加则利率上升，赤字减少则利率下降。

（7）国际利率水平。在国际经济联系日益加深、国际市场逐步形成的情况下，国际利率水平及其变化趋势，对一国的利率水平有很强的示范效应，各国的利率有很强的联动性。

2. 简述马克思的利率决定论。

马克思认为，利息的本质是剩余价值的一种分割，是作为借款人的职能资本家支付给货币资金所有者或贷出者的一部分利润，而利息率就是借贷双方同意的一定时期内利息额与借款或贷款的比例。因此马克思认为：利息是由利润，确切地说，是由一般利润率调节的，并且是起最后决定作用的最高界限，因此，利息率的变化范围是在零和平均利润率之间。当然，利率高低还要受传统习惯、法律、资金供求等因素的影响。

3. 简述古典利率决定理论。

古典学派的利率决定理论是储蓄投资理论。在充分就业的所得水平下，储蓄和投资的数量仅为利率的函数，其中，投资是利率的负函数，$I = I(r)$ 且$\frac{dI}{dr} < 0$；储蓄是利率的正函数，$S = S(r)$且$\frac{dS}{dr} > 0$。投资函数与储蓄函数共同决定了一个均衡的利率水平。$S > I$ 时，利率下降，$S < I$ 时，利率上升，只有储蓄者愿意提供的资金与投资者愿意借入的资金相等时，利率才达到均衡水平。

古典学派的利率决定理论是以萨伊法则为基础的，认为一个自由竞争的经济会使整个经济体系自动达于充分就业的均衡状态。所得与利率水平完全由技术水平、资本、资源等真实因素决定，而不受任何货币因素的影响，因此，储蓄投资理论也被称为“真实的利率理论”，在现实的经济生活中，利率的高低显然与货币的供求有密切的联系，因此古典学派忽视货币因素在利率决定过程中的作用，是有失偏颇的。

4. 简述凯恩斯学派的流动性偏好利率理论。

流动性偏好理论认为，货币的供给与需求是决定利率的因素。货币供给是一个外生变量，由中央银行控制；货币需求则取决于人们的流动性偏好。流动性偏好的动机包括：

①交易动机，人们持有货币以备日常交易之需，它与收入成正比；

②谨慎动机，人们为应付紧急需要而保有一部分货币，它与收入也成正比

③投机动机，人们持有货币以备将来投机获利，它是利率的减函数。

前两种动机均与收入成正比，合起来可用 L1（y）表示，则$\frac{dL_1}{dy} > 0$；投机动机可用 $L_2(r)$表示，则$\frac{dL_2}{dr} < 0$。设货币需求为 Md，则有 $M_d = L_1(y) + L_2(r)$。由货币供给等于货币需求，可以决定均衡的利率水平，即由 $M_s = L_1(y) + L_2(r)$来决定 r 的水平。

凯恩斯学派的利率理论从货币的供求来考察利率的决定，纠正了古典学派完全忽视货币因素的偏颇，然而同时它又走到另一个极端，将储蓄、投资等实质因素完全不予考虑，显然也是不合适的。

5. 简述利率的风险结构及其影响因素。

利率的风险结构，即期限相同的各债券利率之间的关系，主要是由债券的违约风险，债券的流动性，以及税收等因素决定的。

（1）违约风险。债券的发行人可能无法按期还本付息，这种风险就是债券的违约风险，显然，债券的违约风险越大，它对投资者的吸引力就越小，因而债券发行者应支付的利率就

越高。

（2）流动性。债券的流动性是指债券及时、低成本变现的能力，人们总是偏好于流动性较高的资产，以便在必要的时候能够将它变现，因此，在其他条件相同的情况下，流动性越低的债券利率将越高。

（3）税收因素。利息税税率越高的债券，其税前利率也应该越高。

6. 简述利率市场化的国际经验。

从国际一般经验来看，利率市场化的一般步骤包括：第一，通过将利率提高到市场均衡状态下来保持经济金融运行的稳定；第二，完善利率浮动制，扩大利率浮动范围，下放利率浮动权；第三，实行基准利率引导下的市场利率体系。从我国利率改革的进展看，目前已经进入上述第三个阶段，即通过推进金融市场的发展、金融资产的多元化，来推进利率形成机制的市场化，并根据市场利率的波动状况，及时调整贷款利率，增大贷款利率的波动幅度，最后实现存款利率的市场化。

七、论述题

1. 试论利率理论中可贷资金理论与流动性偏好理论和古典利率理论的异同。

（1）古典利率理论。其主要思想包括：利率由投资需求与储蓄意愿的均衡所决定。投资是对资金的需求，随利率上升而减少，储蓄是对资金的供应，随利率上升而增加，利率是资金需要和供给相等时的价格。

（2）可贷资金利率理论。它是古典利率理论的逻辑延伸和理论发展。一方面它继承了古典利率理论以长期实际经济因素分析利率变动的理论传统，另一方面开始注意货币因素的短期作用，并以流量分析为线索，可贷资金理论认为，利率由可贷资金的供求决定。可贷资金的供给包括总储蓄和银行新创造的货币量；可贷资金的需求包括总投资和因投机动机而发生的闲置货币所储存金额的增加量。可贷资金总量在很大程度上受中央银行的控制，因此政府的货币政策成为利率决定因素所必须考虑的。

（3）流动性偏好利率理论。它是由凯恩斯提出的一种偏重短期货币因素分析的货币利率理论。根据流动性偏好利率理论，货币需求包括交易性需求、预防性需求和投机性需求。货币供给表现为满足收入和利率函数的货币需求的供应量，是政策变量，取决于货币政策。流动性偏好利率理论可表示为：

$$M_d = M(Y,\ I)$$

$$M_S = KY + L\ (I)$$

$$M_d = M_s$$

流动性偏好利率理论与可贷资金理论之间的区别表现在：流动性偏好利率理论是短期货币利率理论，而可贷资金理论是长期实际利率理论；流动性偏好利率理论中的货币供求是存量，而可贷资金理论是对货币供求流量的分析；流动性偏好利率理论主要分析短期市场利率，而可贷资金理论主要研究实际利率的长期波动。

2. 试述利率的作用。

（1）利率在宏观经济活动中的作用。第一，利率能够调节社会资本供给。一般而言，在其他条件不变的情况下，利息率提高，国民储蓄率上升，借贷资本增多，社会资本供给就增加；反之，社会资本供给就会减少。第二，利息率可以调节投资。利率对投资在规模和结构两方面都具有调节作用。利息率降低，企业贷款成本降低，投资成本相对减少就会增加投资，从而使整个社会投资规模扩大；反之则反是。国家政府可以利用利率对资本流动所起的导向作用，通过实行差别利率政策，影响资本的流向。第三，利息率可以调节社会总供求。利息率对供求总量的平衡具有一定的调节作用，这是因为，总需求与市场价格水平、利率之间有着相互联系、相互作用的机制。由于生产者和消费者进入市场从事经济活动，市场机制通过价格水平和利率水平的变动在一定程度上能够调节各个企业和消费者的投资与储蓄活动，有利于实现总供给和总需求的平衡。

（2）利率在微观经济活动中的作用。对企业而言，利率能够促进企业加强经济核算，提高经济效益。企业占有信贷资金多，占有时间长，利息率较高，由于需要支付的利息多，所得利润就少，反之亦然。如果利率变动，利润大小也随之变动。企业作为最大可能利润的追求者，就会加强经营管理，加速资金周转，努力节约资金使用和占用，提高资金使用效益。

对个人而言，利率影响其经济行为。一方面，利率能够诱发和引导人们的储蓄行为，在某种程度上可以调节个人的消费倾向和储蓄倾向。另一方面，利率可以引导人们选择金融资产。

3. 试述限制利率作用的因素和发挥利率作用的条件。

（1）限制利率作用的因素。

①利率管制程度。利率管制程度越强，利率发挥的作用越弱。

②授信限量。授信限量使消费需求和投资需求得不到满足，容易加剧资金的供求矛盾，阻碍利率机制正常发挥作用。

③市场开放程度。市场开放程度越差，利率发挥作用的局限性就越大。

④利率弹性。利率的弹性越高，利率发挥的作用就越强。

（2）利率作用的条件。

①市场化的利率决定机制。是指利率主要通过市场资金供求和价值规律机制决定。

②灵活的利率联动机制。是指利率体系中，各种利率之间相互联系、相互影响，当其中一种利率发生变动时，另一类利率也会随之上升或下降，引起整个利率体系的变动。

③适当的利率水平。适当的利率水平能真实地反映社会资金的供求状况，能正确体现借贷双方的利益，促进利率作用的发挥。

④要有合理的利率结构。要求利率的风险结构、期限结构、行业结构、地区结构等都要适应经济环境的变化，使利率充分发挥调节经济的作用。

4. 试述我国的利率市场化改革。

（1）改革的举措：不断调整利率水平；允许贷款利率的浮动；部分利率市场化。

（2）改革的难点：国有企业的承受利息负担的能力不足且经营不规范；影响国家财政收入；商业银行利率风险管理能力有待提高；社会信用基础环境较差，维护信用严肃性的法律体系不健全。

（3）改革的步骤：先外币后本币；先农村后城市；先存款后贷款；先长期大额后短期小额。

第四章

外汇与汇率

☞学习目的和要求

通过本章的学习，掌握外汇、汇率、汇率制度等基本概念，理解不同汇率制度的内容与特征，理解不同货币制度下汇率的决定因素，掌握汇率与经济的关系。

☞要点提示

第一节　外汇与汇率概述

一、外汇的概念

外汇的基本含义需要从两个方面来理解：其一，是一国货币通过汇兑活动换成另一国货币的实践活动，通过这种活动来清偿国际债权债务关系，是动态的外汇概念。其二，是国际为清偿债权债务关系进行的汇兑活动所凭借的手段和工具，或者说是用于国际汇兑的支付手段和工具，这是静态的外汇概念。日常生活中所用到的外汇概念主要是静态的，即用于国际汇兑的手段和工具。

1996 年 1 月 29 日发布的《中华人民共和国外汇管理条例》规定："本条例所称外汇，是指下列以外国货币表示的可以用作国际清偿的支付手段和资产：

（1）外国货币，包括纸币、铸币。

（2）外币支付凭证，包括票据、银行存款凭证、邮政储蓄凭证等。

（3）外币有价证券，包括政府债券、公司债券、股票等。

（4）特别提款权、欧洲货币单位。

（5）其他外汇资产。

二、外汇的特征

(一) 外汇是以外币表示的一种金融资产

首先，外汇是一种金融资产。

其次，外汇又必须是以外币表示的，任何本国货币的信用工具、支付手段、有价证券等对本国人来说都不能称其为外汇。

(二) 充当外汇的货币必须具有较充分的可兑换性

可兑换性是指一种货币能够不受限制地兑换成其他国家的货币特性。货币按其可兑性程度，可分成以下三类：(1) 完全的可自由兑换货币。(2) 有限的或部分的可兑换货币。(3) 不可兑换货币。

三、汇率及汇率的表示

(一) 汇率

汇率（Exchange Rate）是一个国家的货币折算成另一个国家货币的比率，即用一国货币所表示的另一国货币的价格。换言之，汇率就是两种不同货币之间的比价，它反映一国货币的对外价值。汇率又称外汇牌价，简称汇价。

(二) 汇率的表示

1. 直接标价法

直接标价法又称应付标价法，是指以一整数单位（如一、一百、一万等）的外国货币为标准，折算为若干数额的本国货币的标价法。在直接标价法下，外国货币数额固定不变，汇率涨跌都以相对的本国货币数额的变化来表示。一定单位的外币折算的本国货币增多，说明外汇汇率上升，或本币汇率下降；反之，一定单位的外币折算的本国货币减少，说明外汇汇率下跌，或本币汇率上升。由此可见，在直接标价法下，汇率数值的上下起伏波动与相应的外币的价值变动在方向上是一致的，而与本币的价值变动在方向上却是相反的。

美国从 1978 年 9 月 1 日起，除了对英镑（以及后来的澳元和欧元）继续采用直接标价法外，对其他货币一律改用间接标价法。我国的人民币汇率也采用直接标价法。

2. 间接标价法

间接标价法又称应收标价法，是指以一整数单位（如一、一百、一万等）的本国货币为标准，折算为若干数额的外国货币的标价法。间接标价法的特点正好同直接标价法相反，即本币金额不变，其折合成外币的数额则随着两种货币相对价值的变化而变化。如果一定数额的本币能兑换成更多的外币，说明本币汇率上升；反之，如果一定数额的本币兑换的外币数额减少，则说明本币汇率下跌。在间接标价法下，汇率数值的上下起伏波动与相应的外币的价值变动在方向上刚好相反，而与本币的价值变动在方向上却是一致的。英镑曾长期用作国际结算的主要货币，因此，伦敦外汇市场采用间接标价法。

在谈论某种货币汇率的变动时，必须说明具体的标价方法，或在汇率之前加上外汇或本币等限定词，说明外汇汇率或本币汇率的变动情况，否则就容易引起歧义。

四、汇率的种类

(1) 按制定汇率的方法来划分，有基本汇率和套算汇率；

（2）按银行买卖外汇的角度来划分，有买入汇率、卖出汇率和现钞汇率；
（3）按外汇交易交割期限来划分，有即期汇率和远期汇率；
（4）按对外汇管理的宽严来划分，有官方汇率和市场汇率。

第二节 汇率变动的影响因素及作用

一、影响汇率变动的主要因素

（一）国际收支

国际收支的变化是影响汇率的重要的和直接的因素。在外汇市场上，汇率是外汇的价格，国际收支状况直接影响外汇市场的外汇供求状况。一国国际收支发生顺差，意味着外汇收入大于支出，亦即外汇供过于求，外汇汇率就会下跌；若为逆差，则该国对外国货币的需求增加，外汇供不应求，外汇汇率随之上升。

（二）一国的经济增长以及经济实力的变化

经济增长对一国汇率的影响在短期是不确定的。但长期看，经济增长状况所产生的一国经济实力的变动，对一国汇率的长期走势影响是基础性的。一国较强的经济实力，这不仅形成本币币值稳定和坚挺的物质基础，也会使外汇市场上人们对该货币的信心增强。反之，一国经济实力差，会使本币失去稳定的物质基础，人们对其信心下降，对外不断贬值。

（三）通货膨胀状况

一国价格水平的上升，势必削弱该国商品在国际市场上的竞争能力，对出口不利，同时却会鼓励进口，这样将造成进口增加、出口减少，使国际收支出现逆差，以至于外汇市场上出现外汇供不应求的现象，进而导致该国的货币汇率下降。

（四）利率

在资本市场开放情况下，一国的利率水平较高，会吸引大量国外资金流入，在外汇市场上，外汇的供应就急剧增加，从而导致本币汇率上升。反之，一国若降低利率，就会使短期资本流向国外，该国对外国货币的需求增加，造成本币汇率下降。所以，各国利率的变化，尤其是国内外利差，是影响汇率的一个十分重要的因素。

（五）中央银行的干预

当一国经济处于内外失衡，且难以通过市场自发调节实现均衡时，各国中央银行为了避免汇率变动，尤其是短期内的剧烈起伏波动对国内经济造成的冲击和不利影响，往往对汇率进行直接干预，使汇率变动有利于本国经济。

（六）投机资本

投机资本对市场供求关系和外汇行市的影响不容忽视。但是，投机资本对汇率的作用是复杂多样和捉摸不定的。

（七）其他因素

在现代外汇市场上，汇率变化常常是十分敏感的，一些非经济因素、非市场因素的变化往往也会波及外汇市场。

另外，诸如黄金市场、股票市场、石油市场等其他投资品市场价格发生变化也会引起外汇市场汇率联动。

二、汇率变动对经济的影响

（一）汇率变动对国内经济的影响

1. 对物价的影响

外币价格高涨，导致出口商品、进口商品在国内价格的提高，并在此基础上推动整个物价水平的高涨。

2. 对资源配置的影响

即对进出口商品的生产的影响。

（二）汇率变动对一国对外经济的影响

1. 对一国资本流动的影响

从长期看，当本币汇率下降时，本国资本为防止货币贬值的损失，常常逃往国外，特别是存在本国银行的国际短期资本或其他投资，也会调往他国，以防损失。如本币汇率上涨，则对资本移动的影响恰与上述情况相反。

2. 对对外贸易的影响

本币价值下降，具有扩大本国出口，抑制本国进口的作用，从而有可能扭转贸易收支逆差。

3. 其他影响

（三）汇率变动对一国黄金外汇储备的影响

（1）储备货币的汇率变动影响一国外汇储备的实际价值，储备货币升值，则一国外汇储备的实际价值提高，反之则降低。

（2）本国货币汇率变动，通过资本转移和进出口贸易额的增减，直接影响本国外汇储备的增加或减少。

（3）汇率变动影响某些储备货币的地位和作用。

三、汇率发挥作用的条件

第一，一国对外开放的程度。第二，一国商品生产是否具有多样性。第三，与国际金融市场的联系程度。第四，通货的可接受性。第五，汇率制度的选择。

第三节 汇率制度

一、汇率制度分类

汇率制度是货币制度的重要组成部分，是指一个国家（一个经济体或一个经济区域）或国际社会对于确定、维持、调整与管理汇率的原则、方法、方式和机构等所做出的系统性的规定。

按照汇率的灵活程度和政府或货币当局对名义汇率的干预程度，可以将汇率制度分为：完全固定的汇率制度和自由浮动的汇率制度，以及中间的汇率制度类型。

（一）固定汇率制度

固定汇率制度是指政府用行政或者法律手段确定公布本国货币与某种参考物之间的固定比价，政府或货币当局通过储备的变动进行干预维持名义汇率不动或微小变动。由于据此确定的汇率水平一般不轻易变动，故称为固定汇率制度。充当参考物的东西可以是黄金，也可以是某一种货币或一组货币。

从历史上看，固定汇率制度主要有两种类型：一是以黄金为参考物的固定汇率制度，即金本位制度下的固定汇率制度；二是第二次世界大战后建立的，纸币流通制度下的以美元为中心的固定汇率制度，即布雷顿森林体系下的汇率制度。

目前的固定汇率制主要表现为钉住汇率制。它是指一国采取使本国货币同某外国货币或一篮子货币保持固定比价关系的做法。

（二）浮动汇率制度

浮动汇率制度是指汇率的变动主要由外汇市场上的外汇供求决定，因而不受任何指标限制的汇率制度。在浮动汇率制度下，政府不规定本国货币与外国货币的法定比价，不规定汇率波动的上下幅度，中央银行也不承担通过外汇干预维持汇率稳定的义务，汇率根据外汇市场的供求情况自由波动。

二、固定汇率制度与浮动汇率制度利弊比较

（一）固定汇率制的优缺点

1. 固定汇率制的优点

固定汇率制度为微观主体提供了汇率稳定的预期，大大降低了交易者的风险管理成本和交易成本，有利于国际贸易、国际信贷和国际投资；有利于强化国际“货币纪律”，在一定的条件下可控制通货膨胀的国际传递。

2. 固定汇率制的缺点

固定汇率制度下，汇率作为外汇市场的价格调节功能丧失。第一，汇率基本不能发挥调节国际收支的经济杠杆作用。第二，为维护固定汇率制将破坏内部经济平衡。第三，由于汇率缺乏弹性，易引起国际汇率严重失衡，累积风险进而引发国际汇率制度的动荡和混乱。

（二）浮动汇率制度的优缺点

1. 浮动汇率制的优点

第一，它具有自发调节国际收支的功能。第二，由于汇率不断调整，有助于遏制大规模的外汇投机风潮和国际游资的冲击，从而减少国际储备需求。第三，它使各国政府摆脱了固定汇率制对经济政策自主权的约束。当一国经济出现衰退，在固定汇率制下有着严格的货币纪律，使政府很难针对本国的需要采取相应的政策。在浮动汇率制度下，国际收支可由汇率来调节，从而实现对外均衡；而国内均衡则可依赖财政货币政策，内外均衡就不至于发生冲突。第四，减轻政府对各种直接管理措施的依赖，这有助于市场价格信号更有效地发挥资源配置功能，它有助于提高资源配置效率。

2. 浮动汇率制缺点

第一，在国际贸易和投资中，交易者有更高的风险管理成本和交易成本。第二，助长了

外汇投机活动，加剧了国际金融市场的动荡与混乱。第三，可能引发竞相贬值。第四，诱发通货膨胀。在浮动汇率制度下，不存在所谓的“货币纪律约束”。货币当局可以采取扩张性政策来刺激国内的经济增长，而不必顾忌其对国际收支的不利影响。

三、汇率理论概览

（一）国际借贷说

国际借贷说认为，外汇汇率由外汇的供求关系决定，而外汇的供求又是由国际借贷引起的。当一国的流动债权（外汇收入）大于流动债务（外汇支出）时，外汇的供应大于需求，因而外汇汇率下降；当一国的流动债务大于流动债权时，外汇的需求大于供应，因而外汇汇率上升；当一国外汇收支相等，汇率处于均衡状态。该理论又被称为国际收支说。

（二）汇兑心理说

该理论认为，人们之所以需要外国货币，除了需要购买外国商品之外，还有满足支付、投资、外汇投机、资本外逃等需要，这种外国货币所带来的效用构成了其价值基础。因此，外国货币的价值决定于外汇供求双方对外币所做的主观评价。外汇的边际效用递减，而购买外汇的边际成本递增，市场上的外汇汇率取决于外汇的边际效用与边际成本之比。如果人们认为外汇提供的边际效用大于边际成本，就会大量购买外汇，导致外汇汇率上升；反之，当人们认为外汇提供的边际效用小于边际成本时，就会抛售外汇，促使外汇汇率下降。由于人们对外汇的效用和成本所做的主观评价会随各种情况而不断变化。因此，汇率也会相应变动。

（三）购买力平价说

购买力平价说，简称 PPP 理论，要点是：两国货币购买力之比就是决定汇率的最基本的依据；汇率的变化也是由两国货币购买力的变化而决定的，即汇率的涨落是货币购买力变化的结果。该学说将决定汇率水平的机制分为两种：绝对购买力平价和相对购买力平价。

由于货币的购买力主要体现在价格水平上，即货币购买力是价格水平的倒数，因此，购买力平价可以用下式表示：

$$\text{购买力平价}=\frac{\text{A 国货币购买力}}{\text{B 国货币购买力}}=\frac{\dfrac{1}{\text{A 国的价格水平}}}{\dfrac{1}{\text{B 国的价格水平}}}=\frac{\text{B 国的价格水平}}{\text{A 国的价格水平}}$$

$$\text{相对购买力平价}=\text{基期的绝对购买力平价}\times\frac{\text{B 国的价格指数}}{\text{A 国的价格指数}}$$

$$\approx\text{基期的汇率}\times\frac{\text{B 国的价格指数}}{\text{A 国的价格指数}}$$

（四）资产市场说

资产市场论把外汇看作是一种金融资产，而不仅仅只是货币，从而使外汇的外延得到了极大的推广，因为人们需要外汇除了出于在国外购买商品和劳务以外，还可能是为了从事金融投资，以便在风险相对较小的条件下获得相对较高的收益。资产持有人对外币的数量和币种的需求取决于其资产选择行为。

按照资产市场理论，由于利率、国际收支、通货膨胀和经济增长等各种因素的变化，不同金融资产的风险和收益也会随之变化，资产持有人就必须相应调整自己的资产组合，直至各种资产的预期边际收益率相等为止。资产持有人对资产组合的调整意味着其在资产市场，进而在外汇市场上抛售某种货币，买进另一种货币，从而导致汇率的变动。因此，预期收益率（包括汇率）或相对风险的变动是引起市场汇率变动的根本原因。

（五）货币主义汇率说

货币论的特点是强调货币市场在汇率决定中的作用，认为汇率是两国货币的相对价格，而不是两国商品的相对价格。按照这种理论，汇率由货币市场的货币存量决定。当货币存量与货币需求相一致时，汇率就达到均衡。如果一国的货币存量超过货币需求，价格水平就趋于上升，其汇率必然下跌。如果一国的实际国民收入上升，就会出现超额货币需求，若名义货币供应量不变，则价格相对下降，这种货币的汇率就会上升。另外，当两国的货币存量及货币需求都发生变动时，则需比较其增减速度。

☞练习题

一、填空题

1. 外汇主要包括以下几个方面：__________、__________、__________、__________、__________和__________。

2. 外汇具有如下特征：__________、__________、__________。

3. 货币按其可兑性程度，可分成以下三类：__________、__________、__________。

4. 汇率主要有以下两种标价法：__________和__________。

5. 对我国外汇汇率形成起关键性作用的市场是__________。

6. 货币分析说认为，外汇汇率取决于__________和__________。

7. 所谓"__________"是指在自由交易条件下，由于存在商品套购，任一商品在不同地方都只能是同样的价格。

8. 按照外汇交易交割期限划分，外汇交易通常包括__________和__________两种。

9. 汇率作为一个重要的经济杠杆，其作用程度的大小，还要取决于是否具备相应的条件：__________、__________、__________、__________和__________。

10. 根据一国货币是否与他国货币建立稳定关系，浮动汇率可分为__________、__________和__________。

二、单项选择题

1. 在对外汇特征的表达上，以下（　　）是错误的。

A. 自由兑换性　　B. 内含价值性

C. 普遍接受性　　D. 可偿性

2. 英镑对美元按（　　）计价。

A. 直接标价法　　B. 间接标价法

C. 美元标价法　　D. 应收标价法

3. 在货币局制度下，法律形式以明确方式承诺本币和某一特定的外币之间以（　　），同时要求本币发行机构确保履行自己的法律义务。

A. 固定的汇率进行兑换　　B. 不固定的汇率进行兑换

C. 浮动的汇率进行兑换　　D. 基准汇率进行兑换

4. 在直接标价法下，一定单位的外币折算的本国货币减少，说明本币汇率（　）。

A. 上升　　B. 下降

C. 不变　　D. 不确定

5. 在间接标价法下，汇率数值的上下波动与相应的外币的价值变动在方向上（　），而与本币的价值变动在方向上（　）。

A. 相反；一致　　B. 一致；相反

C. 无关系　　D. 不确定

6. 在（　）制度下，汇率作为外汇市场的价格调节功能丧失。

A. 中间汇率　　B. 浮动汇率

C. 固定汇率　　D. 基准汇率

7. 按照（　）理论，汇率由货币市场的货币存量决定。

A. 汇兑心理说　　B. 购买力平价说

C. 资产市场说　　D. 货币主义汇率说

8. 关于纸币流通条件下汇率决定的理论中，（　）抓住了货币内在特性，一致深受学术界的推崇，占据主流地位。

A. 国际借贷论　　B. 汇兑心理论

C. 购买力平价论　　D. 货币论

9. 在爬行盯住的汇率制度安排下，本国货币以固定速率或应所选数量指标的变化而定期（　）调整，所选指标可以是本国和主要贸易伙伴国之间的历史通货膨胀率之差、主要贸易伙伴国的通货膨胀目标值与预期值之差。

A. 小幅　　B. 大幅

C. 不变的幅度　　D. 随机幅度

10. 在外汇市场上，国际收支状况直接影响外汇市场的外汇供求状况。一国国际收支发生顺差，意味着外汇收入（　）支出，外汇汇率就会（　）。

A. 大于；上升　　B. 小于；下跌

C. 小于；上升　　D. 大于；下跌

三、多项选择题

1. 根据通货膨胀因素，汇率可分为（　）。

A. 名义汇率　　B. 实际汇率

C. 有效汇率　　D. 基础汇率

2. 在资本市场开放情况下，一国的利率水平较高，在该国表现为债权的金融资产，如存款、贷款、存单、债券、商业票据等的收益率也相对较高。这就会（　）。

A. 吸引国外资金流入　　B. 外汇供应增加

C. 本币汇率上升　　D. 远期汇率水平变动

3. 在 IMF 对国际社会的实行的实际汇率制度的正确表述有（　）。

A. 无独立法定货币　　B. 传统钉住

C. 波幅钉住　　D. 波幅爬行钉住

4. 购买力平价说可细分为（　　）。

A. 绝对购买力平价说　　B. 相对购买力平价说

C. 可贸易商品平价说　　D. 非贸易商品平价说

5. 下列影响汇率变动的主要因素正确的是（　　）。

A. 国际收支　　B. 通货膨胀状况

C. 利率　　D. 失业率

四、重要概念

1. 外汇　2. 自由外汇　3. 记账外汇　4. 汇率　5. 直接标价法　6. 间接标价法　7. 即期汇率　8. 远期汇率　9. 汇率制度　10. 钉住汇率制度

五、计算题

在中国市场上，1 美元 =6. 8371 元人民币，在伦敦市场上，1 英镑 =1. 4765 美元。求人民币对英镑的套算汇率。

六、简答题

1. 简述国际借贷说。
2. 简述购买力平价说。
3. 简述汇兑心理说。
4. 简述货币分析说。
5. 简述金融资产论。

七、论述题

1. 试比较固定汇率制度与浮动汇率制度的优缺点。
2. 试述影响一国货币汇率波动的因素。
3. 试述汇率波动对一国经济的影响。

八、深度思考题

我国人民币目前为什么还不能实行完全自由浮动的汇率制度和可兑换?

☞参考答案

一、填空题

1. 外国货币　外币支付凭证　外币有价证券　特别提款权　欧洲货币单位　其他外汇资产

2. 自由兑换性　普遍接受性　可偿性

3. 完全的可自由兑换货币　有限的或部分的可兑换货币　不可兑换货币

4. 直接标价法　间接标价法

5. 银行间外汇市场

6. 本国货币供给量　外国货币供给量

7. 一价定律

8. 即期汇率　远期汇率

9. 一国对外开放的程度　一国商品生产是否多样性　与国际金融市场的联系程度　通货的可接受性　汇率制度的选择

10. 单独浮动　钉住浮动　联合浮动

二、单项选择题

1. B　2. B　3. A　4. A　5. A　6. C　7. D　8. C　9. A　10. D

三、多项选择题

1. AB　2. ABCD　3. ABCD　4. AB　5. ABC

四、重要概念

1. 外汇。是国际经济活动得以进行的基本手段。具有动态和静态两方面的含义。外汇的动态含义是指把一国货币兑换成另一国货币的国际汇兑行为和过程，即借以清偿国际债权和债务关系的一种专门性经营活动。外汇的静态含义是指以外币表示的可用于对外支付的金融资产。

2. 自由外汇。是指在国际结算中和国际金融市场上可以自由使用、自由支付、自由兑换成其他货币的外汇。

3. 记账外汇。记账外汇是指记载在双方指定银行账户上的外汇，不能兑换成其他货币，也不能对第三者支付。这种外汇也叫“清算外汇”、“协定外汇”或“双边外汇”。

4. 汇率。又称汇价、外汇行市、外汇牌价，是一个国家的货币折算成另一个国家货币的比率，即用一国货币所表示的另一国货币的价格。

5. 直接标价法。又称应付标价法，是指一国以整数单位的外国货币为标准，折算为若干数额的本国货币的标价法。

6. 间接标价法。又称应收标价法，是指一国以整数单位的本国货币为标准，折算为若干数额的外国货币的标价法。

7. 即期汇率。又叫现汇汇率，指进行即期外汇交易时使用的汇率，即买卖成交后，在两个营业日内办理外汇交割时使用的汇率。这个汇率也就是现实外汇市场上的市场汇价。

8. 远期汇率。又叫期汇汇率，指进行远期外汇交易时使用的汇率，即买卖双方事先签订合约，约定在将来某个交割日按照协议交割时使用的汇率。

9. 汇率制度。是货币制度的重要组成部分，是指一个国家或国际社会对于确定、维持、调整与管理汇率的原则、方法、方式和机构等所做出的系统性的规定。

10. 钉住汇率制度。是指一国采取使本国货币同某外国货币或一篮子货币保持固定比价关系的汇率制度。

五、计算题

因为美元对人民币是直接标价法，而英镑对美元是间接标价法。因此两者相乘，即：

USD/CNY = 6.8371　　GBP/USD = 1.4765

GBP/CNY = 6.8371 × 1.4765 = 10.0950

六、简答题

1. 简述国际借贷说。

根据国际借贷说，外汇汇率是由外汇的供给和供求决定的，而外汇的供给和供求是由国际借贷所产生的，因此国际借贷关系是影响汇率变化的主要因素。当一国的流动债权（外汇收入）多于流动负债（外汇支出）时，外汇的供给大于需求，因而外汇汇率下跌；当一国流动负债多于流动债权时，外汇的需求大于供给，因而外汇汇率上升。

2. 简述购买力平价说。

购买力平价说认为，本国之所以需要外国货币或外国需要本国货币，是因为这两种货币在各发行国均具有对商品的购买力；两国货币购买力之比就是决定汇率的最基本的依据；汇率的变化也是由两国货币购买力的变化而决定的，即汇率的涨落是货币购买力变化的结果。该学说将决定汇率水平的机制分为两种：绝对购买力平价和相对购买力平价。

（1）绝对购买力平价。是指本国与外国货币之间的均衡汇率等于本国与外国货币购买力或物价水平之间的比率。

（2）相对购买力平价。相对购买力平价则从动态角度来考虑汇率的决定，认为不同国家货币购买力之间的相对变化，是汇率变动的决定性因素。

3. 简述汇兑心理说。

汇兑心理说认为，汇率的变动与决定所依据的是人们各自对外汇的效用所做的主观评价。人们之所以需要外币，是为了满足某种欲望，如支付、投资、投机等。人们依据自己的主观欲望来判断外币价值的高低。根据边际效用理论，外汇供应增加，单位外币的边际效用就递减，外汇汇率下降。不同的主观评价产生了外汇的供应与需求，供求双方通过市场达到的均衡点就是外汇汇率。

4. 简述货币分析说。

货币主义汇率说是在购买力平价理论基础上发展的。货币分析论认为汇率要受两国货币供给量的制约，从而把汇率与货币政策联系起来。按照这种理论，汇率由货币市场的货币存量决定。当货币存量与货币需求相一致时，汇率就达到均衡。如果一国的货币存量超过货币需求，价格水平就趋于上升，其汇率必然下跌。如果一国的实际国民收入上升，就会出现超额货币需求，若名义货币供应量不变，则价格相对下降，这种货币的汇率就会上升。另外，当两国的货币存量及货币需求都发生变动时，则须比较其增减速度。

5. 简述金融资产论。

资产市场论把外汇看作是一种金融资产，而不仅仅只是货币，从而使外汇的外延得到了极大的推广，因为人们需要外汇除了出于在国外购买商品和劳务以外，还可能是为了从事金融投资，以便在风险相对较小的条件下获得相对较高的收益。资产持有人对外币的数量和币种的需求取决于其资产选择行为。所谓“资产选择”，是指资产持有人调整其持有的有价证券和货币资产的种类和数量，从而选择一套最符合其收益和风险偏好的资产组合。

七、论述题

1. 试比较固定汇率制度与浮动汇率制度的优缺点。

（1）固定汇率制。

①固定汇率制的优点：

大大降低了国际经济交易者的汇率风险管理成本和交易成本，有利于国际贸易、国际信贷和国际投资的经济主体进行成本利润的核算，从而有利于世界经济的稳定发展。

②固定汇率制缺点：

在固定汇率制度下，汇率作为外汇市场的价格调节功能丧失。主要表现：第一，汇率基本不能发挥调节国际收支的经济杠杆作用。第二，为维护固定汇率制将破坏内部经济平衡。第三，由于汇率缺乏弹性，易引起国际汇率严重失衡，累积风险进而引发国际汇率制度的动荡和混乱。

（2）浮动汇率制度。

①浮动汇率制优点：

它具有自发调节国际收支的功能；有助于遏制大规模的外汇投机风潮和国际游资的冲击，减少国际储备需求；使各国政府摆脱了固定汇率制对经济政策自主权的约束；有助于市场价格信号更有效地发挥资源配置功能，提高资源配置效率。

②浮动汇率制缺点：

在国际贸易和投资中，交易者有更高的风险管理成本和交易成本；助长了外汇投机活动，加剧了国际金融市场的动荡与混乱；可能引发竞相贬值；诱发通货膨胀。

2. 试述影响一国货币汇率波动的因素。

（1）国际收支。一国国际收支发生顺差，意味着外汇收入大于支出，亦即外汇供过于求，外汇汇率就会下跌；若为逆差，则该国对外国货币的需求增加，外汇供不应求，外汇汇率随之上升。

（2）一国的经济增长以及经济实力的变化。一国较强的经济实力，这不仅形成本币币值稳定和坚挺的物质基础，也会使外汇市场上人们对该货币的信心增强。反之，一国经济实力差，会使本币失去稳定的物质基础，人们对其信心下降，对外不断贬值。

（3）通货膨胀状况。一国价格水平的上升，势必削弱该国商品在国际市场上的竞争能力，对出口不利，同时却会鼓励进口，这样将造成进口增加、出口减少，使国际收支出现逆差，以至于外汇市场上出现外汇供不应求的现象，进而导致该国的货币汇率下降。

（4）利率。在资本市场开放情况下，一国的利率水平较高，会吸引大量国外资金流入，在外汇市场上，外汇的供应就急剧增加，从而导致本币汇率上升。反之，一国若降低利率，就会使短期资本流向国外，该国对外国货币的需求增加，造成本币汇率下降。所以，各国利率的变化，尤其是国内外利差，是影响汇率的一个十分重要的因素。

（5）中央银行的干预。当一国经济处于内外失衡，且难以通过市场自发调节实现均衡时，各国中央银行为了避免汇率变动，尤其是短期内的剧烈起伏波动对国内经济造成的冲击和不利影响，往往对汇率进行直接干预，使汇率变动有利于本国经济。

（6）投机资本。投机资本对市场供求关系和外汇行市的影响不容忽视。但是，投机资本对汇率的作用是复杂多样和捉摸不定的。

（7）其他因素。在现代外汇市场上，汇率变化常常是十分敏感的，一些非经济因素、非市场因素的变化往往也会波及外汇市场。

3. 试述汇率波动对一国经济的影响。

（1）汇率变动对国内经济的影响。

①对物价的影响。外币价格高涨，导致出口商品、进口商品在国内价格的提高，并在此基础上推动整个物价水平的高涨。

②对资源配置的影响。即对进出口商品的生产的影响。

（2）汇率变动对一国对外经济的影响。

①对一国资本流动的影响。从长期看，当本币汇率下降时，本国资本为防止货币贬值的损失，常常逃往国外，特别是存在本国银行的国际短期资本或其他投资，也会调往他国，以防损失。如本币汇率上涨，则对资本移动的影响恰与上述情况相反。

②对对外贸易的影响。本币价值下降，具有扩大本国出口，抑制本国进口的作用，从而有可能扭转贸易收支逆差。

（3）汇率变动对一国黄金外汇储备的影响。

①储备货币的汇率变动影响一国外汇储备的实际价值，储备货币升值，则一国外汇储备的实际价值提高，反之则降低。

②本国货币汇率变动，通过资本转移和进出口贸易额的增减，直接影响本国外汇储备的增加或减少。

③汇率变动影响某些储备货币的地位和作用。

市场与机构篇

第五章 金融市场

☞学习目的和要求

通过本章的学习使学生能够比较系统地了解金融市场基本理论与实务知识。理解金融市场的功能、构成要素、类型以及发展趋势；掌握货币市场、资本市场的内容；熟悉金融衍生工具市场。

☞要点提示

第一节 金融市场概述

一、金融市场定义与特征

金融市场是指以金融资产为交易对象而形成的供求关系及其机制的总和。金融市场的特征包括：交易对象是一种特殊的商品——资金，交易形成不仅是一种买卖关系还是一种借贷关系，有有形和无形两种形式。

二、金融市场的功能

（1）金融市场具有促进储蓄向投资转化功能。金融市场为储蓄者和投资者之间的交易建立了有效平台。

（2）金融市场引导经济资源合理流动功能。资金在价格信号的引导下迅速、合理地引导着经济资源向着合理的方向流动。

（3）金融市场的宏观经济调控功能。

从经济系统运行的整体看，金融市场具有灵活的价格信息传递系统和竞争机制，从而使其成为政府宏观经济调控政策的最重要传导途径、成为宏观经济管理最重要的平台。金融市场往往被称为国民经济的“晴雨表”，宏观经济管理当局可以通过各种经济、政治、法律等政策工具，改变市场预期，进而传递宏观调控意图。

三、金融市场构成要素

（1）政府、企业、居民、各类金融机构都是金融市场的主体和参与者。基于金融活动特点，金融市场的主体大致可分为筹资者、投资者或投机者（这三者又可称为非金融中介市场主体）和金融中介几类。

（2）金融市场的客体就是金融工具，大致分为基础性交易工具和衍生性交易工具，其中基础性交易工具包括货币头寸、票据、债券、股票、外汇等，衍生性交易工具包括远期合约、期货合约、互换合约、期权合约等。

四、金融市场的分类

（1）按金融市场交易的对象划分，分为货币市场、资本市场、外汇市场、黄金市场、金融衍生品市场。

（2）按金融资产的发行、流通特征和资金流向，分为发行市场和流通市场。资金需求者将金融资产首次出售给资金的供应者时所形成的交易市场称为发行市场或者一级市场。证券发行后在不同的投资者之间买卖、转让所形成的市场称为流通市场或者二级市场。

（3）按金融市场微观结构不同，划分为拍卖市场、经纪人市场和交易商市场。经纪人市场是指通过经纪人寻找交易对手的交易模式。交易商市场上，交易商通过持有证券头寸，自行充当投资者的交易的对手，在任何时候都以自己的账户进行证券买卖。拍卖市场提供了一个买卖双方可以直接面对、进行讨价还价交易的集中的市场。

（4）按金融市场地域划分，可分为国内金融市场和国际金融市场。

此外，金融市场还可以根据中介机构的特征划分为直接金融市场和间接金融市场；根据成交和定价的方式划分为公开市场和议价市场；根据有无固定的场所划分为有形市场和无形市场；根据交割方式的不同划分为现货市场和期货市场。

五、金融市场的发展趋势

（1）金融市场的全球化趋势。具体包括金融交易的国际化和市场参与者的国际化。金融全球化的原因与国际经济交往的日益密切是分不开的。

（2）金融市场的自由化趋势。主要表现是减少或取消国与国之间对金融机构活动范围的限制，放松或解除外汇管制，放宽各种金融机构业务活动范围的限制，放宽或取消对银行的利率管制，鼓励金融创新活动。

（3）间接融资证券化趋势。是指把流动性较差的资产，集中起来重新组合，以这些资产的未来现金流作抵押来发行证券，实现相关债权的流动化。

第二节 货币市场

一、货币市场的概念

货币市场是指1年期以内的短期金融工具交易所形成的供求关系和运行机制的总和。货币市场的基本功能是为暂时性的资金盈余者和资金短缺者提供资金融通渠道，还为中央银行实施货币政策提供场所和工具。

二、货币市场的特征

（1）货币市场的参与者特征。货币市场是一个虚拟市场，交易者们主要通过电话或计算机网络进行交易。货币市场上并不存在固定的借方或贷方。

（2）货币市场的风险特征。是个风险较小的市场。

（3）货币市场深度、广度和弹性特征。市场深度指市场交易的活跃程度；市场广度指市场参与者的多样化程度；弹性则指市场在应付突发事件或大额成交之后的价格迅速调整的能力。货币市场可称得上是世界上最有效率的金融市场。

三、货币市场的种类

（1）短期借贷市场，是指商业银行发放期限在1年以内的短期贷款所形成的市场。在广大的发展中国家，金融市场落后，金融工具匮乏，这一市场的地位和作用尤其重大。短期借贷市场的需求方一般是工商企业，供给方一般是商业银行。

（2）同业拆借市场，是金融机构之间进行短期、临时性头寸调剂的市场。交易量大、能敏感地反映资金供求关系、并且影响货币市场利率是其主要特点，市场的主要参与者是商业银行。

（3）回购市场，是指通过回购协议进行短期资金融通交易的场所。所谓回购协议，是指在出售证券的同时和证券购买者签订回购协议，约定在一定期限后，按原定价格或约定价格购回所卖证券，证券出售者由此获得即时可用资金。从本质上说，回购协议是一种质押贷款，质押物即为交易的证券。

（4）商业票据市场。商业票据是大公司为筹措资金，一般以贴现方式出售给投资者的一种短期无担保承诺凭证。有资格和能力发行商业票据的一般都是规模巨大、信誉卓著的大公司。

（5）银行承兑票据市场。经银行承兑的汇票称银行承兑汇票，由于银行承兑汇票由银行承诺承担最后付款责任，实际上是银行将其信用出借给企业，以银行承兑汇票作为交易对象的市场即为银行承兑汇票市场。银行承兑汇票是为方便商业交易活动而创造的一种工具，在对外贸易中运用较多。

（6）大额可转让定期存单市场。大额可转让定期存单一般由较大的商业银行发行，主要是由于这些机构信誉较高，可以相对降低筹资成本，且发行规模大，容易在二级市场流通。此市场的特征是：可转让存单主要以固定利率的方式发行，存单上注明特定的利率，并在指定的到期日支付。

（7）短期政府债券市场。短期政府债券是政府部门以债务人身份承担到期偿付本息责任的，期限在1年以内的债务凭证。政府短期债券市场的特征是违约风险小、流通性强、面额小、收入免税等。一般来说，政府短期债券市场主要指的是国库券市场，该市场的最大投资者是个人、商业银行、外国投资者及中央银行。

第三节　资本市场

一、资本市场的概念

资本市场通常指的是期限在1年以上的长期金融工具交易所形成的供求关系和运行机制的总和。在资本市场上交易的金融工具主要有债券、股票、衍生证券和衍生产品等。在我国，一般指的是证券市场，主要由股票市场、债券市场和投资基金等三个子市场所构成。

二、股票市场

（1）股票是股份公司发给股东作为其投资入股的证书和索取股息红利的凭证，也是持股人拥有公司股份的书面证明。股票一经发行，持有者即为发行股票的公司的股东，有权参与公司的决策，分享公司的盈利，同时也要分担公司的责任和经营风险；股票具有非返还性、高风险性、潜在的高收益性、强流通性等特点。

（2）股票一级市场也称发行市场，是指发行人直接或通过承销商向投资者出售新发行的股票，包括初始发行和增加发行两种情形，具体方式主要有包销和代销。

（3）股票二级市场也称交易市场或流通市场，是投资者之间买卖已发行股票的场所。二级市场最基本的功能是提供流动性便利，通常分为证券交易所和场外交易市场。

证券交易所本身不参与证券买卖，只提供交易场所和服务，同时也兼有管理证券交易的职能。证券交易所可以分为公司制证券交易所和会员制证券交易所。场外交易市场，是相对于交易所市场而言，凡是在证券交易所之外的股票交易活动都可以称为场外交易。

（4）股票二板市场又称创业板，是相对于主板市场而言的，是为了促进中小型创新企业发展而专门设立的针对中小型企业尤其是创新型企业的股票市场。二板市场的特征是：风险较高、监管严格、具有明显的高新技术导向等。

三、债券市场

（1）债券是一种表明债权债务关系的凭证，证明持券者有按约定的条件（如面值、利率和偿还期等）向发行人取得利息和到期收回本金的权利。债券作为一种有价证券，从投资者角度来看具有期限性、流动性高、安全性较好、收益性较高且稳定等特征。

（2）债券的种类。

最基本的分类方法是按发行主体不同划分为政府债券、公司债券和金融债券三大类。

政府债券是指中央政府、政府机构和地方政府发行的债券，它以政府的信誉作保证，无须抵押品，风险在各种投资工具中是最小。主要种类有：中央财政债券，也称国家公债（简称国债）、政府机构债券和地方政府债券。

公司债券是公司为筹措营运资本而发行的债权债务凭证。公司债券的持有者是公司的债权人，公司债券的偿还顺序先于股票，因此其风险小于股票但高于政府债券。

金融债券是银行和非银行金融机构为筹集资金而发行的债权债务凭证。发行金融债券，表面看来同银行吸收存款一样，但由于债券有明确的期限规定，不能提前兑现，所以筹集的资金要比存款稳定得多。金融机构还可以根据经营管理的需要，主动选择适当时机发行必要数量的债券以吸引低利率资金。金融债券的信用风险要低于公司债券。

（3）债券一级市场是债券的发行市场，是发行新债券的市场。债券的发行存在债券发行合同书也称信托契约（是说明公司债券持有人和发行人双方权益的法律文书），需要进行信用评级。

债券的二级市场有证券交易所和场外交易市场两类，其中在证券交易所申请上市的主要是公司债，国债具有上市豁免权，而大多数的债券交易是在场外进行的。由于债券价格波动幅度较小，因而债券二级市场的风险小于股票二级市场。

四、投资基金

（1）投资基金。是指通过发行基金券，将众多投资者分散的资金集中起来，由专业的投资机构分散投资于股票、债券或其他金融资产，并将投资收益分配给基金持有者的投资制度。投资基金一般具有规模经营、分散风险、专家管理、服务专业化等特点。

（2）投资基金的种类。

①根据组织形式可分为公司型基金和契约型基金。公司型基金是依据公司法成立的，以盈利为目的的股份公司形式的基金。投资者通过购买基金公司股份而成为其股东，享有基金收益的索取权。契约型基金是依据一定的信托契约组织起来的基金，其中作为委托人的基金管理公司通过发行受益凭证筹集资金，并将其交由受托人保管，基金公司负责基金的投资运营，投资者凭借收益凭证索取收益。

②根据基金能否增加或赎回可分为开放型基金和封闭型基金。开放型基金是指基金在设立时发行的基金总额不固定，可继续发行新的基金券，投资者可随时选择认购或赎回基金券，而购买或赎回的价格由当时基金净值决定。封闭型基金是指基金发行总额是固定的，且规定封闭期（一般为10～15年），在封闭期内不能发行新的基金券，投资者也不得向基金管理公司要求赎回，而只能采取在证券交易所上市的办法解决基金的流通问题，交易的价格由当时该基金的供求决定。

此外还有收入型基金、成长型基金和平衡型基金；国内基金、国家基金、区域基金和国际基金；股票基金、债券基金、货币市场基金、专门基金、衍生基金和杠杆基金、对冲基金与套利基金等。

（3）投资基金的参与主体：基金发起人与管理人、基金托管人、基金投资人。

基金是由基金发起人发起设立的，基金发起人在基金设立后往往成为基金的管理人。基金管理人也称基金经理公司（契约型）或基金管理公司（公司型）。我国《证券投资基金管理暂行办法》规定，基金管理人的职责主要有：按照基金契约的规定运用基金资产投资并管理基金资产；及时、足额向基金持有人支付基金收益；保存基金的会计账册、记录15年以上；编制基金财务报告并及时公告，并向中国证监会报告；计算并公告基金资产净值及每一基金单位资产净值。

托管人是基金保管公司，一般由投资银行、商业银行或保险公司等金融机构充当。基金托管人是对基金投资操作进行监督及保管基金资产、确保基金持有人利益的金融机构。

基金投资人是基金资产的投资者和所有者。在基金投资模式下，基金投资人委托基金托管人管理基金资产，委托基金管理人进行投资运作。

第四节　金融衍生工具市场

一、金融衍生工具概述

金融衍生工具是由金融基础工具衍生出来的各种金融合约及其组合形式的总称。

按照基础工具种类的不同，金融衍生工具可分为：股权式衍生工具、货币衍生工具、利率衍生工具；按照金融衍生工具交易性质的不同可分为：远期类工具和选择权类工具；按照金融衍生工具自身交易的方式及特点可分为：远期合约，金融期货，金融期权和互换。

金融衍生工具的性质复杂，具有充分的弹性，能够满足使用者的特定需要；交易成本较低，深得保值者和投机者的偏爱；能够以较少的成本实现现货市场需较多资金才能完成的交易，具有高度的财务杠杆作用，是一种高风险的投资工具；易于形成所需要的资产组合，理论上讲，可以有无数种具体形式。

二、金融远期合约

金融远期合约是指交易双方约定在未来某一确定时间按照事先商定的价格，以预先确定的方式买卖一定数量的某种金融资产的合约。主要有远期外汇合约、远期利率协议和远期股票合约。

三、金融期货市场

金融期货合约是指协议双方在有组织的交易所以竞价的形式达成约定，在将来某一特定的时间按约定的条件买卖一定标准数量的某种特定金融工具的标准化协议。合约一般包括交易的标的、交易量、标准交割时间和交易价格等内容。金融期货交易的特点包括：间接清算制、合约标准化、灵活性和每日清算制。

金融期货交易的种类有：外汇期货、利率期货和股票指数期货等等。

金融期货的功能有套期保值、价格发现和投机功能。所谓的套期保值是指在现货市场某一笔交易的基础上，在期货市场上做一笔价值相当、期限相同但方向相反的交易，以期保值。

四、金融期权市场

期权又称选择权，金融期权合约是指赋予期权购买者在规定期限内按双方约定的价格购买或出售一定数量某种金融资产的权利的合约。

期权的类型有：(1) 按期权买者的权利划分，可有看涨期权和看跌期权。期权购买方到期有购买标的资产权利的合约称为看涨期权，即预计未来标的价格会上涨；期权购买方到期有出售标的资产权利的合约称为看跌期权，即预计未来标的价格会下降。(2) 按照买者执行期权的时限划分，可有欧式期权和美式期权。(3) 按照标的资产划分，可有利率期权、货币期权、股票指数期权、股票期权以及金融期货期权。

期权最显著的特征是，它交易的对象不是任何金融资产实物，而是一种买进或卖出金融资产的权利，这种权利有很强的时间性，只能在合约规定的有效期内行使，并且交易双方的权利义务不对等。

五、金融互换

金融互换是买卖双方在一定时间内，交换一系列现金流的合约。金融互换产生的理论基础是比较优势理论，互换交易正是利用交易双方在筹资成本上的比较优势而进行的。包括利率互换、货币互换等。

六、其他金融衍生工具市场

认股权证市场、可转换公司债券市场以及存托凭证市场等等。

☞知识拓展

目前我国金融市场存在的主要问题可以归纳为：(1) 金融市场还不够成熟，深度和广度不够。(2) 利率和汇率尚未完成市场化改革。(3) 金融市场主体竞争力较弱。(4) 金融风险防范的机制不健全。对此你有认识和建议吗？

☞练习题

一、填空题

1. 金融市场通常是指以________为交易对象而形成的供求关系及其机制的总和。
2. 回购协议是一种________贷款，贷款利息一般在证券的________中体现。
3. 股票是股份公司发给股东作为________，并借以取得________的有价证券。
4. 根据金融交易的期限，金融市场可分为________和________。
5. 按金融交割的时间来划分，金融市场可分为________和________。
6. 一国________市场的发展程度，通常用作衡量该国经济发展水平和社会现代化程度的标准。
7. 金融期货合约是指协议双方在有组织的交易所以________形式达成约定，在将来某一特定的时间按约定的条件买卖一定标准数量________的标准化协议。

8. 证券交易所有两种组织形式，即________和________。

9. 发行市场是有价证券由________向________转移的市场，又称为________市场。

10. 期权价值包括________价值和________价值。

11. 二板市场的特征是________、________和________。

12. ________理论是金融互换交易双方交易得以进行的基础。

二、单项选择题

1. 金融市场是（　　）市场。

A. 有形　　B. 无形

C. 场外　　D. 既 A 又 B

2. 金融机构之间发生的短期临时性借贷活动是（　　）。

A. 贷款业务　　B. 票据业务

C. 同业拆借　　D. 再贴现业务

3. 下列金融工具中无偿还期限的有（　　）。

A. 债券　　B. 股票

C. CD 单　　D. 商业票据

4. 无需经发行国批准，即可在外汇市场上自由买卖、自由兑换的他国货币是（　　）。

A. 自由外汇　　B. 记账外汇

C. 经常外汇　　D. 贸易外汇

5. 短期资金市场又称为（　　）。

A. 初级市场　　B. 货币市场

C. 资本市场　　D. 次级市场

6. 下列属于短期资金市场的是（　　）。

A. 票据市场　　B. 债券市场

C. 股票市场　　D. 资本市场

7. 下列属于长期资金市场的是（　　）。

A. 拆借市场　　B. 票据市场

C. 股票市场　　D. 大额定期存单市场

8. 二级市场是有价证券在（　　）之间流通的市场。

A. 发行人与投资者　　B. 投资者

C. 发行人与发行中介　　D. 证券商

9. 以下不属于期货交易规则的有（　　）。

A. 开仓　　B. 最小变动价值

C. 无价位浮动限制　　D. 保证金制度

10. 银行发行的金融债券是（　　）。

A. 直接融资　　B. 间接融资

C. 多边融资　　D. 混合融资

11. 股票是一种永久性证券，它是（　　）。

A. 债权资本 B. 使用权资本
C. 所有权资本 D. 实物资本

12. 金融市场上交易对象是（　　）。
A. 有形商品 B. 无形商品
C. 金融商品 D. 实物商品

13. 最主要的金融市场主体是（　　）。
A. 企业部门 B. 政府部门
C. 金融中介机构 D. 中央银行

14. 金融工具的流动性与偿还期限成（　　）。
A. 反比 B. 正比
C. 倒数关系 D. 不相关

15. 金融市场的广度是指（　　）。
A. 金融市场的地域范围 B. 金融市场上交易者类型的多样性
C. 金融市场的交易规模 D. 金融市场价格反映程度

16. 小王购买了甲公司股票的欧式看涨期权，协议价格为每股 15 元，合约期限为 3 个月，期权价格为每股 1.5 元。若 A 公司股票市场价格在到期日为每股 19 元，则甲将（　　）。
A. 不行使期权，没有亏损 B. 行使期权，获得盈利
C. 行使期权，亏损小于期权费 D. 不行使期权，亏损等于期权费

17. 股指期货交易主要用于对冲（　　）。
A. 信用风险 B. 国家风险
C. 股市非系统风险 D. 股市系统风险

18. 在代销方式中，证券销售的风险由（　　）承担。
A. 经销商 B. 发行人
C. 监管者 D. 购买者

三、多项选择题

1. 同业拆借市场具有以下特点（　　）。
A. 融资期限长 B. 拆借形式多样
C. 拆借金额大 D. 无须担保
E. 期限短

2. 按交易的标的物不同，金融市场可分为（　　）。
A. 票据市场 B. 证券市场
C. 黄金市场 D. 发行市场
E. 转让市场

3. 按常见的分法，票据可分为（　　）。
A. 汇票 B. 支票
C. 传票 D. 本票
E. 股票

4. 货币市场的主要类型（　　）。
A. 贴现市场　　B. 同业拆借市场
C. 短期国债市场　　D. CDs 市场
E. 回购协议市场
5. 金融市场的参与者分为（　　）。
A. 筹资者　　B. 投资者
C. 证券交易所　　D. 证券商
E. 证券业协会
6. 根据证券商业务的性质可分为（　　）。
A. 机构投资者　　B. 投资银行
C. 证券经纪商　　D. 证券自营商
E. 个人投资者
7. 期权交易的用途有（　　）。
A. 减少交易费用　　B. 减少实物流动
C. 套期保值　　D. 投资
E. 创造价值
8. 债券与股票相比，其特点有（　　）。
A. 它是一种债权证书　　B. 它是一种所有权证书
C. 享有经营管理权　　D. 不享有经营管理权
E. 风险相对较低
9. 资本市场的主要特点有（　　）。
A. 交易期限长
B. 交易的目的主要是解决长期投资性资金
C. 资金借贷量大
D. 作为交易工具的有价证券收益率高，流动性差，风险大
E. 交易工具期限均在 1 年以内
10. 回购交易的特点有（　　）。
A. 实质上是抵押融资
B. 回购方是借款人，逆回购方是贷款人
C. 逆回购方是借款人，回购方是贷款人
D. 实质上是证券买卖
11. 金融期货的功能包括（　　）。
A. 筹集资金　　B. 套期保值
C. 提高流动性　　D. 价格发现
E. 投机

四、名词解释

1. 金融工具　2. 货币头寸　3. 票据　4. 债券　5. 投资基金　6. 货币市场　7. 私募　8. 公募　9. 期货合约　10. 有效市场　11. 看涨期权　12. 看跌期权　13. 资本市场

14. 金融互换

五、简答题

1. 金融市场有哪些特征?
2. 货币市场的特征?
3. 投资银行承销证券的方式?
4. 二板市场的监管内容有哪些?
5. 什么是证券交易所? 有何职能?
6. 套期保值的含义和做法是什么?
7. 金融衍生工具的特征是什么?
8. 比较金融期货与金融期权的区别。
9. 试说明金融工具的特征。
10. 站在企业角度，比较债券融资相对于股票融资的好处与局限。

六、论述题

1. 如何理解金融市场的功能?
2. 试述金融市场的构成要素。
3. 试述金融市场的发展趋势。

☞参考答案

一、填空题

1. 金融资产
2. 质押　买卖差价
3. 入股凭证　股息收入
4. 货币市场　资本市场
5. 现货市场　期货市场
6. 货币
7. 竞价　金融工具
8. 会员制　公司制
9. 发行者　投资者　一级
10. 内在　时间
11. 风险较高　监管严格　具有明显的高新技术导向
12. 比较优势

二、单项选择题

1. D　2. C　3. B　4. A　5. B　6. A　7. C　8. B　9. C　10. A
11. C　12. C　13. C　14. A　15. B　16. B　17. D　18. B

三、多项选择题

1. CDE 2. ABC 3. ABD 4. ABCDE 5. ABD 6. BCD 7. CD 8. ADE 9. ABCD 10. AB 11. BDE

四、名词解释

1. 金融工具。又称信用工具，是在金融活动中产生，证明金融交易金额、期限、利息的书面凭证。它对融资双方所应承担的义务与享有的权利均有法律的约束意义。

2. 货币头寸。又称现金头寸，是指商业银行每日收支相抵后资金过剩或不足的数量，这是同业拆借市场的重要交易工具。

3. 票据。是指出票人自己承诺或委托付款人，在指定日期或见票时，无条件支付一定金额、并可流通转让的有价证券。

4. 债券。是债务人在筹集资金时，依照法律手续发行，向债权人承诺按约定利率和期限支付利息，并在特定日期偿还本金，从而明确债权债务关系的有价证券。

5. 投资基金。是由投资基金发起人向社会公众公开发行，证明持有人按其所持份额享有资产所有权、资产收益权和剩余财产分配权的有价证券。从本质上看，投资基金是一种集合信托投资制度。

6. 货币市场。又称短期资金市场，是指融资期限在 1 年和 1 年以内的资金市场。

7. 私募。面向特定投资者的证券发行方式，又叫作私下发行。其主要发行对象是本公司职工或股东，或者保险公司、养老基金等机构投资者，以及与公司关系密切的其他企业。

8. 公募。面向整个社会的证券发行方式，又叫作公开发行。在公开发行中，发行公司必须向有关主管部门和市场提供各种财务报表及资料，经主管部门审批注册后方可发行。公开发行一般需要投资银行的帮助。

9. 期货合约。是由交易所统一设计推出、并在交易所内集中交易的标准化的远期交货合约。和远期合约相比，它最大的特点就是每张合约所包含的内容，如交易商品的种类、数量、质量、交货的时间、地点都是标准化的。

10. 有效市场。是指市场上各种证券的价格能够充分、及时地反映所有可以获得的信息，即如果在市场上根据一组信息从事交易而无法赚取经济利润。

11. 看涨期权。又称买入期权，它是期权的持有者拥有在规定时间内以协议价格向期权出售者买入一定量商品、证券或者期货的权利。

12. 看跌期权。又称卖出期权，它使期权的持有者有权以协议价格向期权出售者卖出一定量的商品、证券或期货。

13. 资本市场。又称长期资金市场，是指融资期限超过一年的资金市场。

14. 金融互换。是指两个或两个以上当事人按照商定的条件，在约定的时间内，交换金融工具的一系列支付款项或收入款项的合约。金融互换产生的理论基础是比较优势理论。

五、简答题

1. 金融市场有哪些特征？

（1）金融市场的交易对象是一种特殊的商品——资金，并以货币、有价证券等金融工具为交易载体。

（2）金融市场交易形成的不仅是一种买卖关系，还是一种借贷关系。

（3）金融市场有有形和无形两种形式，随着电子通信技术的发展与应用，无形金融市场将成为金融市场的主体形式。

2. 货币市场的特征？

（1）货币市场的参与者特征。货币市场上并不存在固定的借方或贷方，参与者可以是有真实的资金供求的交易者，也可以是为了套利或防范风险而参与市场交易的交易者。同一机构经常同时操作于市场的两个方面，即既作为借款方同时又作为贷款方。

（2）货币市场的风险特征。货币市场是个风险较小的市场。由于货币市场工具期限短，流动性强，易变现，价格稳定，再投资风险小；市场极注重参与者声誉因而违约风险小。

（3）货币市场深度、广度和弹性特征。货币市场上有众多机构及个人投资者以及筹资者，市场交投异常活跃，交易频繁不断，可称得上是世界上最有效率的金融市场。

3. 投资银行承销证券的方式？

（1）代销。证券发行者与投资银行签订代销合同，支付一定的佣金，委托投资银行代为销售。发行风险全部由发行者自己承担。

（2）助销。投资银行全力进行销售，尽可能将证券销售出去，未销售出去的余额由投资银行自己买进。这种方式能够保证证券全部销售出去从而减少了发行公司的风险。但是，在这种方式下，发行公司必须支付比代销更高的佣金。

（3）包销。投资银行以承销价格向发行公司买断所有新发行的证券，然后再以比承销价格稍高的公开发行价格将证券出售给普通投资者，其间的价差，就是投资银行的收入。如果证券未能以商定的公开发行价格销售出去，其损失将完全由投资银行承担。因此，在这种方式下，投资银行承担了全部的发行风险。

4. 二板市场的监管内容有哪些？

（1）上市标准方面。二板市场主要是为基础较薄弱、不符合主板市场要求的新兴公司设立的，上市要求相对较低。

（2）对管理层或主要股东限制方面。为了新兴公司的持续发展和二板市场的健康运行，有些市场对公司高级管理人员和大股东出售其所持股进行了限制。

（3）公众持股比例方面。为了保证二板市场的流动性，避免股权过于集中，大多数市场规定了最低的公众持股比例。

（4）公司管制制度方面。为了保护投资者利益和降低市场系统性风险，世界上各主要二板市场对上市公司管制制度都有明确要求。

5. 什么是证券交易所？有何职能？

证券交易所是集中交易已发行证券的场所，它是证券交易市场的核心。它的基本职能包括：（1）提供一个设施齐全的场所，供买卖双方聚集在一起进行交易；（2）制定各项规章制度，对交易主体、交易对象和交易过程进行严格的管理，以维持一个公平而有序的市场；（3）收集和发布市场价格变动信息以及与证券价格相关的各类信息；（4）仲裁证券交易过程中发生的各种纠纷。

6. 套期保值的含义和做法是什么？

所谓套期保值，是指投资者为预防不利的价格变动而采取的抵消性的金融操作。它通常的做法是在现货市场和期货市场上进行两组相反方向的买卖，从而使两个市场上的盈亏大致抵消，以此来达到防范风险的目的。其基本原理在于，现货市场上的价格和期货市场上的价格往往是同向流动的，如果在现货市场上先买后卖的同时，在期货市场上先卖后买（或者，在现货市场先卖后买的同时，在期货市场上先买后卖），两个市场上的盈亏可以部分抵消。

7. 金融衍生工具的特征是什么？

（1）金融衍生工具的性质复杂，具有充分的弹性，能够满足使用者的特定需要。

（2）交易成本较低，深得保值者和投机者的偏爱。

（3）能够以较少的成本实现现货市场需较多资金才能完成的交易，具有高度的财务杠杆作用。

（4）是一种高风险的投资工具。

（5）易于形成所需要的资产组合。

8. 比较金融期货与金融期权的区别。

（1）期权交易双方的权利和义务不对等。期权买方拥有决定是否行使其买权或卖权的选择权，期权卖方只有应买方要求履行合约的义务，无选择权。期货合约双方的权利和义务是对等的。

（2）期权交易双方的风险和收益不对称。期权买方承担的风险仅限于损失期权费，其盈利可能是无限的，也可能是有限的。期权卖方可能获得的盈利仅限于期权费，而亏损风险可能是无限的，也可能是有限的。期货交易双方的盈亏风险一致，一方获利就是另一方亏损。

（3）期权合约可以在交易所或场外市场。期货交易集中于交易所，且都是标准化合约。

（4）期权合约在交易所进行交易时，卖方要按交易所的规定交纳保证金（出售有担保看涨期权的情况除外），期权买方无须交纳保证金。在期货交易中，双方都必须交纳保证金。

9. 试说明金融工具的特征。

（1）期限性是指金融工具有一定的期限规定，债务人有义务按规定的期限偿还本金并支付利息。

（2）流动性是指金融工具迅速变为货币而不致遭受损失的能力，即金融工具的变现能力。

（3）安全性，也叫风险性，是指购买金融工具的本金所具有的风险，或者说是本金的安全保障程度。

（4）收益性是指金融工具能为持有者定期或不定期带来收益。

10. 站在企业角度，比较债券融资相对于股票融资的好处与局限。

（1）降低筹资成本。债券发行费用一般低于股票，且债券投资者索要的利息总体上低于股东要求的权益回报率。（2）减轻企业税负。债券利息在税前支付，而股票股息在税后支付。（3）企业能利用债务融资的财务杠杆效应。（4）企业股东能够维持对公司的控制权。（5）避免发行新股带来的“稀释效应”。发债企业也面临到期偿债的流动性压力和财务风险，而且发债规模受企业当前负债率水平的限制。

六、论述题

1. 如何理解金融市场的功能?

(1) 金融市场具有促进储蓄向投资转化功能。金融市场为储蓄者和投资者之间的交易建立了有效平台：多种多样的金融工具为交易者提供了良好的流动性，可满足资金供求双方不同期限、收益和风险的要求，引导众多分散的小额资金汇聚成可以投入社会再生产的大规模资金。

(2) 金融市场引导着经济资源合理流动功能。在金融市场上，资金在价格信号的引导下迅速、合理地引导着经济资源向着合理的方向流动；金融市场作为货币资金交易的渠道，以其特有的运作机制为各类经济主体提供投资和风险管理的机会。

①金融市场通过提供交易场所（有形或无形），将资金供求双方聚集在一起，从而减少信息收集的费用，一方面有利于金融交易的开展，另一方面有利于降低金融资产的交易成本。

②金融市场大量的金融产品为投资者提供了金融资产替代机制。这种机制的存在使得投资者可以随时在不同的金融资产间买卖，此种机制为投资者提供了“流动性”，使其可以以较小的代价在很短的时间内进行资产替代，从而拥有有效风险管理机会。

③通过金融市场的竞争机制、信息机制和有价证券的交易机制运作，使企业能够进行资产重组、兼并和合并等，使以企业为交易对象的资源配置成为可能，从而使经济社会拥有了更高的资源配置平台。

④日益发达的网络系统广泛收集和传递着各种金融信息，将全球金融市场联成一体，从而使人们得以及时了解世界经济发展变化的情况。在开放经济条件下，金融市场为经济在更大范围内整合资源提供了可能。而一个有效的金融市场意味着更大、更有效率的投资和产出。

(3) 金融市场的宏观经济调控功能。

①从经济系统运行的整体看，金融市场具有灵活的价格信息传递系统和竞争机制，从而使其成为政府宏观经济调控政策的最重要的传导途径、成为宏观经济管理最重要的平台。宏观经济政策通过影响金融市场主体的选择行为，通过分散决策机制，对各类微观主体经济与金融决策产生着巨大的影响力量，从而形成宏观间接调控机制。

②金融市场往往被称为国民经济的“晴雨表”，宏观经济管理当局可以通过各种经济、政治、法律等政策工具，改变市场预期，进而传递宏观调控意图。

2. 试述金融市场的构成要素。

(1) 金融市场的主体。政府、企业、居民、各类金融机构都是金融市场的参与者。基于金融活动特点的金融市场的主体大致可分为筹资者、投资者或投机者（这三者又可称为非金融中介市场主体）和金融中介几类。

(2) 金融市场的客体。金融市场的客体就是金融工具。其中基础性交易工具包括货币头寸、票据、债券、股票、外汇等，衍生性交易工具包括远期合约、期货合约、互换合约、期权合约等。

3. 试述金融市场的发展趋势。

(1) 金融市场全球化。世界经济的一体化趋势使国家间的经济来往日益密切，国际金融市场逐步成为一个密切联系的整体市场，而金融的全球化意味着资金可以在国际上自由流动，金融交易的币种和范围超越国界，各国的利率水平将趋于一致。金融的全球化具体包括金融交易的国际化和市场参与者的国际化。

（2）金融市场自由化。金融自由化是指 20 世纪 70 年代中期以来，西方发达国家出现逐渐放松甚至取消对金融活动的管制措施的过程。金融自由化的主要表现：减少或取消国与国之间对金融机构活动范围的限制，放松或解除外汇管制，放宽各种金融机构业务活动范围的限制，放宽或取消对银行的利率管制，鼓励金融创新活动。

（3）间接融资证券化。间接融资证券化，是指把流动性较差的资产，集中起来重新组合，以这些资产的未来现金流作抵押来发行证券，实现相关债权的流动化。资产证券化将间接融资与直接融资连接在一起，这一方面使证券化后的银行资产有了市场价格，进而把金融市场的价格波动风险引入银行市场；另一方面间接融资与直接融资的结合是金融市场的发展趋势，也是间接融资的创新发展趋势。

第六章

金融中介机构体系

☞学习目的和要求

通过本章的学习，使学生了解金融中介机构的功能、类型；掌握西方发达国家和我国目前的金融中介机构体系状况与发展趋势。

☞要点提示

第一节　金融中介机构体系概述

一、金融中介机构体系的概念

金融中介机构是指从事金融活动以及为金融活动提供相关服务的各类机构。早期金融中介机构的出现是与商品经济和对外贸易发展联系在一起的，最早的金融中介机构是商业银行。

金融中介机构体系就是由各种金融中介机构组成的整体体系，呈现出银行和非银行金融中介机构并存的格局。

二、金融中介机构体系的分类

按业务特征及创造货币、交换媒介和支付手段的能力划分，有银行金融中介机构和非银行金融中介机构；

按所从事业务的类型，将金融中介机构区分为融资类金融中介、投资类金融中介、保障类金融中介和金融信息咨询服务类金融中介四大类；

按是否承担国家政策性金融任务，可分为商业性金融机构和政策性金融机构。

三、金融中介机构存在性和功能分析

金融中介是专门为实质经济部门提供金融服务的机构。金融中介产生于经济社会发展中的各种需求，其发展与经济社会的发展也紧密相关，金融中介的各项功能极大地推动和引导着经济社会的发展。格利和肖是现代金融中介理论研究的创立者。金融中介的功能包括：

（1）便利支付结算功能；

（2）资金融通功能；

（3）专业化服务功能；

（4）风险管理功能；

（5）信息服务功能。

第二节　西方发达国家金融中介机构体系

本节以美国为例，按照商业性金融中介和政策性金融中介的划分来简要介绍西方发达国家各种类型的金融中介机构。

一、商业性金融中介机构

商业性金融中介机构是指为实体经济部门提供融资、投资等相关服务并以赢利为目标的金融机构。在美国的商业性金融中介机构体系中，存在着三种类型的金融中介机构：存款机构（包括商业银行和储蓄银行）、契约性储蓄机构以及投资中介机构。

1. 商业银行

现代商业银行以经营工商业存、贷款为主要业务，并为顾客提供多种服务。其中通过办理转账结算实现国民经济中绝大部分货币周转，同时起着创造存款货币的作用，始终居于其他金融机构不能代替的重要地位。

2. 储蓄银行

储蓄银行是指专门吸收居民储蓄存款、并为居民提供金融服务的银行。这类银行的服务对象主要是居民消费者，资金来源主要是居民储蓄存款，资金运用主要是为居民提供消费信贷和其他贷款等。在美国有储蓄贷款协会、互助储蓄银行、信用社等。

3. 契约性储蓄机构

契约性储蓄机构是在契约的基础上按期取得资金的金融中介机构，由于其资金来源稳定，并能够相当精确地预计支出，所以，它们无须像存款机构那样担忧资金减少，资产的流动性也不像存款机构考虑的那么重要，它们主要把资金投入长期证券。美国的保险公司分为两类：人寿保险公司、火灾和意外伤害保险公司。

4. 个人养老基金和政府退休基金

雇主和雇员按期缴付工资的一定比例，在退休后，可取得一次付清或按月支付的退休养老金。养老基金持有最多的资产是公司股票、债券和美国政府债券。

5. 投资性金融中介

投资银行是主要利用资本市场的金融资源为资金所有者和资金需求者提供金融服务的中介机构。主要从事资本市场业务，包括证券发行与承销业务、证券交易与经纪业务、衍生金融工具设计与交易、企业经营咨询与资产重组业务、项目融资顾问业务及其他业务等。

共同基金向社会公众个人（即投资人）出售股权（或基金单位）筹集资金，并把资金用于购买多样化的股票和债券。节约交易成本、投资多样化、风险分散和允许随时变现是其主要特征。

金融公司通过发行商业票据、股票或从银行借款获得资金，并利用这些大额资金对个人和企业进行小额贷款，此外还收集、分析信息以评价潜在客户的违约风险。金融公司多分销售金融公司、消费者金融公司和企业金融公司三种类型。

货币市场共同基金通过出售股份（或基金单位）筹集资金，用于购买大量高流动性的货币市场工具，如商业票据、国库券、回购协议、可转让 CD 等。其主要特征是，基金持有者可依据他们股份的价值签发支票。

二、政策性金融中介机构

政策性金融机构是指那些由政府出资参股或保证成立，为贯彻和配合国家经济政策在特定领域内从事金融业务，不以营利为目的的金融机构。

互助合作性质的农业信贷机构体系；政府农业信贷机构；进出口银行；联邦住房贷款银行体系；小企业管理局；学生贷款市场协会等。

第三节　中国的金融中介机构体系的发展与现状

一、新中国金融中介机构体系的建立

新中国的金融机构体系的建立是通过组建中国人民银行，合并解放区银行，没收官僚资本银行，改造私人银行与钱庄，以及建立农村信用社等途径实现的。

我国社会主义金融体系的创建有自己的特点，其演变过程可分为两个阶段：（1）1953—1978 年，金融机构形成“大一统”的银行体系模式；（2）1979 年以来，金融机构朝向多元化的现代金融体系方向改进。

二、市场化金融中介机构体系创建

（1）建立独立经营、实行企业化管理的国有银行体系，组建工、农、中、建四家商业银行。

（2）建立中央银行体制，中国人民银行专门行使中央银行职能。

（3）组建政策性银行，1993 年底开始先后组建了国家开发银行、中国农业发展银行和中国进出口银行三家政策性银行。

政策性银行一般是指由政府设立，以贯彻国家产业政策、区域发展政策为目的，不以营

利为目的的金融机构。政策性银行的特征：一是有特定的资金来源，包括财政拨款、原专业银行划拨和发行政策性金融债券。二是资本金多由政府拨付。三是政策性银行经营时主要考虑国家的整体利益、社会效益，不以营利为目标，力争保本微利。政策性银行的亏损由财政弥补。四是政策性银行有自己特定的服务领域。

（4）新建投资信托类型金融机构。信托投资公司是一种以委托人的身份，代人理财的金融机构，具有收益高、责任重、风险大、管理复杂的特点。主要业务有（1）信托投资业务，包括信托投资和委托投资；（2）代理业务，包括代理保管、代理收托、代理有价证券的发行和买卖、信用担保等；（3）融资性租赁业务；（4）咨询业务等等。

（5）设立其他商业银行。

（6）农村信用社的发展和改革。

（7）保险公司。保险公司是保险中介机构，以经营保险业务为主的经济组织。保险公司的运营原理是大数法则和概率论，即保险公司收集所有投保人缴纳的保费，形成保险基金，在其中部分被保险人发生保险事故后给予补偿或给付。从微观上看，保险公司对单个被保险人具有分散风险、减少损失的职能；从宏观上看，保险公司对整个宏观经济具有聚集资金支持国民经济发展，增强对人类生命财产的安全保障，承担国家财政后备范围以外的损失补偿和为社会再生产各环节提供经济保障等功能。我国目前的保险类型有人身保险、财产保险、责任保险和保证保险。

（8）投资类金融中介机构。

（9）其他金融机构。

金融资产管理公司。2000 年国务院决定设立收购国有银行不良贷款、管理和处置因收购国有银行不良贷款形成的资产的国有独资非银行金融机构，并非完全意义上的公司，而是负有特殊历史使命，具有浓厚政策性的金融机构。经营目标是“最大限度保全资产，减少损失”，不以商业营利为目的。

财务公司是由企业集团内部各成员单位入股，向社会募集中长期资金，为企业技术进步服务的金融股份有限公司。我国的财务公司的宗旨和任务是，为本企业集团内部各成员单位提供融资服务，一般不得在企业集团外部吸收存款，在业务上受中国人民银行领导和管理，在行政上则隶属于各企业集团。主要业务有：人民币存贷款投资业务、信托和融资性租赁业务、发行和代理发行有价证券等。

除上述商业性金融中介机构外，我国金融体系中还有其他商业性金融中介机构，如期货交易所、黄金交易所、中国银联、全国社会保障基金会理事会、证券评级机构、证券投资咨询公司、典当行、信用担保公司等中资金融机构和多种类型的外资金融机构及其分支机构。

三、多层次金融中介机构体系改革的新进展

☞知识拓展

金融机构体系的建立是否合理科学，不仅关系到其能否有效地服务实体经济，还关系到其自身的安全。你认为我国目前的金融机构体系还有哪些不足，应该怎样改进？

☞练习题

一、填空题

1. 金融中介机构是为实体经济部门提供________、________等服务的金融机构，在现实金融活动中发挥着重要的作用，处于金融体系中心环节。

2. 金融中介机构体系是由________组成的整体体系。发达的市场经济国家都有一个规模宏大、分工精细的金融体系，并呈现出________和________并存的格局。

3. 共同基金从组织形式上分为________和________两类。

4. 金融公司的三种类型分别是________、________和________。

5. ________和________是保险公司的两个主要类型。

6. 养老基金可分为________养老基金和________养老基金。

7. 最早的金融中介机构是________，最早出现在中世纪的欧洲，它的形成与________的发展有密切的关系，主要提供________和________服务。

8. 新中国金融体系的诞生以________的建立为标志。

9. 1994 年起，中国金融机构改革的目标是建立适应________需要的、以________为领导，________和________相分离，以________为主体，________并存的现代金融体系。

10. ________和________是现代金融中介理论研究的创立者，他们的主要贡献是：首次提出金融中介具有________功能，首次构造出对金融中介进行研究的语言范式。

11. 1979 年以来，我国金融中介机构________、________的发展，是社会主义市场经济体制进一步发展的需要。

二、单项选择题

1. 下列不属于合约性储蓄机构的是（　　）。

A. 人寿保险公司　　B. 基金型保险公司

C. 共同基金　　D. 私人养老基金

2. 为我国重点建设贷款和办理贴息业务的政策性银行为（　　）。

A. 中国进出口银行　　B. 中国农业发展银行

C. 国家开发银行　　D. 中国建设银行

3. 一国金融机构的核心和领导是（　　）。

A. 财政部　　B. 中央银行

C. 商业银行　　D. 专业银行

4. 下列银行中，哪一家与其他几家的性质不同（　　）。

A. 中国工商银行　　B. 交通银行

C. 中国农业银行　　D. 中国进出口银行

5. 在各国银行体系中，哪种银行的机构数量最多，业务量最大（　　）。

A. 中央银行　　B. 专业银行

C. 商业银行　　D. 投资银行

6. 下列不属于货币市场共同基金（$MMMF_S$）投资对象的是（　　）。
A. 商业票据　　B. 可转让 CD
C. 回购协议　　D. 国债

7. 以追求本期收益为目标的是（　　）。
A. 收入基金　　B. 契约型基金
C. 开放基金　　D. 平衡基金

8. 对我国商业银行表述不正确的是（　　）。
A. 采取分支行制　　B. 对外是一个独立法人
C. 可创造货币　　D. 只向大型企业经营

9. 下列机构中，（　　）不属于美国的政策性金融机构。
A. 学生贷款市场协会　　B. 储蓄贷款协会
C. 小企业管理局　　D. 进出口银行

10. 以下对我国金融资产管理公司特征表述错误的是（　　）。
A. 政策性的金融机构　　B. 完全意义上的公司
C. 非银行金融机构　　D. 不以营利为目的

11. （　　）股份相对固定，一般不向投资者增发新股或赎回旧股。
A. 公司型基金　　B. 契约型基金
C. 封闭型基金　　D. 开放型基金

12. 信用合作社属于（　　）。
A. 存款型金融机构　　B. 契约型金融机构
C. 投资型金融机构　　D. 政策型金融机构

13. 下列（　　）不是投资基金的特点。
A. 专家理财　　B. 投资组合
C. 规模经营　　D. 收益率特别高

三、多项选择题

1. 非银行金融机构有（　　）。
A. 信托公司　　B. 证券公司
C. 租赁公司　　D. 财务公司
E. 保险公司

2. 下列属于存款机构的有（　　）。
A. 信用社　　B. 投资公司
C. 商业银行　　D. 储蓄贷款协会
E. 互助储蓄银行

3. 属于投资性金融中介机构的是（　　）。
A. 人寿保险公司　　B. 开放基金
C. 消费者金融公司　　D. 共同基金
E. 货币市场共同基金

4. 现代银行种类繁多，概括起来主要有（　　）。

A 中央银行 B. 商业银行
C. 投资银行 D. 专业银行
E. 政策性银行

5. 我国的政策性银行包括（　　）。
A. 中国投资银行 B. 中国农业银行
C. 国家开发银行 D. 中国农业发展银行
E. 中国进出口银行

6. 新中国金融体系建立的途径包括（　　）。
A. 建立农村信用社 B. 没收官僚资本银行
C. 合并解放区银行 D. 组建中国人民银行
E. 改造私人银行与钱庄

7. 目前我国的金融体系包括（　　）。
A. 银行 B. 货币当局
C. 非银行金融机构 D. 在境内开办的外资金融机构
E. 在境外的中资金融机构

8. 保险公司的功能包括（　　）。
A. 分散风险 B. 保值
C. 削减损失 D. 聚集资金
E. 增强安全保障

9. 按保障范围划分，当前我国保险的种类包括（　　）。
A. 财产保险 B. 人身保险
C. 责任保险 D. 保证保险
E. 再保险

10. 信托投资业务的特点有（　　）。
A. 收益高 B. 责任重
C. 期限长 D. 风险大
E. 管理复杂

11. 按所从事业务的类型，金融中介机构区分为（　　）。
A. 融资类金融中介 B. 投资类金融中介
C. 保障类金融中介 D. 金融信息咨询服务类金融中介
E. 银行类金融中介

12. 金融中介机构是与市场经济和货币信用的发展密切相关的，其功能包括（　　）。
A. 便利支付结算 B. 资金融通
C. 专业化服务 D. 风险管理
E. 信息服务

13. 保险公司运作保险基金的主要方式有（　　）。
A. 银行存款 B. 证券投资
C. 投资不动产 D. 发放抵押贷款
E. 发放信用贷款

14. 政策性银行的资金来源主要有（　　）。

A. 财政拨款　B. 发行金融债券

C. 金融市场上借款　D. 吸收存款

E. 向中央银行借款

15. 构成我国目前商业银行体系的主要有（　　）。

A. 国有独资商业银行　B. 外国独资商业银行

C. 股份制商业银行　D. 城市商业银行

E. 农村商业银行

四、名词解释

1. 金融中介机构体系　2. 共同基金　3. 公司型基金　4. 契约型基金　5. 开放基金　6. 封闭基金　7. 金融公司　8. 储蓄银行　9. 契约性储蓄机构　10. 政策性金融机构　11. 商业银行　12. 财务公司　13. 保险公司

五、简答题

1. 简述金融中介机构的分类。
2. 金融中介机构便利支付结算功能对国民经济运行有什么影响？
3. 金融中介功能资金融通功能对经济社会发展产生怎样的影响？
4. 简述共同基金的种类。
5. 契约性储蓄机构的特点是什么？
6. 怎样理解政策性金融机构在经济体系中的作用？
7. 政策性银行的特征是什么？
8. 简述保险公司的作用。

六、论述题

1. 试述金融中介机构体系在社会经济体系中的作用。
2. 试述金融中介机构体系。

七、深度思考题

从所有制的角度看，你认为我国目前是否要大力发展民营金融机构，为什么？

☞**参考答案**

一、填空题

1. 融资　投资
2. 各种金融中介机构　银行　非银行金融中介机构
3. 公司型　契约型
4. 销售金融公司　消费者金融公司　商业金融公司

5. 人寿保险公司　财产和意外灾害保险公司

6. 私人　公共

7. 商业银行　对外贸易　贸易结算　融资

8. 中国人民银行

9. 社会主义市场经济　中央银行　政策性金融　商业性金融　国有独资商业银行　多种金融机构

10. 格利（John G. Gurley）　肖（Edward S. Shaw）　"资产转换"

11. 多样化　规范化

二、单项选择题

1. C　2. C　3. B　4. D　5. C　6. D　7. A　8. D　9. B　10. B　11. C　12. A　13. D

三、多项选择题

1. ABCDE　2. ACDE　3. BCDE　4. ABCDE　5. CDE　6. ABCDE　7. ABCD　8. ACDE　9. ABCD　10. ABDE　11. ABCD　12. ABCDE　13. ABD　14. ABC　15. ACDE

四、名词解释

1. 金融中介机构体系。又称之为金融体系，是一个包括经营和管理金融业务的各类金融机构组成的整体系统。

2. 共同基金。通过向个人出售股份来筹集资金，然后用于购买多样化的股票和债券组合。共同基金把中小投资者的资金集中起来，并通过专家进行管理，可以降低交易成本和信息成本，并可通过投资的多样化而降低风险。

3. 公司型基金。是指基金本身为一家股份有限公司，发行自身的股份，投资者通过购买基金的股份成为基金的股东，并凭股份领取股息或红利。

4. 契约型基金。是由委托者、受托者和受益者三方订立信托投资契约而组织起来的，基金本身并不是一个法人。它由委托者（基金管理公司）根据契约运用信托财产进行投资，并由受托者（信托公司或银行）负责保管信托财产，而投资成果则由受益者（投资者）享有。

5. 开放基金。开放基金的发行总额不固定，可以视经营策略与实际需要连续发行。投资者可随时从基金购买更多的股份，或要求基金将自己手中的股份赎回，以换回现金。开放基金的股份价格取决于该基金所持有的全部证券组合的净价值，即基金的净资产价值。

6. 封闭基金。封闭基金的股份相对固定，一般不向投资者增发新股或赎回旧股。但投资者购买股份后可以将它在二级市场上卖出，从而换回现金。和其他证券一样，封闭基金的股份价格是由它的供求决定的。

7. 金融公司。金融公司通过出售商业票据，发行股票或债券，以及向商业银行借款等方式来筹集资金，并用于向购买汽车、家具等大型耐用消费品的消费者或小型企业发放贷款。

8. 储蓄银行。是指专门吸收居民储蓄存款、并为居民提供金融服务的银行。这类银行的服务对象主要是居民消费者，资金来源主要是居民储蓄存款，资金运用主要是为居民提供消费信贷和其他贷款等，此外，也在可靠的债券市场投资。

9. 契约性储蓄机构。是在契约的基础上按期取得资金的金融中介机构，如保险公司和养老基金之类。由于其资金来源稳定，并能够相当精确地预计未来年度里必须向受益人支付多少金额。

10. 政策性金融机构。政策性金融机构是指那些由政府出资参股或保证成立，为贯彻和配合国家经济政策在特定领域内从事金融业务，不以营利为目的的金融机构。

11. 商业银行。是以经营存、放款，办理转账结算为主要业务，以营利为主要经营目标的金融企业。与其他金融机构相比，能够吸收活期存款，创造货币，是商业银行最明显的特征。

12. 财务公司。西方国家的财务公司类似投资银行。我国的财务公司是由企业集团内部各成员单位入股，向社会募集中长期资金，为企业技术进步服务的金融股份有限公司。它是实行自主经营、自负盈亏、自求平衡、自担风险、独立核算、照章纳税的企业法人。

13. 保险公司。是保险中介机构，以经营保险业务为主的经济组织。保险公司的运营原理是大数法则和概率论，即保险公司收集所有投保人缴纳的保费，形成保险基金，在其中部分被保险人发生保险事故后给予补偿或给付。

五、简答题

1. 简述金融中介机构的分类。

（1）按业务特征及创造货币、交换媒介和支付手段的能力划分，有银行金融中介机构和非银行金融中介机构。（2）按所从事业务的类型，将金融中介机构区分为融资类金融中介、投资类金融中介、保障类金融中介和金融信息咨询服务类金融中介四大类。（3）按是否承担国家政策性金融任务，可分为商业性金融机构和政策性金融机构。

2. 金融中介机构便利支付结算功能对国民经济运行有什么影响？

金融中介机构便利支付结算的功能，对国民经济高效运行产生着重要的影响力。

第一，保证资金在经济各部门的顺畅转移，使债权债务得以清偿，维持了信用链条。

第二，资金的快速、有序流动，缩短了经济运行周期，提高了经济运行效率。

第三，金融中介机构承担了经济运行中巨额资金支付交割以及最终顺利流转的重任，其支付结算能力和效率以及支付系统运行的安全性对经济运行具有至关重要的作用。

3. 金融中介功能资金融通功能对经济社会发展产生怎样的影响？

金融中介资金融通功能对经济社会发展产生重要影响。

第一，金融中介机构通过规模经营与专业化操作，为资金供给者提供既盈利又能保证安全性和流动性的金融工具、交易方式和金融服务，有效地动员和筹集社会闲散资金。

第二，金融机构通过选择贷款或投资对象、确定贷款或投资条件、制定差别化的利率、影响有价证券的价格、提供差别化的服务等，能够引导资金流向最需要的地方，流向那些经营管理好、产品畅销、有发展前景的经济单位，合理地分配和引导资金。

第三，金融中介机构通过多种形式的金融交易形式，纵横交错的融资活动，为客户提供改善资金转移质量的服务，包括改善金融资产的期限限制，增加金融资产的分割性、分散金融资产的风险、提高金融资产的流通性等等。

4. 简述共同基金的种类。

共同基金种类繁多。(1) 共同基金从组织形式上分为公司型和契约型两类。公司型基金是指基金本身为一家股份有限公司，发行自身的股份，投资者通过购买基金的股份成为基金的股东，并凭股份领取股息或红利。契约型基金则是由委托者、受托者和受益者三方订立信托投资契约而组织起来的，基金本身并不是一个法人。(2) 根据共同基金发行的股份可否被赎回，可以将它为封闭基金和开放基金。封闭基金的股份相对固定，一般不向投资者增发新股或赎回旧股。但投资者购买股份后可以将它在二级市场上卖出，从而换回现金。开放基金的发行总额则不固定，可以视经营策略与实际需要连续发行。投资者可随时从基金购买更多的股份，或要求基金将自己手中的股份赎回，以换回现金。(3) 根据各自的投资策略，又可以把共同基金分为以企求资本价值的高速增长为目标的成长基金，以追求本期收益为目标的收入基金和以企求本金安全的平衡基金。

5. 契约性储蓄机构的特点是什么?

契约性储蓄机构，是在契约的基础上按期取得资金的金融中介机构，如保险公司和养老基金之类。由于其资金来源稳定，并能够相当精确地预计未来年度里必须向受益人支付多少金额，所以，它们无须像存款机构那样担忧资金减少。因此，对它们来说，资产的流动性也不像存款机构考虑的那么重要，它们主要把资金投入长期证券，如公司债券、股票以及抵押贷款等。

6. 怎样理解政策性金融机构在经济体系中的作用?

政策性金融机构是指那些由政府出资参股或保证成立，为贯彻和配合国家经济政策在特定领域内从事金融业务，不以营利为目的的金融机构。由于商业性金融中介机构经营的目标是追求盈利最大化，因而，对一些投资规模较大、资金回收较慢、经济效益较差而社会效益较高的项目，往往不愿或不能承担，这些项目对国家又具有重要意义，政府为了扶持这些项目的发展，只有建立政策性金融机构对其进行融资。这样，既有利于支持重大项目的建设，又有利于产业结构的合理。

7. 政策性银行的特征是什么?

一是政策性银行有自己特定的融资途径，财政拨款、发行政策性金融债券是其主要的资金来源，不面向公众吸收存款。二是政策银行的资本金多由政府财政拨付。三是政策性银行经营时主要考虑国家的整体利益、社会效益，不以盈利为目标，一旦出现亏损，一般由财政弥补。但不能把政策性银行的资金当作财政资金使用，政策性银行也必须考虑盈亏，坚持银行管理的基本原则，力争保本微利。四是政策性银行有自己特定的服务领域，不与商业银行竞争。其名称往往与其特定服务的领域相适应，如进出口银行，一般是服务于进出口领域的。五是政策性银行一般不普遍设立分支机构，其业务一般由商业银行代理。

8. 简述保险公司的作用。

保险公司具有其他金融机构不可替代的重要作用。除了对于某个单位有分散风险、消减损失的职能之外，保险公司在宏观上还有四大功能：一是承担国家财政后备范围以外的损失补偿。二是聚集资金，支持国民经济发展；三是增强对人类生命财产的安全保障；四是为社会再生产的各个环节提供经济保障，防止因某个环节的突然断裂而破坏整个社会经济的平稳运行。

六、论述题

1. 试述金融中介机构体系在社会经济体系中的作用。

（1）便利支付结算功能。金融中介机构便利支付结算的功能，对国民经济高效运行产生着重要的影响力。

第一，保证资金在经济各部门的顺畅转移，使债权债务得以清偿，维持了信用链条。

第二，资金的快速、有序流动，缩短了经济运行周期，提高了经济运行效率。

第三，金融中介机构承担了经济运行中巨额资金支付交割以及最终顺利流转的重任，其支付结算能力和效率以及支付系统运行的安全性对经济运行具有至关重要的作用。

（2）资金融通功能。资金融通功能满足了经济主体资金需求，对经济社会发展产生重要影响。

第一，金融中介机构通过规模经营与专业化操作，为资金供给者提供既盈利又能保证安全性和流动性的金融工具、交易方式和金融服务，有效地动员和筹集社会闲散资金。

第二，金融机构通过选择贷款或投资对象、确定贷款或投资条件、制定差别化的利率、影响有价证券的价格、提供差别化的服务等，能够引导资金流向最需要的地方，流向那些经营管理好、产品畅销、有发展前景的经济单位，合理地分配和引导资金。

第三，金融中介机构通过多种形式的金融交易形式，纵横交错的融资活动，为客户提供改善资金转移质量的服务，包括改善金融资产的期限限制，增加金融资产的分割性、分散金融资产的风险、提高金融资产的流通性等等。

（3）专业化服务功能。专业化服务功能满足了经济发展中的金融投资需求。收入和财富的增加，使人们产生投资的愿望，以债券、股票等有价证券为工具的投资性金融活动日益活跃，这样产生了专门投资服务的投资公司和专司有价证券发行与流通业务的证券公司。金融中介机构通过规模化经营和专业化运作，在为投融资双方提供资金融通服务的同时，降低交易的单位成本。规模化的经营可以合理控制利率、费用、时间和机会成本等，使拥有闲置资金的经济各部门愿意向金融中介提供资金；各种金融机构的专业化运作，可以实现各自领域内的价格优势、服务优势或产品优势，使资金需求者愿意获取金融中介的融资支持。专业化服务功能使金融中介在发展中提高。

（4）风险管理功能。风险管理功能满足了降低经济活动的不确定性的需求。经济活动中风险的存在和发生具有客观性，风险事故一旦造成损失，单个经济主体很难独自承担，需要有效地管理回避和防范风险，便产生了专门从事风险转移和管理的保障类金融中介机构。

（5）信息服务功能。信息服务功能满足了改善不对称信息的需求。投融资活动的成功关键是获取与交易相关的真实、完整信息，否则可能造成逆向选择或道德风险。金融中介机构在信息处理和监督方面具有其他机构无法超越的优势。金融中介机构通过专业分工在搜集、加工、分析、研究信息等方面形成优势，满足金融活动参与者的各种信息需求。

2. 试述金融中介机构体系。

第一类是货币当局，即中国人民银行。第二类是银行。包括政策性银行、商业银行。第三类是非银行金融机构。主要包括保险公司、城市信用合作社及农村信用合作社、信托投资公司、证券公司、证券交易所、投资基金管理公司、证券登记公司、财务公司，以及其他非银行金融机构。第四类是在境内开办的外资、侨资、中外合资金融机构。包括外资、侨资、中外合资的银行、财务公司、保险机构等在我国境内设立的业务分支机构及驻华代表处。主要的有：

（1）中国人民银行。中国人民银行是我国的中央银行，享有货币发行的垄断权，是发行的银行。它代表政府管理全国的金融机构和金融活动，经理国库，是政府的银行。它在商业银行资金不足时，可向其发放贷款，因而又是银行的银行。

（2）政策性银行。一般是指政府设立，以贯彻国家产业政策、区域发展政策为目的，不以盈利为目标的金融机构。1994年，我国组建了三家政策性银行，即国家开发银行、中国进出口银行和中国农业发展银行。它们都具有独特的资金来源、业务经营范围。

（3）商业银行。商业银行是以经营存、放款，办理转账结算为主要业务，以营利为主要经营目标的金融企业。与其他金融机构相比，能够吸收活期存款，创造货币，是商业银行最明显的特征。目前，我国商业银行有：（1）国有独资商业银行，包括中国工商银行、中国农业银行、中国银行、中国建设银行。国有独资商业银行是金融体系的主体。（2）股份制商业银行，例如交通银行、光大银行、浦东发展银行等。（3）城市商业银行。

（4）保险公司。以经营保险业务为主的经济组织就是保险公司。保险公司具有其他金融机构不可替代的重要作用。对于某个单位有分散风险、削减损失的职能。保险公司的经营原则是大数法则和概率论所确定的原则。

（5）信托投资公司。是一种以受托人的身份，代人理财的金融机构。大多数的信托投资公司是以经营资金和财产委托，代理资产保管、金融租赁、经济咨询、证券发行及投资为主要业务。

（6）证券机构。是指从事证券业务的机构，包括证券公司、证券交易所、证券登记结算公司、证券投资咨询公司、基金管理公司、证券评估公司等。

（7）财务公司。我国的财务公司是由企业集团内部各成员单位入股，向社会募集中长期资金，为企业技术进步服务的金融股份有限公司。它是实行自主经营、自负盈亏、自求平衡、自担风险、独立核算、照章纳税的企业法人。

（8）信用合作组织。我国的城市和农村信用合作社是群众性合作制金融组织，是对银行体系的必要补充和完善。它的本质特征是：由社员入股组织，实行民主管理，主要为社员提供信用服务。

（9）其他金融机构。除上述金融机构外，金融体系中还有其他机构，例如：金融租赁公司、典当行、邮政储金汇业局、金融期货公司、信用担保公司、信用卡公司、投资基金管理公司、境内外资金融机构。

第七章

商业银行

☞学习目的和要求

通过教学使学生全面掌握商业银行及其业务，理解商业银行经营原则和管理理论，并能学以致用。

☞要点提示

第一节　商业银行概述

一、银行业的起源

在金融机构体系中处于主体地位的是商业银行。现代银行的先驱是历史上的货币经营业。货币经营业是经营货币商品的商业，其职能主要是从事货币兑换、保管和汇兑。货币经营业者最初只从事货币兑换，后来办理货币保管与汇兑，由于保管业务和汇兑业务的扩展，在他们手中聚集起大量的货币资金，这些货币资金就成为他们放款生息的基础。当他们不是依靠保管业务所集聚的货币资金来贷款，而是主要靠向货币所有者以提供服务和支付利息为条件吸收存款来扩展贷款业务时，货币经营业就发展成为经营存款、放款、汇兑业务的银行业了。

二、现代银行的产生

现代银行是随着资本主义生产方式的产生和发展而产生和发展起来的。早期银行具有高利贷性质，不能适应资本主义需要，客观上需要建立资本主义现代银行。资本主义现代银行基本上是通过两条途径建立起来的。一条途径是高利贷性质的旧式银行逐渐适应新的经济条件而转变为资本主义银行，另一条途径是按照资本主义经营原则组织的股份银行，起主导作用的是后一条途径。1694 年，在英国建立起来的英格兰银行是世界上第一家股份制商业银行。

中国的现代银行发展较晚。直到1845年英国资本在香港、广州开设丽如银行（后称东方银行），中国领土上才有了第一家新式银行。1897年在上海设立的中国通商银行是中国自办的第一家新式银行。它的成立标志着中国现代银行事业的创始。

三、商业银行的性质

从性质上说，商业银行是以经营公众存款、放款、汇兑（各种转账结算方式的概称）为主要业务，并以利润为主要经营目标的金融机构，是一种特殊的企业。

商业银行与一般工商企业一样，依法设立，依法活动，自主经营、自负盈亏，以营利为核心目标，体现了其企业特征。与一般工商企业不同的是它经营的对象不是普通商品，而是货币资本这种特殊商品；它的活动领域是货币信用领域，信用业务是其经营活动的特征。

四、商业银行的职能

商业银行的职能可以概括为充当信用中介和支付中介、把货币转化为资本、创造信用流通工具四个方面。

充当信用中介是指商业银行通过自身的信用活动，充当货币资金借贷的中介人。这是银行最基本的、最能表现其经营特征的职能。银行一方面以吸收存款等形式动员和集中社会上一切闲散的货币资金，另一方面通过贷款或投资等方式将这些货币资金提供给暂时需要补充资金的企业、单位使用，从而银行成为货币资金贷出者与借入者之间的中介人，其实质是在资金盈余与资金短缺的企业、单位之间融通资金。

充当支付中介是银行通过为客户开立账户办理转账结算而成为货币收付的中介人。这是由于银行信誉高，拥有大量的分支机构和代理行关系，通过银行办理货币结算安全、快捷。

把货币转化为资本职能是指银行通过开展储蓄等业务，把社会各阶层居民个人的货币收入和积蓄集中起来，贷放给企业使用，把非资本的货币就转化为货币资本。

创造信用流通工具职能。在上述各项职能发挥的基础上，商业银行成为银行券和存款货币的创造者。商业银行创造存款货币的意义在于满足流通中对流通手段和支付手段的需要，同时也节约了与现金流通相关的费用。这对经济发展也是有重要意义的。

五、商业银行的组织制度

1. 单一银行制，是指银行业务完全由一个独立的银行经营而不设或限设分支机构的制度。

2. 分支行制也称为总分行制度，是指银行机构除总行外，还在国内外各地设立分支机构，总行一般设在大城市，所有分支行由总行统一领导指挥。

3. 银行持股公司制度也称为集团银行制，一般是指由某一集团成立一个股权公司或叫持股公司，再由该公司收购和控制两家以上的银行股票。在法律上，这些银行是独立的，但其业务和经营政策，统属于同一持股公司控制。

4. 连锁银行制度是指由某个人或某些个人集团购买两家以上独立银行的股权，其数量足以起控制作用。它不以股权公司的形式出现，成员银行在法律上是独立的，但受控于某一个人或个人集团。

第二节 商业银行业务

商业银行的业务总体上可以分为三类：负债业务、资产业务、中间业务和表外业务。

一、商业银行的负债业务

商业银行负债业务是形成其资金来源的业务。商业银行资金来源包括自有资本和外来资金。外来资金主要是存款，此外还有其他非存款负债。

（一）银行自有资本

银行资本代表了银行股东的所有者权益，或者说银行所有者的净财富，是银行实力的象征，它代表补偿损失的能力，是风险的最后承担者，是防止亏损的最终防线。所以，银行自有资本越充足，破产可能性就越小。严格来讲，自有资本不属于负债。

银行自有资本包括：（1）股本；（2）公积金；（3）未分配利润，此外，还包括：（4）补偿性准备金，是指银行为应付意外损失而从税前收益中预先提留的资金；（5）从属债务，是指商业银行破产清算时，偿还顺序靠后的长期债务。后两项不是核心资本。

根据我国《商业银行资本充足率管理办法》，商业银行资本包括核心资本和附属资本。核心资本包括实收资本或普通股、资本公积、盈余公积、未分配利润和少数股权。附属资本包括重估储备、一般准备、优先股、可转换债券和长期次级债务。

（二）存款负债

存款业务是银行接受客户存入货币资金，存款人可按规定支取款项的一种业务。存款是银行吸收外来资金的主要渠道，是负债业务的主要内容。

活期存款是指没有期限上的规定，存款人可开支票随时提取或支付的存款，也有往来账户或支票账户存款之称。这类存款，银行要发给存款人支票簿，存款人须签发支票才能提取现金或者向他人支付。定期存款，是指在存入时预先约定期限，到时才能提取的存款。定期存款存入时，银行要向存户出具存单，存单不能流通，只是到期取款的凭证。储蓄存款。这是针对个人积蓄货币而开办的存款。通常由银行发给存户存折或存单，作为存款和提款的凭证。一般不能据以签发支票，支用时只能提取现金或者先转入存户的活期存款账户。储蓄存款有活期和定期之分，而以定期储蓄居多，但不论活期和定期，都支付利息。

（三）非存款负债

同业拆借是指银行之间相互提供的短期资金融通，即需要准备金的银行向有剩余准备金的银行借款。借入资金的银行主要是用以解决本身临时资金周转的要求，但也可以是为了获得发放额外贷款所需要的资金。同业拆借一般是短期的。

回购协议即银行在卖出证券的同时承诺在未来某日购回，实际上是银行以证券作为担保品借入资金。大多数回购协议以政府债券做担保。

向中央银行借款是商业银行在必要时可向中央银行借款。它有两种形式：再贴现和直接借款。

此外还有发行金融债券和境外借款、临时资金占用等等。

二、商业银行的资产业务

商业银行的资产业务是运用资金的业务。商业银行的资金运用一般有：现金资产、贷款（包括贴现）、证券投资、其他资产。

（一）现金资产

这是指商业银行占用在现金形态上的资产，在所有资产中具有最强的流动性，属于一级准备资产。一般包括四个部分：（1）库存现金；（2）在中央银行的存款；（3）存放同业；（4）应收现金。

（二）贷款

贷款也称放款，是银行将资金按一定的利率贷放给客户并约期归还的业务。贷款种类包括：

（1）按贷款方式以及保障程度划分，可分为信用贷款、担保贷款和票据贴现。

信用贷款，是指银行完全凭借客户的信誉而发放的贷款。担保贷款是指银行对具有一定的财产作还款保证而发放的贷款。根据担保方式的不同，具体可分为保证贷款、抵押贷款和质押贷款。

票据贴现，是指银行买进未到期商业票据的方式对票据持有人进行的融资。它是贷款的一种特殊方式。在票据贴现业务中，银行不是按票面额付款，而是要扣除贴现利息，即是从贴现日起至票据到期日止这段时间的利息，然后以票面余额付款给客户。所扣的利息要根据票面额、贴现率以及贴现天数来计算。贴现率是贴现利息与票面额的比率，一般是事前规定的。贴现天数是指票据从贴现之日起到票据上载明的到期之日为止的时间。票据到期时，银行持票据向票面载明的付款人按票面额索取款项。票据贴现付款额的计算公式是：

$$贴现付款额 = 票据面额 \times \left(1 - 年贴现率 \times \frac{贴现天数}{360\ 天}\right)$$

（2）按贷款对象，可分为工商业贷款、不动产贷款、消费者贷款、农业贷款等。

（3）按贷款期限，可分为活期贷款（通知放款）和定期贷款。定期贷款又有短、中、长之分。

（4）按还款方式，可分为一次偿还的贷款和分期偿还的贷款。

（5）按贷款风险大小可分为五级或五类：

正常贷款：借款人能够履行合同，没有足够理由怀疑贷款本息不能按时足额偿还。

关注贷款：尽管借款人目前有能力偿还贷款本息，但存在一些可能对偿还产生不利影响的因素。

次级贷款：借款人的还款能力出现明显问题，完全依靠其正常营业收入无法足额偿还贷款本息，即使执行担保，也可能会造成一定损失。

可疑贷款：借款人无法足额偿还贷款本息，即使执行担保，也肯定要造成较大损失。

损失贷款：在采取所有可能的措施或一切必要的法律程序之后，本息仍然无法收回，或只能收回极少部分。

（6）按贷款的规模和对象可分为批发贷款和零售贷款。批发贷款是指银行对规模较大的借款人（如大中型企业）发放的金额较大的贷款；零售贷款是指银行对小客户和个人发放的金额较小的贷款。

（三）证券投资

证券投资是商业银行在金融市场上购买有价证券的业务。银行购买的有价证券主要是国库券、公债、政府机构证券、地方政府证券，以及少量的大公司债券。因为这类证券安全可靠、期限较短、变现能力强。银行证券投资的目的主要是增强资产的流动性和增加收益，此外还可降低风险。但是证券投资本身也是有风险的。

三、商业银行的中间业务和表外业务

（一）中间业务

商业银行的中间业务也称中介业务、居间业务，它是指银行不运用或较少运用自己的资金，以中间人的身份替客户办理收付或其他委托事项，为客户提供各类金融服务并收取手续费的业务。按照我国《商业银行中间业务暂行管理办法》中的解释，中间业务是指不构成商业银行表内资产、表内负债，形成银行非利息收入的业务。中间业务具有成本低、收益高、风险小、收入稳定、安全可靠等特点，已成为商业银行业务拓展的主要方向。常见的中间业务有结算、信托、租赁、代理、咨询等等。

1. 结算业务

银行办理结算业务是指受客户委托将款项从付款人账户划转到收款人账户完成货币收付的行为。我国习惯称为转账结算。结算业务的方式，同城的主要是支票结算，异地的主要是汇兑、托收、信用证结算。

2. 信托业务

信托是信用委托的意思，是指一方委托另一方代为管理、经营和处理某项经济事务的行为。银行经营的信托是金融信托，即银行作为受托人受客户的委托，代为管理、经营、处理有关钱财方面的事项。

信托业务一般具有三个关系人：（1）委托人，是资金或财产的原所有者，他是最初提出信托要求的人；（2）受托人，是接受并承办信托要求的人；（3）受益人，是享受到信托财产本身及其收益的人。

3. 租赁业务

租赁是出租人以收取租金为条件，将财产出租给承租人使用的经济行为。租赁业务一般有金融租赁和经营租赁两大类。银行经营的是金融租赁。

金融租赁，又叫融资性租赁，是由出租人出资购买承租人选定的设备，并按协议将设备出租给承租人使用。金融租赁的出租人一般只负责提供资金，所有关于设备的安装、保养维修、保险、纳税等均由承租人负责。

4. 代理业务

代理业务是指银行（代理人）接受客户（被代理人）委托，代为办理指定的经济事项。银行代理业务有两个特点：一是综合性的服务业务，具有代客服务的性质；二是以收取手续费为收益来源。主要的有：代理证券发行业务，代客买卖业务，代保管业务，代理收付款项，其他代理，如代理保险、代理清理债务等。

5. 代理融通业务

代理融通又叫代收账款或收买应收账款，是指银行或专业代理融通公司代企业收取应收账款，并向企业提供资金融通的一种业务方式，又有保理业务之称。

6. 银行卡业务

银行卡是指由各商业银行（含邮政金融机构）向社会发行的具有消费信用、转账结算、存取现金等全部或部分功能的信用支付工具。银行卡一般有借记卡和信用卡之分。借记卡是一种不具备透支功能的银行卡。信用卡是指由银行或非银行金融机构向其客户提供具有消费信用、转账结算、存取现金等功能的信用支付工具。

7. 咨询业务。商业银行通过资金运动的记录，以及相关资料的收集整理，可以为企业提供多种咨询服务。

（二）表外业务

表外业务可分为广义和狭义两种。狭义的表外业务即这里所讨论的表外业务，是指商业银行所从事的按国际会计准则不计入资产负债表内因而不影响资产负债总额，但在一定条件下会转变为表内资产或负债的业务，即狭义的表外业务构成了商业银行的或有资产和或有负债。广义的表外业务，除了包括狭义的表外业务，还包括商业银行从事的、不需要列入资产负债表中的金融服务类表外业务。

通常所说的表外业务是指狭义的表外业务，一般包括以下四类：（1）担保或类似的或有负债；（2）承诺；（3）金融衍生工具交易；（4）投资银行业务。

第三节　商业银行的经营管理

一、商业银行的经营原则

商业银行的经营要遵照三个原则：营利性原则、安全性原则、流动性原则。

追求营利是商业银行经营总目标的要求，是银行改进服务、不断开拓业务经营的内在动力。也只有在保持理想盈利的水平上，商业银行才能不断充实资本，加强经营实力，巩固信誉，在竞争中发展壮大。这一原则占有核心地位。

安全性原则，是指避免经营风险，保证资金安全的要求。银行自有资本所占的比重很少，主要靠负债经营，这要求银行妥善地安排资产。

流动性原则，是指银行应有能够随时应付客户提取存款，满足必要贷款等方面要求的能力。其关键是在必要时能满足用款要求。保持流动性的必要，来自于银行资金来源的性质和资金运用的特点。

三原则有统一的一面，也有矛盾的一面。一般来说，安全性与流动性正相关，流动性较强的资产，安全有保障，风险较小。但它们与营利性往往有矛盾。流动性强，安全性好，盈利率一般较低。银行经营管理的艺术就是要在各方面进行权衡和协调，在保证安全和流动的前提下，追求最大限度的利润。

二、商业银行的经营理论

西方商业银行的经营理论经历了资产管理、负债管理、资产负债管理的演变过程。

（一）资产管理理论

资产管理是商业银行的传统管理理论。资产管理的重点是流动性管理。资产管理理论经历了三个不同发展阶段。

第一阶段：商业贷款理论，又称真实票据理论。它产生于200多年前。即认为银行放款应该是短期商业性的，并有真实商业票据为凭。在此理论影响下，银行只发放短期易变现的贷款。

第二阶段：可转换理论。它产生于第一次世界大战之后。这一理论认为，银行能否保持流动性，关键在于资产的变现能力。把可用资金的一部分投放于能在二级市场出售的证券上，是可以满足银行流动性需要的。可转换理论的实际应用把银行的资产业务拓展到了证券上。

第三阶段：预期收入理论。产生于第二次世界大战以后，这种理论强调的是借款人的预期收入。它认为，放款的偿还是以借款人未来收入为基础的，银行根据借款人的预期收入或现金流量，确定放款计划，安排放款的到期日，银行就能保持规律性的现金流入，维持高度的流动性。预期收入理论推动了商业银行业务经营向中长期设备贷款、分期付款的不动产贷款和消费贷款以及设备租赁等方面的扩展。

资产管理的各种理论也不是相互排斥的，而是相互补充的关系，反映了一种不断完善和发展的演进过程。

（二）负债管理理论

该理论产生于20世纪60年代。核心思想是把保证银行流动性的重点从资产方面转到负债方面，主张以借入资金的办法来保持银行流动性。负债管理开创了保持银行流动性的新途径，它使银行不再单纯地依靠吸收存款的被动型负债，而是发展了向外借款的主动型负债。它存在着明显的缺陷：（1）提高了银行的融资成本；（2）增加了经营风险；（3）不利于银行稳健经营。

（三）资产负债管理理论

该理论产生于20世纪80年代。认为只有通过资产结构和负债结构的共同调整，通过资产负债的统一协调管理，才能实现营利性、安全性、流动性的均衡，为银行谋取最大利润。

三、资产负债管理方法

（一）缺口管理法

缺口管理法，是根据期限或利率等指标将资产和负债分成不同的类型，然后对同一类型的资产和负债之间的差额，即缺口，进行分析和管理。

（二）资产负债比例管理

资产负债比例管理是通过一系列资产负债比例指标来对商业银行的资产和负债进行监控和管理的办法。它既可以作为商业银行自身的一种业务管理方式，也可以作为监管当局对商业银行实施监管的一种手段。

我国当前主要实行比例管理办法。中国人民银行于1994年起对商业银行实施资产负债比例管理，并提出了应遵循的原则和具体指标体系。这一管理办法的基本原则是：（1）以资金来源制约资金运用的原则；（2）结构对应原则；（3）风险分散及防范原则。

第四节　商业银行的发展趋势

一、商业银行的综合经营

伴随着经济全球化的发展和人类社会科技的进步，商业银行的一个重要发展趋势是走向综合经营。当代以新型化、多样化、电子化为特征的金融创新，改变了传统的金融运作模式，银行与非银行金融机构之间的业务界限愈来愈模糊不清，金融机构业务交叉呈现自由化、综合化、国际化的新趋势。

二、商业银行的证券化

商业银行综合经营趋势的日益明显，与资本市场的联系更加广泛，商业银行的主要业务更多地通过证券方式来运作，不仅负债业务的证券化（如发行股票、债券等）愈发重要，资产的证券化趋势也日益明显。

三、商业银行经营的网络化

网络银行又称网上银行或在线银行，是指银行利用因特网技术提供银行服务的活动，是因特网技术与现代银行业相结合的产物。网络银行存在于电子空间中的金融活动，其存在形态是虚拟化的、运行方式是网络化的。网络银行具有大金融、虚拟性和开放性的特点，同时又具有提高银行业的经营效率和降低经营成本的优点。网络银行的发展对传统银行业产生了重大影响。

☞知识拓展

2019 年年初《金融时报》专家委员会成员、中国银行首席研究员宗良就中国银行业的改革提出了几点意见，即商业银行更好地服务高质量发展应重视以下三个方面：一是把握好信贷投向，确保资金流向实体经济。围绕国家重大战略规划和供给侧结构性改革主线，支持好乡村振兴战略、创新驱动发展战略、区域协调发展战略、先进制造业和民营小微企业等。抓住实体经济融资链条中的薄弱环节，解决好小微企业融资难和农村金融服务不足等问题。二是加强金融科技的应用。实现精准营销、精细管理、专业运营和有效风控，不断提升服务实体经济的质效。三是处理好“防风险”与“促发展”之间的关系。商业银行应在风险防控上加大创新力度，推广存货、应收账款、专利权等动产或权益质押，降低小微企业贷款门槛，压缩小微企业融资成本。对此你有何理解？

☞**练习题**

一、填空题

1. 银行业是随着________的发展而发展起来的。现代银行的先驱是历史上的________。

2. 资本主义现代银行基本是通两条途径建立起来的，一条途径是________性质的旧式银行转变而来，另一条途径是按资本主义经营原则组织的________银行。

3. 世界上第一家股份制商业银行是________银行，它建立于________年。

4. 1987 年在上海设立的________银行是中国自办的第一家新式银行。

5. 商业银行基本是按________型和________型两类模式发展起来的。

6. 职能分工型商业银行起源于________。

7. 我国商业银行是以________组织制度为主。

8. 商业银行经营目的是为了________，是经营________的特殊企业。

9. 巴塞尔协议把银行资本划分为两大类，一类是________，另一类是________。

10. 商业银行自有资本通常主要包括发行股票筹集起来的________、________以及________。

11. 存款按支取方式一般将其分为________存款、________存款、________存款。

12. 按是否固定期限可将贷款分为________贷款和________贷款。

13. 按还款方式可将贷款划分为________贷款和________贷款。

14. 狭义的表外业务一般有____________、____________、____________、____________四类。

15. 商业银行针对个人积蓄货币而开办的存款叫________存款。它根据是否固定期限分为________和________。

16. 银行资本代表了银行股东的________，或者说银行所有者的________。

17. 商业银行的业务大体上可以分为三类：________、________、________。

18. 商业银行的资金来源可以分为________和________两大类。

二、单项选择题

1. 在金融机构体系中，处于主体地位的是（　　）。

A. 中央银行　　B. 商业银行
C. 投资银行　　D. 专业银行

2. 全能型商业银行起源于（　　）。

A. 英国　　B. 美国
C. 德国　　D. 法国

3. 单一银行制在（　　）比较典型。

A. 英国　　B. 美国
C. 中国　　D. 日本

4. 商业银行以（　　）为主要资金来源。

A 资本金
B. 发行金融债券
C. 向中央银行借款
D. 存款负债

5. （　　）业务是商业银行收益最多的经营活动，是商业银行利润的最大来源。
A. 存款
B. 贷款
C. 投资
D. 现金资产

6. 最基本的、最能表现商业银行经营特征的职能是（　　）。
A. 信用中介
B. 支付中介
C. 把货币转化为资本
D. 创造信用流通工具

7. 商业银行的性质是（　　）
A. 国家机关
B. 事业单位
C. 具有国家机关和企业双重性质
D. 企业

8. 下列银行资产中流动性最高而收益最低的是（　　）。
A. 票据贴现
B. 短期证券
C. 现金
D. 活期贷款

9. 下列不属于商业银行中间业务的是（　　）。
A. 结算业务
B. 租赁业务
C. 承诺
D. 银行卡业务

10. 在（　　）理论的影响下，商业银行的资产业务拓展到了证券上。
A. 预期收入
B. 可转换
C. 负债管理
D. 资产负债综合管理

11. 信用卡透支属于银行的（　　）业务。
A. 贴现
B. 放款
C. 汇兑
D. 中间

12. 根据我国《商业银行法》规定，在改革开放后逐步建立起来的我国现行的商业银行体系，目前采用的是（　　）模式。
A. 全能型
B. 混业经营
C. 单元型
D. 职能分工

13. 一张差半年到期的面额 2000 元的票据，到银行得 1900 元的贴现金额，年贴现率为（　　）。
A. 5%
B. 10%
C. 2.56%
D. 5.12%

三、多项选择题

1. 历史上的货币经营业的主要职能是从事（　　）。
A. 货币兑换
B. 货币保管
C. 汇兑
D. 存款
E. 贷款

2. 商业银行的传统职能包括（　　）。
A. 信用中介
B. 支付中介

C. 把货币转化为资本
D. 创造信用流通工具
E. 调控经济

3. 商业银行组织制度包括（　　）。
A. 单一银行制
B. 分支行制
C. 银行持股公司制度
D. 连锁银行制度
E. 跨国银行制度

4. 以下属于商业银行资金来源的有（　　）。
A. 存款
B. 同业拆借
C. 贷款
D. 中央银行借款
E. 证券投资

5. 以下属于商业银行资金运用的有（　　）。
A. 贷款
B. 证券投资
C. 自有资本
D. 库存现金
E. 贴现

6. 商业银行现金资产一般包括（　　）。
A. 库存现金
B. 在中央银行存款
C. 存放同业
D. 应收现金
E. 证券投资

7. 按贷款对象划分，商业银行贷款有（　　）。
A. 工商业贷款
B. 不动产贷款
C. 消费者贷款
D. 抵押贷款
E. 信用贷款

8. 商业银行在经营中要遵照的原则是（　　）。
A. 营利性
B. 安全性
C. 公共性
D. 政策性
E. 流动性

9. 下列说法中正确的有（　　）。
A. 补偿性准备金是资本，但不是永久性资本
B. 从属债务不是资本，但监管当局一般认可将某些从属债务算作资本
C. 我国商业银行资本净额与风险加权资产总额比例不得低于8%
D. 我国商业银行对同一借款客户贷款余额与银行资本净额的比例不得超过10%
E. 我国商业银行各项贷款与各项存款之比不得超过75%

10. 我国传统的银行转账结算方式有（　　）。
A. 支票结算
B. 汇兑结算
C. 托收
D. 信用证结算
E. 现金结算

11. 商业银行的贷款可按偿还的保障性分为（　　）。
A. 信用贷款
B. 抵押贷款
C. 担保贷款
D. 消费贷款

E. 不动产贷款

12. 商业银行资产负债管理的具体理论很多，但是归纳起来可以概括为（　　）。

A. 资产管理理论　　B. 商业贷款理论

C. 资产负债综合管理理论　　D. 预期收入理论

E. 负债管理理论

13. 商业银行的非存款负债来源包括（　　）。

A. 同业拆借　　B. 回购协议

C. 向中央银行借款　　D. 发行金融债券和境外借款

E. 临时资金占用

14. 商业银行替客户办理中间业务可能获得的好处有（　　）。

A. 控制企业经营　　B. 与客户分成

C. 手续费收入　　D. 暂时占用客户的资金

E. 获得稳定的客户，增加其资金来源的稳定性

四、名词解释

1. 损失贷款　2. 单一银行制　3. 分支行制　4. 活期存款　5. 定期存款　6. 储蓄存款　7. 同业拆借　8. 回购协议　9. 票据贴现　10. 抵押贷款　11. 信用贷款　12. 保证贷款　13. 透支　14. 中间业务　15. 支票　16. 金融租赁　17. 代理融通业务　18. 信托业务　19. 表外业务　20. 承诺　21. 信贷额度

五、简答题

1. 商业银行主要经营哪些业务？
2. 贴现与一般贷款有何异同？
3. 什么叫分支行制？它有什么优缺点？
4. 什么叫承兑？为什么银行办理承兑业务具有风险？
5. 简述资产负债比例管理的含义和原则。
6. 商业银行的经营原则之间有什么关系？实践中该如何执行？
7. 商业银行的性质与职能是什么？
8. 网络银行的发展对传统银行业产生了什么影响？
9. 什么是资产证券化？为什么说资产证券化对发行者、投资者、借款者和投资银行各方都是一种有益的融资方式？

六、论述题

1. 试论商业银行的经营原则。
2. 试述商业银行的经营理论的发展。
3. 试述商业银行的发展趋势。

七、计算题

1. A 企业持一张票面额 100 万元，尚有 120 天到期的商业票据到银行贴现，银行规定的

贴现率为6%，银行应付款是多少？

2. 甲公司以延期付款3个月方式向乙公司销售8 000元的商品。甲公司签发商业汇票，经乙公司承兑后，送交某商业银行办理贴现，设贴现率为8%。计算：贴现利息是多少？甲公司实得现金是多少？

八、深度思考题

目前我国商业银行的中间业务种类还不够丰富，你认为主要原因是什么？

☞参考答案

一、填空题

1. 商品货币关系　货币经营业
2. 高利贷　股份
3. 英格兰　1694
4. 中国通商
5. 职能分工　全能
6. 英国
7. 分支行制
8. 盈利　货币信用业务
9. 核心资本　附属资本
10. 股份资本　公积金　未分配利润
11. 活期　定期　储蓄
12. 活期　定期
13. 一次偿还　分期偿还
14. 担保和类似的或有负债　承诺 金融衍生工具交易　投资银行业务
15. 储蓄　活期储蓄　定期储蓄
16. 所有者权益　净财富
17. 负债业务　资产业务　中间业务与表外业务
18. 银行资本　银行负债

二、单项选择题

1. B　2. C　3. B　4. D　5. B　6. A　7. D　8. C　9. C　10. B　11. B　12. D　13. B

三、多项选择题

1. ABC　2. ABCD　3. ABCD　4. ABD　5. ABDE　6. ABCD　7. ABC　8. ABE　9. ABCDE　10. ABCD　11. ABC　12. ACE　13. ABCDE　14. CDE

四、名词解释

1. 按照贷款风险划分，损失贷款是在采取所有可能的措施或一切必要的法律程序之后，本息仍然无法收回，或只能收回极少部分。

2. 单一银行制。又称单元银行制，是指银行业务完全由一个独立的银行经营而不设立分支行的制度。

3. 分支行制。也称为总分行制度，是指银行机构除总行外，还在国内外各地设立分支机构，总行一般设在大城市，所有分支行由总行统一领导指挥。

4. 活期存款。是指没有期限上的规定，存款人可开支票随时提取或支付的存款，也有往来账户或支票账户存款之称。这类存款，银行要发给存款人支票簿，存款人须签发支票才能提取现金或者向其他人支付。

5. 定期存款。是指在存入时预先约定期限，到期才能提取的存款。定期存款存入时，银行要向存户出具存单，存单不能流通，只是到期取款的凭证。

6. 储蓄存款。是针对个人积蓄货币而开办的存款。通常由银行发给存户存折或存单，作为存款和提款的凭证。一般不能据以签发支票，支用时只能提取现金或者先转入存户的活期存款账户。

7. 同业拆借。是指银行之间相互提供的短期资金融通，即需要准备金的银行向有剩余准备金的银行借款。同业拆借通常是通过各商业银行在中央银行的存款账户进行，即通过中央银行把款项从拆出行账户划转到拆入行账户。

8. 回购协议。即银行在卖出证券的同时承诺在未来某日购回，实际上是银行以证券作为担保品借入资金。大多数回购协议以政府债券做担保。

9. 票据贴现。银行办理贴现业务即是应客户的要求，买进其未到期的票据，或者说客户将未到期的票据卖给银行就是贴现。在贴现业务中，银行不是按票面额付款，而是要扣除贴现利息，即是从贴现日起至票据到期止这段时间的利息，然后以票面余额付款给客户。票据到期时，银行持票据向票面载明的付款人按票面额索取款项。

10. 抵押贷款。是指借款人要提供一定的抵押品作担保的贷款。其抵押品一般是易于保存、变卖的物品或有价证券。如果贷款到期时借款人不偿还，银行则有权处理抵押品作为补偿。

11. 信用贷款。是指无抵押品作担保的贷款。通常仅由借款人出具签字的文书。由于信用放款只凭借款人的信用，因而一般是贷给那些资信良好且与银行往来密切的客户。

12. 保证贷款。是以借款人以外的机构或个人，对借款人按时履行还款义务进行担保的放款。这种贷款在发放时，银行要求借款人寻找保证人做担保，如果放款到期，借款人不能还本付息，保证人应负责偿还。

13. 透支。一种特殊的放款形式，它是与活期存款或信用卡账户联系在一起的。银行允许客户在彼此约定的限额内，超过存款金额支用款项。客户对透支款项应支付利息，并随时归还，具有活期放款的特点。

14 中间业务。是银行不运用自己的资金而代替客户办理收付和其他委托事项并收取手续费的业务。在办理中间业务时，银行只是以中间人的身份出现，为顾客提供各类服务。常见的中间业务有结算、信托、租赁、代理、咨询等等。

15. 支票。是付款人签发的，委托其开户银行向持票人或指定人支付款项的一种票据。

有现金支票和转账支票之分。

16. 金融租赁。又叫融资性租赁，是由出租人出资购买承租人选定的设备，并按协议将设备出租给承租人使用。通常的做法是由承租人先向供货商选取好设备，并谈妥规格、价格、交货条件等，然后请出租人出资购买，以付租的形式向出租人借用。这里出租人垫付了全部资金，等于提供了百分之百的贷款，而承租人只要按期交纳租金，就可以及时得到所需设备，无疑是获得了资金融通，所以叫金融租赁。

17. 代理融通业务。又叫代收账款或收买应收账款，是指银行或专业代理融通公司代企业收取应收账款，并向企业提供资金融通的一种业务方式。又有保理业务之称。

18. 信托业务。信托是信用委托的意思，是指一方委托另一方代为管理、经营和处理某种经济事务的行为。银行经营的信托是金融信托，即银行作为受托人受客户的委托，代为管理、经营、处理有关钱财方面的事项。

19. 表外业务。表外业务可分为广义和狭义两种。广义表外业务包括所有不在资产负债表中反映的业务，它由中间业务和狭义表外业务构成，在中间业务中，银行一般仅处于中间人或服务者的地位，不承担任何资产负债方面的风险。

狭义的表外业务即通常所说的表外业务，是指商业银行所从事的按国际会计准则不计入资产负债表内因而不影响资产负债总额，但在一定条件下会转变为资产或负债的业务。狭义表外业务构成了商业银行的或有资产和或有负债。

20. 承诺。是银行在未来特定时期内，向客户按事先约定的条件发放一定数额贷款的诺言。分为可撤销承诺和不可撤销承诺。

21. 信贷额度。是商业银行向客户提供一个信贷最高额度，在这个额度内，商业银行将随时根据客户的贷款需要进行放款。但信贷额度一般都是银行与其客户之间的非正式协议，银行虽然在大多数情况下都会满足客户贷款需要，但并不具有提供贷款的法定义务。

五、简答题

1. 商业银行主要经营哪些业务？

商业银行的业务有三类：负债业务、资产业务、中间业务和表外业务。

（1）商业银行的负债业务是形成其资金来源的业务。商业银行的资金来源有：①自有资本，主要包括股份资本、公积金和未分配利润。②存款，包括活期存款、定期存款、储蓄存款。③其他负债，主要有同业拆借、回购协议、向中央银行借款、发行金融债券、中间业务中临时的资金占用等。

（2）商业银行的资产业务是指运用资金的业务。商业银行的资金运用一般有四个方面：①现金资产；②贷款（包括贴现）；③证券投资；④其他资产。贷款（包括贴现）和证券投资是盈利资产，是银行资金运用的两种最主要的方式。

（3）中间业务是银行不运用自己的资金而代替客户办理收付和其他委托事项并收取手续费的业务。在办理中间业务时，银行只是以中间人的身份出现，为顾客提供各类服务。

（4）表外业务是不计入资产负债表内因而不影响资产负债总额，但在一定条件下会转变为资产或负债的业务。

2. 贴现与一般贷款有何异同？

银行办理票据贴现业务即是应客户的要求，买进其未到期的票据。票据贴现从形式上看是票据的买卖，但实质上却是一种信用业务，是一种特殊的放款。因为票据付款人对持票人是一种负债关系，在票据未贴现前，付款人应对持有票据的客户负债；贴现后，改为向购入票据的银行负债。所以，银行买进的是一种债权，是通过贴现间接地向票据付款人提供贷款。

不过，贴现与一般的贷款还是有些区别的，不同之处是：（1）贷款一般是到期后收取利息，贴现则是在业务发生时即预扣利息；（2）贷款的债务人即借款人，而贴现时的债务人不是来贴现的客户，而是票据的付款人；（3）贴现的期限一般较短。

3. 什么叫分支行制？它有什么优缺点？

分支行制也称为总分行制度，是指银行机构除总行外，还在国内外各地设立分支机构，总行一般设在大城市，所有分支行由总行统一领导指挥。这种银行制度源于英国的股份银行。

分支行制的优点是：银行规模可以按业务发展需要而扩展，实现规模效益；分支行之间能够相互调度资金，可以提高资金的运用程度；放款分散于各分支行，便于分散风险。其缺点是：会使银行业过分集中，造成垄断，且分支机构太多会给管理工作带来困难。

4. 什么叫承兑？为什么银行办理承兑业务具有风险？

承兑是指远期汇票的付款人承诺在汇票到期日支付汇票金额的票据行为。其做法是付款人在票据正面注明“承兑”字样，并签章和写明日期。票据被承兑后叫承兑票据。票据一经承兑，承兑人即成为票据的主债务人。

汇票的承兑可以由付款人自己办理，也可以请银行办理。银行办理承兑业务即是为客户开出的汇票签章承诺，保证到期一定付款的业务。银行办理票据承兑时，并没有收到与票款相等的资金，只收取一定的承兑手续费。但承兑银行由此成为汇票的主债务人，负有到期无条件付款的责任。在正常情况下，汇票到期时，申请承兑的企业便将资金交存银行偿付票据。所以，承兑银行无须提供资金，只是以自己的信用来加强客户的信用。但若付款人无力付款，银行也必须向汇票的受益人付款，并形成对付款人的贷款。因此，银行具有一定风险。

5. 简述资产负债比例管理的含义和原则。

资产负债比例管理是通过一系列资产负债比例指标来对商业银行的资产和负债进行监控和管理的办法。它既可以作为商业银行自身的一种业务管理方式，也可以作为监管当局对商业银行实施监的一种手段。

我国从 1994 年起对商业银行实施资产负债比例管理。这一管理办法的基本原则是：（1）以资金来源制约资金运用的原则。各银行均应根据资本和负债的数量合理确定贷款规模，防止超负荷经营。（2）结构对应原则。即资产与负债的偿还期应保持一定的对称关系，安排长期性资金运用要以长期性资金来源为基础，流动性资产要与流动性负债相适应。（3）风险分散及防范原则。即银行在进行资产分配时，应尽量将贷款与证券投资的种类和对象分散开来，避免过分集中，以分散资产风险。同时，银行还要加强资产风险管理，不断降低资产风险含量，提高经营效益。

6. 商业银行的经营原则之间有什么关系？实践中该如何执行？

商业银行的经营要遵照三个原则：营利性原则、安全性原则、流动性原则。

三个原则有统一的一面，也有矛盾的一面。一般说来，安全性与流动性正相关，流动性较强的资产，安全有保障，风险较小。但它们与营利性往往有矛盾。流动性强，安全性好，营利率一般较低。比如现金资产的流动性最强，也最安全，但不生利；反之，营利性较高的资产，往往流动性较差，风险较大。长期贷款就是如此。银行经营管理的艺术就是要在各方面进行权衡和协调，在保证安全和流动的前提下，追求最大限度的利润。

7. 商业银行的性质与职能是什么？

商业银行是以经营公众存款、放款、汇兑（各种转账结算方式的概称）为主要业务，并以利润为主要经营目标的金融机构，是一种特殊的企业。

商业银行的职能。商业银行的职能可以概括为充当信用中介和支付中介、把货币转化为资本、创造信用流通工具四个方面。(1) 充当信用中介。这是指商业银行通过自身的信用活动，充当货币资金借贷的中介人。(2) 充当支付中介。银行通过为客户开立账户办理转账结算而成为货币收付的中介人。(3) 把货币转化为资本。这一职能是从信用中介职能派生出来的。意指银行通过开展储蓄等业务，把社会各阶层居民个人的货币收入和积蓄集中起来，贷放给企业使用。(4) 创造信用流通工具。在上述各职能发挥的基础上，商业银行成为银行券和存款货币的创造者。

8. 网络银行的发展对传统银行业产生了什么影响？

(1) 商业银行和非银行金融机构之间的界限愈来愈模糊；

(2) 金融机构和非金融机构之间的界限愈来愈模糊；

(3) 银行业将从“分业经营”转向“综合经营”；

(4) 传统银行和金融机构的作用受到削弱。

9. 什么是资产证券化？为什么说资产证券化对发行者、投资者、借款者和投资银行各方都是一种有益的融资方式？

资产证券化是指将缺乏流动性的资产转化为在金融市场上可以出售的证券的行为。资产证券化对发行者、投资者、借款者和投资银行各方都是一种有益的融资方式。

(1) 发行者通过它可获得较低的筹资成本，更高效运用资本，更好地进行资产负债管理，实现资金来源多样化。

(2) 投资者则获得了信用风险较低的、流动性较高的证券；为借款者创造了更有利的筹资环境。

(3) 资产证券化还极大地加强了投资银行和工商企业的联系，促进了其证券业务的发展。

六、论述题

1. 试论商业银行的经营原则。

商业银行的经营要遵照三个原则：营利性原则、安全性原则、流动性原则。

营利性原则，是指银行在经营活动中要追求盈利。这是商业银行经营总目标的要求，是银行改进服务、不断开拓业务经营的内在动力。也只有在保持理想盈利的水平上，商业银行才能不断充实资本，加强经营实力，巩固信誉，在竞争中发展壮大。这一原则占有核心地位。

安全性原则，是指避免经营风险，保证资金安全的要求。银行与一般工商企业不同，它的自有资本所占的比重很少，主要靠负债经营。如果存户要求提款，银行必须予以满足，否则就会触发挤兑风潮，造成银行倒闭。这要求银行妥善地安排资产。从贷款和投资看，由于种种不可确定的原因，存在着拖欠和呆账风险、利率风险、流动性风险等，风险一旦发生，必然影响银行存款的兑付和资金周转，影响银行结益，甚至危及银行本身的存亡。所以，安全性历来都是银行家高度重视的事情。

流动性原则，是指银行应有能够随时应付客户提取存款、满足必要贷款等方面要求的能力。其关键是在必要时能满足用款要求。保持流动性的必要，来自于银行资金来源的性质和资金运用的特点。银行的资金来源大部分是客户的存款和借入款，它们或者是要按时提取或者是要随时兑付的。对于提取和兑付的要求，较为规律的，银行可以较精确地预计并作好安排。突发的要求往往由一些突发事件引起，并且客户集中涌来，同时要求提存和兑付，这就是通常讲的“挤兑”。对此，银行难以预料。如果处置不当，就会丧失清偿力，甚至造成破产。流动性的要求也来自于资产运用方面，贷款和投资有收有放，它们也有一定的不确定性，特别是贷款，有时不得不予以满足，这也有要求银行保持流动性。

以上三个原则有统一的一面，也有矛盾的一面。一般说来，安全性与流动性正相关，流动性较强的资产，安全有保障，风险较小。但它们与营利性往往有矛盾。流动性强、安全性好的资产，盈利率一般较低。银行经营管理的艺术就是要在各方面进行权衡和协调，在保证安全和流动的前提下，追求最大限度的利润。

2. 试述商业银行的经营理论的发展。

西方商业银行的经营理论经历了资产管理、负债管理、资产负债管理的演变过程。

（1）资产管理理论。资产管理是商业银行的传统管理理论。在 20 世纪 60 年代以前，银行资金来源比较单一，大多是吸收活期存款，主动权在客户手上，银行管理起不了决定影响，而资金运用的主动权却在银行手上，这样，银行经营管理的重点就放在资产方面。资产管理的重点是流动性管理。资产管理理论经历了三个不同发展阶段。

第一阶段：商业贷款理论，又称真实票据理论。即认为银行放款应该是短期商业性的，并有真实商业票据为凭。因为这种贷款具有自动清偿性质，既符合流动性要求，又能带来适当的收益。在此理论影响下，银行只发放短期易变现的贷款。

第二阶段：可转换理论。这一理论认为，银行能否保持流动性，关键在于资产的变动能力。把可用资金的一部分投放于能在二级市场出售的证券上，是可以满足银行流动性需要的。这种理论是以金融工具和金融市场的发展为背景的。可转换理论的实际应用把银行的资产业务拓展到了证券上。

第三阶段：预期收入理论。这种理论强调的是借款人的预期收入。它认为，放款的偿还是以借款人未来收入为基础的，所以，银行根据借款人的预期收入或现金流量，确定放款计划，安排放款的到期日，银行就能保持规律性的现金流入，维持高度的流动性。预期收入理论强调了贷款偿还与未来收入的关系，推动了商业银行业务经营向中长期设备贷款、分期付款的不动产贷款和消费贷款以及设备租赁等方面的扩展。

以上三种资产管理理论不是相互排斥的，而是相互补充的关系，各种理论都为银行的资产管理提供了新的思路，推动了资产业务的不断发展。

（2）负债管理理论。负债管理理论的核心思想是把保证银行流动性的重点，从资产方面转到负债方面，主张以借入资金的办法来保持银行流动性。负债管理理论认为，银行流动性不仅可以通过资产管理来获得，也可以通过向外借款来得到。银行无须经常保持大量的准备资产，完全可以将资金更多地投放到高收益的资产上去，而一旦需要周转资金，则可向外筹借。

这种理论的运用改变了银行过去按照已有的负债来调整资产以适应之的做法，银行开始根据资产的需要来调整负债，让负债去适应和支持资产。

但是这一理论存在着明显的缺陷：①提高了银行的融资成本，因为借款成本通常要比存款利率高。②增加了经营风险，当银行不能从市场借到相应的资金时，就可能陷入困难，而市场是变幻难测的。③不利于银行稳健经营，短期资金来源比重增大，借短放长的问题日趋严重，银行不注意补充自有资本，风险增加了。

（3）资产负债管理理论。目前流行的是资产负债管理理论。这种理论认为，只有根据经济的变化，通过资产结构和负债结构的共同调整，通过资产、负债两方面的统一协调管理，才能实现营利性、安全性、流动性的均衡，为银行谋取最大利润。而单纯的资产管理过于偏重安全和流动，往往以牺牲盈利为代价，不利于鼓励银行家进取经营；单纯的负债管理过于强调依赖外部借款，增大了银行经营风险。它们都带有一定的偏向。一种把资产和负债两个方面结合起来的管理才是更有效率的管理。

3. 试述商业银行的发展趋势。

（1）商业银行的综合经营。伴随着经济全球化的发展和人类社会科技的进步，商业银行的一个重要发展趋势是走向综合经营。一方面，经济全球化导致全球金融市场竞争激烈。为适应经济全球化，银行业加强调整、兼并、合并和金融创新已使分业经营和分业管理名存实亡。传统的经营模式被打破，银行与非银行金融机构之间的业务界线逐渐模糊，金融机构业务交叉并走向多元化、综合化。银行已经开始从传统的放款业务向证券投资领域进军，有些银行还将业务范围拓展到信托、抵押、保险等一些非传统银行业务领域。

另一方面，信息技术在以工具的形式形成金融业生产方式的同时，也通过对整体社会经济生活的改造来影响金融服务所面临的需求，尤其是互联网络的发展。一方面技术引进市场进而产生了提供极为廉价服务“网上经纪商”。高度的专业化分工使商业银行、大小券商、其他金融机构，甚至非金融机构（如资讯公司、网络公司等）都有机会发挥各自的特长参与证券市场的网上交易。另一方面，电子商务的软件化和无形化使得原来的银证分离地带变得模糊，网上交易无疑为银行等其他金融机构参与证券业务提供了保护屏障，金融业务活动在信息技术的支持下日益融合。

（2）商业银行业务的证券化。由于商业银行综合经营趋势的日益明显，以及与资本市场的联系更加广泛，商业银行的主要业务将更多地通过证券方式来运作，不仅负债业务的证券化（如发行股票、债券等）愈发重要，资产的证券化趋势也日益明显，尤其是后者。

（3）商业银行经营的网络化。随着信息技术的发展，电子商务与现代银行业结合的产物——网络银行，已成为现代银行业发展的方向。网络银行又称网上银行或在线银行，是指银行利用因特网技术提供银行服务的活动，是因特网技术与现代银行业相结合的产物。它不同于传统的以物理形态存在的银行服务，是存在于电子空间中的金融活动，其存在形态是虚拟化的、运行方式是网络化的。网络银行具有大金融、虚拟性和开放性的特点，同时又具有提高银行业的经营效率和降低经营成本的优点。

七、计算题

1. 银行应付款 $=100\times(1-6\%\times120/360)=98$（万元）

2. 贴现利息是160元，实得现金7840元。

第八章

非商业银行金融机构

☞学习目的和要求

通过本章的学习，使学生能够比较系统地了解非商业银行金融机构的主要构成、机构类型，了解各类非银行金融机构的市场定位及其职能作用。

☞要点提示

第一节　政策性金融机构

一、政策性金融机构的定义与特征

政策性金融机构是指由政府出资参股或担保成立，不以营利为目的，为贯彻和配合国家经济政策在特定领域内，针对经济效益较差而社会效益较好的项目提供金融支持的专门机构。

与商业银行等一般商业性金融机构相比，政策性金融机构的特征主要有：

第一，经营目标是为了实现政府的政策目标，不以营利为目标。政府创立政策性金融机构，把社会效益摆在首位，为宏观经济社会发展目标融资。政策性金融机构的亏损是由政府给予补贴或担保其债务。

第二，政策性金融机构由政府创立、参股或担保。大多数政策性银行是由政府直接出资创立的，也有政府参与部分资本，联合其他金融机构共同设立，也有政府通过另一机构间接地持有。总之，政策性银行均以政府作为后盾。

第三，政策性金融结构有特定的资金来源渠道。（1）政府预算拨款提供全部或部分资本金；（2）借入资金，主要的借入渠道有：财政资金、中央银行资金、其他政府部门资金、公共资金，甚至有向世界银行和各大洲开发银行等金融机构的借款；（3）发行债券。另外，政策性金融机构的资金来源还有特许存款、社会福利、社会保险基金和职工住房公积金等。

第四，政策性金融机构具有特定的业务领域和业务对象。政策性金融机构的业务领域多为对国民经济发展有较大现实意义的产业，或属于国家重点扶植的产业，如：农业、住房、中小企业、对外贸易等。

第五，政策性金融机构的资金运用有贷款、投资和担保，主要以发放中长期贷款为主。利率明显低于商业性金融机构的同期同类贷款利率，有的甚至低于筹资成本，如果出现政策性亏损，则由政府予以补贴。政策性金融机构贷款业务的种类有普通贷款和特别贷款、直接贷款、间接贷款和直间并举贷款，还有独家贷款和联合或协议贷款。

二、政策性金融机构的分类

（1）按覆盖的范围可划分为全国性、地方性、政策性金融机构。

（2）按组织结构可划分为单一型和金字塔形。

（3）按业务范围可划分为开发性政策金融机构、农业政策性金融机构、进出口政策性金融机构、住房政策性金融机构以及中小企业政策性金融机构等。我国政策性银行有国家开发银行、中国农业发展银行和中国进出口银行。

三、政策性金融机构的职能

（一）政策性金融机构的一般性职能

政策性金融机构通过其负债业务，吸收资金，再通过资产业务把资金投放出去。它与其他金融机构一样，作为货币资金借贷者的中介人来实现资金从贷出者到借入者的融通。不同之处在于它一般不接受社会公众的活期存款，其资金来源多为政策资金或在金融市场筹集的资金，少部分接受外国资金，资金运用多为中长期的贷放或资本投放。并且在发挥金融中介职能时，政策性金融机构不具备其他商业性金融机构的信用创造能力。

（二）政策性金融机构的特殊职能

与一般商业性金融机构相比，政策性金融机构的特殊职能体现在它特有的政策性职能上。

（1）引导性职能。政策性金融是直接体现政策意图，并由财政负责贴息的金融业务活动。在产业融资活动中，存在着政策性金融机构首倡性先行投资，商业性金融机构跟随投资，一旦市场成熟，政策性金融机构再转移投资方向，并开始另一轮循环，形成一种政策性金融机构对商业性金融机构资金运用方向的诱导机制。

（2）选择性职能。政策性金融机构依据国家的产业政策、国民经济均衡发展的要求，选择国家的重点产业项目进行融资。在某些重要产业或部门依靠市场机制的自发作用，得不到应有的发展时，政策便以行政机制来选择。

（3）补充性职能。政策性金融机构的金融活动，对商业性金融机构不愿融资的，技术、市场风险较高的领导进行倡导性投资；对投放回收期过长、收益率低的项目进行融资补充；在以间接的融资活动或提供担保来引导商业性金融机构的资金流向。因此，政策性金融机构不是替代而是补充商业性金融机构，进而完善金融机构体系的整体功能，增强其在经济社会发展中的作用。

（4）服务性职能。是指政策性金融机构为企业和政策提供的金融与非金融服务。

四、我国的政策性金融机构

根据《国务院关于金融体制改革的决定》，从 1994 年，我国组建了三家政策性银行、国家开发银行、中国农业发展银行和中国进出口银行公司。

（一）我国建立政策性金融机构的必要性

（1）建立政策性金融机构是为了完善我国的金融体制。

（2）建立政策性金融机构是我国投融资体制改革的必然要求。

（3）建立政策性金融机构是解决国家粮棉油储备、农副产品收购和农村经济发展资金的要求。

（4）建立政策性金融机构是贯彻实施国家产业政策，确保国家调整经济结构政策落实的要求。

（5）建立政策性金融机构是改善我国对外贸易环境，尽快适应国际惯例的需要。

（二）我国的三大政策性金融机构

我国的政策性银行主要承担那些社会效益好，而经济效益不高，不能承受正常贷款的利息的项目贷款；或是一些资金投入，还款周期长、商业银行不愿或不能承担的贷款。其资金来源主要包括财政拨给的资本金，向社会发行的国家担保债券，向金融机构发行的金融债券，从原专业银行划出的政策性贷款所占用的人民银行贷款等。

1. 国家开发银行（简称“国开行”）

国家开发银行成立于 1994 年 3 月，直属国务院领导。国开行成立以来认真贯彻国家宏观经济政策，发挥宏观调控职能，支持经济发展和经济结构战略性调整，在关系国家经济发展命脉的基础设施、基础产业和支柱产业重大项目及配套工程建设中，发挥长期融资领域主力银行的作用。国开行大力支持国家重点项目建设，贷款主要集中在电力、公路、铁路、石油、石化、煤炭、邮电通讯和公共基础设施等重点行业。支持南水北调、国家石油储备、辽宁棚户区改造等一大批经济社会重点热点项目建设。积极支持区域协调发展，增加对西部和东北老工业地区的贷款支持力度。国开行还通过对农业、中小企业、教育和环境保护等领域的投入，加大对社会瓶颈领域发展的支持，与世界银行和德国复兴信贷银行合作的首笔商业可持续微小企业贷款也已经完成发放。在国际合作业务中，通过建立融资新机制，支持“一带一路”的项目融资。国开行的经营业绩得到国际审计机构和评级机构的认可。

2. 中国农业发展银行（简称“农发行”）

根据国务院 1994 年 4 月 19 日发出的《关于组建中国农业发展银行的通知》成立的国有农业政策性银行——中国农业发展银行，直属国务院领导。主要任务是按照国家的法律、法规和方针、政策，以国家信用为基础，筹集农业政策性信贷资金，承担国家规定的农业政策性金融业务，代理财政性支农资金的拨付，为农业和农村经济发展服务。农发行实行独立核算，自主、保本经营、企业化管理，实行总分行制，系统内实行垂直领导的管理体制，各分支机构在总行授权范围内依法开展业务经营活动。

3. 中国进出口银行

成立于 1994 年的中国进出口银行是直属国务院领导的，政府全资拥有的国家政策性银行。中国进出口银行是我国外经贸支持体系的重要力量和金融体系的重要组成部分，是我国机电产品、成套设备和高新技术产品出口和对外承包工程及各类境外投资的政策性融资主渠道、外国政府贷款的主要转贷行和中国政府授外优惠贷款的承贷行，为促进我国开放型经济的发展发挥着越来越重要的作用。

4. 金融资产管理公司

我国于2000年11月1日公布实施《金融资产管理公司条例》，条例中明确经国务院决定设立的收购国有银行不良贷款、管理和处置因收购国有银行不良贷款形成的资产的国有独资非银行金融机构，并非完全意义上的公司，而是负有特殊历史使命，具有浓厚政策性的金融机构。经营目标是“最大限度保全资产，减少损失”，不以营利为目的。资产管理公司同时肩负着推动国有企业改革的使命，即运用债权转股权、资产证券化、资产置换、转让和销售等市场化债权重组手段，实现对负债企业的重组、推动国有大中型企业优化资本结构，转变经营机制，最终建立现代制度。

经过几年的努力四家政策性金融资产管理公司基本完成了历史使命，先后实现了商业化转型。

5. 中国进出口信用保险公司（简称“中国信保”）

出口信用保险是国家为了推动本国的出口贸易，保障出口企业的收汇安全而制定的一项由国家财政提供保险准备金和非营利性的政策性保险业务。中国信保是我国唯一的政策性出口信用保险公司。其主要任务是：积极配合国家外交、外贸、产业、财政、金融等政策，通过政策性出口信用保险手段，支持货物、技术的服务等出口，特别是高科技附加值大的机电产品等资本性货物出口，支持中国企业向海外投资，为企业开拓海外市场提供收汇风险保障，并在出口融资、信息咨询、应收账款管理等方面为外经贸企业提供快捷、完善的服务。为了分担我国出口企业从而对外贸易的风险，开拓国际市场，在贸易领域中更具竞争力。中国信保承保国家风险和买方风险。

第二节　投资类金融机构

一、投资类金融机构的定义

投资类金融机构是以提供投资服务为主的金融中介机构，主要服务于资本市场包括证券公司、投资基金管理公司、证券交易所等类型的机构。投资类金融中介机构作为直接融资中介人，资金流动的渠道更加多样化，通过各种证券、票据等债权、产权凭证，将资金供需双方直接联系起来，对资金的有效配置和货币的高效运转起到重要的引导作用；作为间接融资的中介，可以从事信托投资等业务。

投资类金融中介机构业务运作具有技术性强、风险较大并且有良好的经济信用关系等特征。在开展业务的过程中必须遵循“三公”的原则，即公开、公平和公正。

二、投资类金融机构的作用

（1）促进证券投资活动的顺利进行。以证券公司为例，它的业务基本围绕着证券投资的各环节来开展的。首先是与证券发行以及经营相关的证券承销、证券经纪和自营业务等；

其次还为投资者提供各种投资业务服务，包括基金管理、资产证券化，以及风险投资等；最后是提供各种与投资活动密切相关的重组、兼并、收购和理财等服务。

（2）降低交易成本。一方面，投资类金融中介机构可以通过专业化的服务和规模经营，有效降低融资双方的融资成本；另一方面，投资类金融中介机构通过各自开展的业务，形成稳定、有效的市场价格，有助于降低交易成本。

（3）提供规避风险工具。通过提供灵活多样的融资工具与方式进行有效的投资组合，达到降低风险的目的。

三、证券公司

1. 证券公司的概念

证券公司是由政府主管机关依法批准设立的证券市场上经营证券业务的金融机构，是现代金融中介适应金融和经济发展的需要而形成的，是发达证券市场和成熟金融体系的重要主体。

2. 证券公司的作用

证券公司作用的核心是：作为资金需求和资金供应者相互结合的中介，以最低成本实现资金所有权与经营权的分离。

（1）资金的中介。证券公司通过发行证券，把资金供需双方联系起来。在这里，证券公司的信誉对交易的达成起着重要的作用。

（2）资金的运作。首先，证券公司通过对项目融资的收益和风险的确定与评级，引导社会资金的流向，促进了社会资金的有效配置。其次，证券公司掌握的大部分基金进行股票、债券等金融资产的投资，成为稳定市场供求关系的重要力量，显著降低市场运行的风险。最后，证券公司通过参与并购与产权交易，影响企业组织乃至产业结构的调整。

3. 证券公司的业务

（1）证券承销。证券承销是证券公司最本源、最基础的业务活动。通常的承销方式有四种：第一种是包销；第二种是投标承销；第三种是代销；第四种是赞助推销。

（2）证券经纪交易。证券经纪交易是证券公司在二级市场代理客户买卖有价证券的行为。具体可分为：做市商有义务创造活跃的二级市场、维护市场稳定；经纪商按客户要求价代理买卖；交易商受托管理大量资产，需要自营买卖证券。

（3）证券私募发行。私募发行是面向特定投资人进行的，不受公开发行规章限制，有可能给证券公司和投资人带来较高收益，但其流动性差。

（4）兼并与收购。证券公司通过寻找兼并与收购对象，向猎手公司和猎物公司提供有关买卖价格或非价格条款的咨询，帮助安排融资等方式参与企业收购活动。

（5）项目融资。证券公司在项目融资中的主要工作是：项目评估、融资方案设计、有关法律文件的起草、有关的信用评级等。

除上述业务外，证券公司还从事公司理财、基金管理、投资咨询、资产证券化、金融创新、风险投资等业务。

四、投资基金管理公司

（一）投资基金的概念

投资基金是通过专门的投资管理机构，把具有相同投资目标的众多投资者资金集中起来，根据证券组合投资原理将基金分数投资于各种有价证券和其他金融工具，投资者按出资比例分享收益和承担风险。

（二）投资基金的分类

1. 按投资基金的组织形态分类，可分为公司型和契约型

公司型投资基金是依据公司法组成以营利为目的，投资于有价证券的股份投资公司，一般投资者购买公司股份后就成为公司股东。

契约型投资基金是通过订立信托契约，发行受益凭证将资金筹集起来，交由管理人根据信托契约进行投资。

2. 按投资基金能否赎回分类，可分为开放式和封闭式

开放式基金，是指资金总额或股份总额，根据需要可以随时发行新份额或赎回的投资基金。

封闭式基金，是指基金资本总额及发行份数在发行之前就已确定下来。在发行完毕和规定期限内，基金资本总额及发行份数都得保持不变。投资者可以在证券市场上买卖。

（三）投资基金的运作和管理

1. 投资基金的募集活动

投资基金的发行是指基金管理公司或投资机构在申请经主管机构批准之后将基金证券或受益凭证向社会公众推销出去的经济活动。发行对象包括自然人和法人。基金发行有公募和私募之分。

2. 基金资产的管理活动

基金资产的运用是投资基金管理中的重要内容，一般有严格的限制。首先，基金的投资范围一般在招募说明书、信托契约或保管协议中都清楚写明。其次，投资基金为分散投资风险，均实行投资组合管理。最后，投资基金有明确的交易限制，如禁止与关系人交易，禁止自我交易、禁止内幕交易等。

五、证券交易所

（一）证券交易所的概述

证券交易所是依法设立，不以营利为目的，证券集中和有组织交易的场所，是证券流通市场的核心。证券交易所本身不从事证券买卖业务，只为证券交易提供场所和各项服务，并履行对证券交易的监管职能。

证券交易所的组织形式有会员制和公司制。会员制是证券交易所的传统形式，它只为会员提供交易服务，会员按“一个会员一票”集体决策，交易佣金和上市费用较低。公司制证券交易所以营利为目的，提供交易场所和服务人员，以便利证券商的交易与交割，并允许非会员成为客户。

（二）证券交易所的功能

（1）筹集资金功能。这是证券交易所的重要功能之一，企业通过上市可迅速汇集大量、

长期可供使用的资本。

(2) 形成公开竞价功能。交易所内的交易价格是由买卖双方竞争确定的，降低了人为操纵市场的可能。

(3) 提供有效经济信息功能，交易所定期公布各家上市公司的财务报表，揭示重大事件，为投资行为提供参考；证券价格与交易量的变动也反映了宏观经济形势的变化。

(4) 配置资源功能。投资者为了实现利润最大化的目标，必将把资金投向效率最高的部门或行业，从而保证了这些部门或行业的持续、快速发展，效率差的部门最后将遭受自然淘汰。

六、其他投资类金融机构

(一) 按揭证券公司

按揭证券公司是专门从事购买商业银行房地产按揭贷款，并通过发行按揭证券募集资金的中介机构。我国尚无此类机构。

(二) 投资咨询公司

投资咨询公司又称投资顾问。主要向顾客提供参考性的证券市场统计分析资料，对证券买卖提出建议，代拟某种形式的证券投资研究分析，向客户提供分析报告和操作建议，帮助客户建立投资策略，确定投资方向。

(三) 证券结算公司

证券结算公司是专门为证券与证券交易办理存管、资金结算交收和证券过户业务的中介服务机构。

第三节　保险和保障类金融机构

一、保险与保障类金融中介机构概述

现代社会是风险社会。各经济主体在生产、生活中会遇到各种市场风险、经营风险和意外风险。经过几百年的探索，人类社会逐步建立了保险和保障类金融机构，以实现有效管理各类风险，确保生产和生活的顺利进行。

保险公司和社会保障机构，一方面集中投保人特定范围的风险，为投保人提供风险损失补偿。另一方面对保险基金进行运作，促进储蓄资金向投资的转化，发挥了金融中介功能，具有了金融中介机构的属性。

二、保险公司存在的基础

保险公司是拥有专业化风险管理技术的机构组织，具体表现在：(1) 具有独特的风险管理技术，通过掌握出险概率来确定分摊补偿方法和赔付计划；(2) 符合大数法则，少数人的风险损失由具有同种风险的大群人共同分担；(3) 通过对保险基金的投资运作保险公司有利可图。基于以上特性使得保险得以存在和发展，并在社会经济生活中发挥重要功能。

1. 保险公司的社会功能

一是在被保险人发生保险事故时，按照保险合同规定给予一定的经济补偿，体现了少数人的损失由多数人分担的社会保障功能。二是为被保险人提供了精神上的支撑作用，保证了生产、生活的正常进行。三是强化了人们的风险意识，引导人们更多关注风险、积极防范风险。

2. 保险公司在经济运行中的功能

（1）积聚风险、分散风险、降低个体损失。

（2）融通长期资金、促进资本形成、重新配置资源。

（3）提供经济保障、稳定社会生活。

三、保险公司的基本业务运作

（1）筹集资本金。保险公司根据各国保险管理机构的要求。在申请营业时必须拥有一定的实缴货币资本。

（2）出售保单，收取保费。

（3）给付赔偿款。

（4）运作保险资金。

四、社会保障机构

1. 社会保险和社会保障基金

社会保险是政府利用制度手段，聚集和动员社会资金，在职工因退休、生病、失业或遭遇其他不测而减少或丧失经济来源的情况下，所给予的、满足其基本生活需要的经济援助，包括养老保险金、医疗保险、失业保险、工伤保险等，在我国还包括住房公积金制度，共同构成社会保障体系的核心。

社会保险基金是由国家强制征缴的单位、职工个人所缴纳的费用和由政府补充部分在未作开支前形成的社会保险基金，以及用于社会救济、社会福利、优抚安置等方面的专项资金组成。

2. 全国社保基金的来源与运用

主要由四部分构成：（1）国有股减持划入的资金和股权资产；（2）中央财政拨入资金；（3）经国务院批准以其他方式筹集的资金；（4）投资收益。

全国社保基金的投资运作方式可以由理事会直接运作或理事会委托投资管理人运作相结合，因此全国社保基金理事会具有了金融中介机构的属性。

五、信息咨询服务类金融中介机构

信息咨询服务类中介机构是专门为金融活动提供咨询、经纪、代理和资信评估等服务的机构，其业务经营是投融资活动中不可缺少的环节。

信息咨询服务类金融中介机构主要有三种：一是与直接融资活动和保障类业务活动密切相关机构，如投资咨询公司、经纪公司等；二是专门从事信用评估和债券等级评定的机构，如资信评估公司等；三是专门从事企业财务信息服务和资格认证的机构，如会计师事务所、律师事务所等。

☞练习题

一、填空题

1. 非银行金融机构主要有________、________、________三大类。
2. 政策性银行的资金来源主要是________、________、________等。
3. 我国的政策性银行有________、________、________。
4. 投资基金按其组织形式分类，可以分为________型、________型。
5. 投资基金按其能否赎回划分，可以分为________型、________型。
6. 投资基金的募集按有无特定购买对象，可以分为________、________。
7. 证券交易所按其组织形式划分，有________制和________制。

二、单项选择题

1. 下列金融机构中，属于非银行金融机构的是（　　）。
A. 中国工商银行　　B. 中国建设银行
C. 中国农业银行　　D. 中国农业发展银行
2. 下面不属于政策性银行负债业务的是（　　）。
A. 储蓄存款　　B. 财政拨款
C. 央行借款　　D. 发行金融债券
3. 证券的发行和承销主要由（　　）银行承担。
A. 中央　　B. 商业
C. 政策性　　D. 投资
4. 开放型基金的特点之一是（　　）。
A. 基金总额固定　　B. 可以赎回
C. 不可赎回　　D. 只能在二级市场交易
5. 在保险业务中，投保人不能获得的便利是（　　）。
A. 经济补偿　　B. 精神安慰
C. 超额利润　　D. 医疗支出

三、多项选择题

1. 在非银行金融机构中，不能吸收存款和发放贷款的是（　　）。
A. 政策性银行　　B. 证券公司
C. 基金公司　　D. 保险公司
E. 信用社
2. 封闭型基金的特点是（　　）。
A. 基金总额固定　　B. 基金总额不固定
C. 可赎回　　D. 不可赎回
E. 可以在二级市场交易

3. 进出口银行的买方信贷从根本上说不是满足以下机构的资金需求（　　）。

A. 进口商　　B. 出口商

C. 进口商的开户银行　　D. 出口商的开户银行

E. 进口商政府

4. 证券公司的主要业务有（　　）。

A. 证券承销　　B. 证券经纪交易

C. 证券私募发行　　D. 兼并与收购

E. 项目融资

5. 社会保险的种类有（　　）。

A. 养老保险　　B. 医疗保险

C. 失业保险　　D. 财产保险

E. 人寿保险

四、名词解释

1. 政策性金融机构　2. 证券交易所　3. 公司型基金　4. 契约型基金　5. 开放型基金　6. 封闭型基金　7. 资信评级公司

五、简答题

1. 简述政策性金融机构的主要特征。
2. 我国从 1999 年开始先后成立了哪几家资产管理公司？其主要任务是什么？
3. 我国三家政策性银行的主要业务范围有哪些？
4. 简述投资性金融机构的作用。
5. 简述证券交易所的功能。

六、论述题

1. 试述政策性金融机构的特殊功能。
2. 试述保险公司的功能。

七、深度思考题

根据经济金融形势的发展，你认为我国的非银行金融机构还有哪些地方需要改革与完善？

☞参考答案

填空题

1. 政策性银行　投资类金融机构　保险保障类金融机构
2. 政府拨款　借入资金发债筹资
3. 中国国家开发银行　中国农业发展银行　中国进出口银行

4. 公司　契约
5. 开放　封闭
6. 公募　私募
7. 公司制　会员

二、单项选择题

1. D　2. A　3. D　4. B　5. C

三、多项选择题

1. ABCD　2. ADE　3. BCDE　4. ABCDE　5. ABC

四、名词解释

1. 政策性金融机构。政策性金融机构是指那些由政府出资参股或保证成立，为贯彻和配合国家经济政策在特定领域内从事金融业务，不以营利为目的的金融机构。

2. 证券交易所。证券交易所是依法设立，证券集中和有组织交易的场所，是证券流通市场的核心。

3. 公司型基金。公司型投资基金是依据公司法组成以营利为目的、投资于有价证券的股份投资公司。

4. 契约型基金。契约型投资基金是通过订立信托契约，发行受益凭证将资金筹集起来，交由管理人根据信托契约进行投资的公司。

5. 开放型基金。开放式基金是指资金总额或股份总额，根据需要可以随时发行新份额或赎回的投资基金。

6. 封闭型基金。封闭式基金是指基金资本总额及发行份数在发行之前就已确定下来，在发行完毕和规定期限内，基金资本总额及发行份数都得保持不变，且不能赎回的基金。

7. 资信评级公司。资信评级公司通过定性与定量分析、历史考察、现状分析与长期展望相结合，对受评对象的个体状况和企业所处的发展地位进行综合考虑，划出信用风险等级的公司。

五、简答题

1. 简述政策性金融机构的主要特征。

（1）经营目标是为了实现政府的政策目标，不以营利为目标。

（2）政策性金融机构由政府创立、参股或保证。

（3）政策性金融结构有特定的资金来源渠道。①政府预算拨款提供全部或部分资本金；②借入资金；③发行债券。

2. 我国从 1999 年开始先后成立了哪几家资产管理公司？其主要任务是什么？

1999 年以来，我国先后成立了中国华融、中国长城、中国信达和中国东方四家金融资产管理公司。

其任务是收购和处置国有银行的不良资产，推动国有银行和国有企业改革，运用债权转股权、资产证券化、资产置换、转让和销售等市场化债权重组手段，实现对负债企业的重组、推动国有大中型企业优化资本结构，转变经营机制，最终建立现代商业银行制度和现代企业制度。

3. 我国三家政策性银行的主要业务范围有哪些？

（1）中国国家开发银行。国家开发银行成立于1994年3月，直属国务院领导。业务范围主要是：

支持国家重点项目建设，贷款主要集中在电力、公路、铁路、石油、石化、煤炭、邮电通讯和公共基础设施等重点行业。积极支持区域协调发展，增加对西部和东北老工业地区的贷款支持力度。通过对农业、中小企业、教育和环境保护等领域的投入，加大对社会瓶颈领域发展的支持。参与国际金融业务合作。

（2）中国农业发展银行。中国农业发展银行1994年4月。业务范围主要是：按照国家的法律、法规和方针、政策，以国家信用为基础，筹集农业政策性信贷资金，承担国家规定的农业政策性金融业务，代理财政性支农资金的拨付，为农业和农村经济发展服务。

（3）中国进出口银行。中国进出口银行成立于1994年。业务范围主要是：支持我国机电产品，成套设备和高新技术产品出口和对外承包工程及各类境外投资的政策性融资、外国政府贷款的转贷和中国政府授外优惠贷款的承贷。

4. 简述投资性金融机构的作用。

（1）促进证券投资活动的顺利进行。投资性金融机构的任务首先是与证券发行以及证券承销、证券经纪和自营业务等；其次还为投资者提供各种投资业务服务，包括基金管理、资产证券化，以及风险投资等；再次是提供各种与投资活动密切相关的重组、兼并、收购和理财等服务。这样，证券的发行、流通才得以顺畅完成，各项证券投资活动才能成功实现。

（2）降低交易成本。投资类金融中介机构在提供投资的过程中，可以有效地降低投资人的交易成本。一方面，投资类金融中介机构可以通过专业化的服务和规模经营，有效降低融资双方的融资成本，或有效降低投资单位成本；另一方面，投资类金融中介机构通过各自开展的业务，促进金融市场的活跃，易于形成稳定、有效的市场价格，有助于降低交易成本。

（3）提供规避风险工具。这是投资类金融中介的一项重要作用，它们通过提供灵活多样的融资工具与方式进行有效的投资组合，达到降低风险的目的。另外，这些机构创新的衍生工具多数具有转移风险、控制风险的功能，为投资人规避风险创造了适宜的投资工具。

5. 简述证券交易所的功能。

（1）筹集资金功能。这是证券交易所的重要功能之一，企业通过上市可迅速汇集大量、长期可供使用的资本。

（2）形成公开竞价功能。交易所内的交易价格是由买卖双方竞争确定的，降低了人为操纵市场的可能。

（3）提供有效经济信息功能，交易所定期公布各家上市公司的财务报表，揭示重大事件，为投资行为提供参考；证券价格与交易量的变动也反映了宏观经济形势的变化。

（4）配置资源功能。投资者为了实现利润最大化的目标，必将把资金投向效率最高的部门或行业，从而保证了这些部门或行业的持续、快速发展，效率差的部门最后将遭受自然淘汰。

六、论述题

1. 试述政策性金融机构的特殊功能。

（1）引导性职能。政策性金融是直接体现政策意图，并由财政负责贴息的金融业务活动。政府通过控制政策性金融的资金投向，即对某些领域、某些部门提供贷款，表明政策对这些产业的支持以及对这些领域在资金上的倾斜，同时更重要的是反映了国民经济发展的目标和侧重点。

（2）选择性职能。政策性金融机构是有选择地进行融资活动，其依据是国家的产业政策、国民经济均衡发展的要求。因而，政策性金融机构所选择的融资项目都是国家的重点产业、需要扶持的产业和项目等，以便使产业结构合理。

（3）补充性职能。政策性金融机构的金融活动，补充完善了金融机构的金融职能，表现在对商业性金融机构不愿融资的，技术、市场风险较高的领域进行倡导性投资，对投放回收期过长、收益率低的项目进行融资补充等；还表现在以间接的融资活动或提供担保来引导商业性金融机构的资金流向，并针对商业性金融机构主要以提供短期资金融通而产生的长期资金融通不足这一缺陷予以补充。

（4）服务性职能，是指政策性金融机构为企业和政策提供的金融与非金融服务。政策性金融机构的专业性较强，在某一领域积累了丰富的经验和专业技能，并聚集了一批精通业务的专业人才，可以为企业提供各方面的金融与非金融服务，如分析财务结构、诊断经济情况、提供经济信息等等；可以成为政府在某方面的顾问，参与有关规划的制定，甚至代表政策组织实施。

2. 试述保险公司的功能。

（1）保险公司的社会功能。保险公司在承保风险的过程中，有着独特的社会功能：一是在被保险人发生保险事故时，按照保险合同规定给予一定的经济补偿，体现了少数人的损失由多数人分担的社会保障功能。二是为被保险人提供了精神上的支撑作用，免去其对风险发生后损失的担忧，保证了生产、生活的正常进行。三是强化了人们的风险意识，引导人们更多关注风险、积极防范风险。

（2）保险公司在经济运行中的功能。

①积聚风险、分散风险、降低个体损失。保险公司作为风险的管理者，将众多个体的风险集中，然后运用特有的风险管理技术将其分散和转移，并通过签约对在约定范围出险的投保人进行一定的经济补偿。

②融通长期资金、促进资本形成、重新配置资源。保险公司通过在资本市场上运作保险基金，为金融市场提供大量资金来源，为资本市场的繁荣做出贡献。

③提供经济保障、稳定社会生活。保险公司为投保的个人、家庭和企事业单位提供了预期的生产和生活保险，保障其健康、有序地发展。

第九章

中央银行

☞学习目的和要求

通过本章的学习，了解中央银行的产生与发展、中央银行制度的类型、机构设置，熟练掌握中央银行的性质、职能，了解中央银行的业务，理解和掌握中央银行业务活动的原则。

☞要点提示

第一节　中央银行概述

一、中央银行的产生与发展

（一）中央银行产生的客观原因

（1）银行券的发行问题。

（2）票据交换和清算问题。

（3）最后贷款人问题。

（4）金融监管问题。

（二）中央银行的历史演进

中央银行的建立主要是通过两条途径：一是从众多的商业银行中逐渐分离出一家银行，专门执行中央银行职能，其典型代表是英格兰银行；二是由政府出面组建中央银行，其典型代表是美国中央银行。

中央银行的发展，第一阶段是从 19 世纪中叶到第一次世界大战爆发前，是初创时期。第二个阶段是从第一次世界大战结束到第二次世界大战结束，是扩展时期。第三个阶段是第二次世界大战以后，是强化时期。第二次世界大战后，各国政府不断强化和完善中央银行制度。其主要表现是：

（1）实行中央银行的国有化。

（2）加强国家对中央银行的控制。

（3）中央银行调控宏观经济的职责得到强化。

二、我国中央银行的产生与发展

新中国的中央银行是中国人民银行，它是在革命根据地银行的基础上于1948年12月1日正式成立的。中华人民共和国建立后，一直到1978年末，长期内实行的是“大一统”的银行体制，全国基本上只有中国人民银行一家，它既行使中央银行的职能，又办理普通银行业务，一身二任。

1979—1983年，中国人民银行仍然一身二任。

1984年1月1日起，中国人民银行正式专门行使中央银行职能。至此，新中国真正意义上的中央银行制度得以确立。

1995年3月18日，第八届全国人民代表大会第三次会议通过了《中华人民共和国中国人民银行法》，为把中国人民银行建成真正的、规范的中央银行提供了有力的法律保障。此后，我国中央银行制度逐步走向完善。

三、中央银行制度的类型

（一）单一的中央银行制度

单一的中央银行制度是指一国单独建立中央银行机构，由它执行中央银行的全部职能，并领导全国金融事业的制度。单一的中央银行制度又有两种情况：

（1）一元式中央银行制度。这种体制是在一个国家内只设立一家中央银行，其机构设置一般采取总分行制。世界上大多数国家实行这种中央银行制度，我国也实行这种制度。

（2）二元式中央银行制度。这种体制是指在全国设立中央一级的中央银行机构和相对独立的地方一级的中央银行机构，按规定分别行使权力，中央级与地方级的机构共同构成一个体系的中央银行制度。采取二元式中央银行制度的国家主要是一些联邦制国家，如美国、德国等。

（二）复合式中央银行制度

复合式中央银行制度是指一个国家没有专司中央银行职能的银行，而是由一家大银行集中央银行职能和商业银行职能于一身的银行体制。这种体制主要存在于实行计划经济体制的国家。

（三）跨国的中央银行制度

跨国的中央银行制度是指由参加某一货币联盟的所有成员国联合设立的中央银行制度。跨国中央银行的主要职能是：发行货币，为成员国政府服务，执行共同的货币政策以及有关成员国政府一致决定的事项。其最大的特点是：跨国行使中央银行的职能。欧洲中央银行是一个典型的跨国中央银行。

（四）准中央银行制度

准中央银行制度也称类似中央银行制度，它是指某些国家或地区只设置类似中央银行的货币管理机构或授权商业银行行使部分中央银行职能的制度。实行准中央银行制度的国家和地区有新加坡、中国香港、斐济等。

四、中央银行的机构设置

（一）中央银行最高权力机构的设置

（1）决策权、执行权、监督权合一型。

（2）决策权、执行权、监督权分开型。

（二）中央银行总行内部职能机构设置

大致分为：行政办公机构，业务机构，金融管理机构，经济金融调研机构。

（三）中央银行分支机构的设置

（1）按经济区域设置分支机构。

（2）按行政区划设置分支机构。

（3）注意经济区域的同时，兼顾行政区划。

第二节 中央银行的性质和职能

一、中央银行的性质

中央银行是代表国家制定和执行货币金融政策、管理金融的国家机关，是特殊的金融机构。或者说，它是具有银行特征的国家机关。

二、中央银行的职能

（一）发行的银行

所谓发行的银行，是指中央银行垄断了银行券（货币）的发行权，成为全国唯一的现钞发行机构。

货币的发行是中央银行重要的资金来源，为中央银行调节货币流通、干预经济提供了资金力量。同时，中央银行作为发行银行，必须承担保持货币流通顺畅、稳定货币的责任。

（二）银行的银行

所谓银行的银行，是指中央银行只同商业银行和其他金融机构发生业务往来关系，而不与工商企业和个人发生直接的信用关系。这一职能具体表现在三个方面：

（1）集中存款准备。通常是由法律规定，商业银行及有关金融机构必须向中央银行交存一部分存款准备金。目的在于：一方面保证存款机构的清偿能力，以备客户提现，从而保障存款人的资金安全以及银行等金融机构本身的安全；另一方面是有利于中央银行调节货币信用，控制货币供应量。

（2）组织全国的清算。各商业银行及金融机构相互之间应收应付的票据，通过中央银行组织的票据交换所进行交换。票据交换后的差额通过在中央银行的账户进行最后清算。

（3）最后贷款人。当商业银行资金周转不灵时，可以向中央银行融通资金，所以，中央银行成为全国银行业的最后贷款者。商业银行从中央银行融通资金的方式主要有：将其持有的票据、国库券向中央银行办理再贴现；以其持有的票据或有价证券作为担保品向中央银行办理再抵押；回购协议；直接取得信用贷款。

（三）国家的银行

所谓国家的银行，亦称政府的银行，是指中央银行代表国家制定和执行货币金融政策，代理国库收支以及为国家提供各种金融服务。作为政府的金融代理人，办理政府在金融方面的事务。这一职能的具体表现是：

代理国库，代理发行国家债券，对国家给予信贷支持，代国家持有、管理和经营黄金和外汇储备，制定和实施货币政策，代表政府管理和监督全国的金融活动，是政府国际金融活动的代表，充当政府金融政策的顾问和参谋。

第三节　中央银行的业务

一、中央银行的资产负债表

二、中央银行的负债业务

中央银行的负债业务是指其形成资金来源的业务。中央银行负债业务主要包括货币发行、代理国库、集中存款准备金等内容。

（一）货币发行业务

这是中央银行最重要的负债业务。每张投入市场的纸币（又称通货）都是中央银行对持有者的负债或者说是持有者对中央银行的债权。

（二）代理国库

在执行这一职能的过程中，中央银行可以吸收大量的财政金库存款。

（三）集中存款准备金

存款准备金可分为两部分，一部分是法定存款准备金，另一部分是超额准备金。

（四）自有资本

除上述主要负债业务外，中央银行还有一些其他负债业务，如对国际金融机构负债、国内其他金融机构往来、外国中央银行或外国政府存款、邮政储蓄存款、发行中央银行债券以及一些应付未付款项等。

三、中央银行的资产业务

中央银行的资产业务是指其资金运用的业务。中央银行资产业务主要包括再贴现和贷款业务、有价证券买卖业务、黄金外汇储备业务等内容。

（一）再贴现和贷款

这是指中央银行对商业银行及其他金融机构进行融资的业务。

（二）有价证券买卖业务

中央银行买卖有价证券是为了调节货币流通和资金供求，进而影响整个国民经济。

（三）黄金、外汇储备

除上述三项主要资产业务外，中央银行还有其他一些资产业务，如国际金融机构资产、固定资产、应收未收款项、特种贷款等。

四、中央银行的中间业务

中央银行的中间业务，主要是指中央银行为商业银行和其他金融机构办理资金的划拨清算和资金转移。中央银行清算业务具体包括同城票据清算和异地资金汇兑。

五、中央银行业务活动的原则

中央银行的业务活动不同于一般的商业银行，具有较大的特殊性，必须遵循一定的原则。

（1）不以营利为目的；

（2）经营对象限于金融机构和政府；

（3）资产应具有最大的流动性；

（4）定期公布业务状况；

（5）分支机构设置要适当；

（6）业务活动的相对独立性。

☞知识拓展

中国人民银行货币政策委员会2019年第二季度（总第85次）例会于6月25日在北京召开。

会议分析了国内外经济金融形势。会议认为，当前我国经济呈现健康发展，经济增长保持韧性，增长动力加快转换。人民币汇率总体稳定，应对外部冲击的能力增强。稳健的货币政策体现了逆周期调节的要求，宏观杠杆率高速增长势头得到初步遏制，金融风险防控稳妥、果断推进，金融服务实体经济的质量和效率逐步提升。国内经济金融领域的结构调整出现积极变化，但仍存在一些深层次问题和突出矛盾，国际经济金融形势错综复杂，外部不确定不稳定因素增多。

会议指出，要继续密切关注国际国内经济金融形势的深刻变化，增强忧患意识，保持战略定力，创新和完善宏观调控，适时适度实施逆周期调节，加强宏观政策协调。稳健的货币政策要松紧适度，把好货币供给总闸门，不搞“大水漫灌”，保持广义货币M2和社会融资规模增速与国内生产总值名义增速相匹配。继续深化金融体制改革，健全货币政策和宏观审慎政策双支柱调控框架，进一步疏通货币政策传导渠道。按照深化金融供给侧结构性改革的要求，优化融资结构和信贷结构，加大对高质量发展的支持力度，提升金融体系与供给体系和需求体系的适配性。改进小微企业和“三农”金融服务，努力做到金融对民营企业的支持与民营企业对经济社会发展的贡献相适应，推动供给体系、需求体系和金融体系形成相互支持的三角框架，促进国民经济整体良性循环。进一步扩大金融高水平双向开放，提高开放条件下经济金融管理能力和防控风险能力，提高参与国际金融治理能力。

会议强调，要以习近平新时代中国特色社会主义思想为指导，认真贯彻落实党的十九大、中央经济工作会议和政府工作报告精神，继续按照党中央、国务院的决策部署，坚持稳中求进工作总基调，着力激发微观主体活力，进一步稳就业、稳金融、稳外贸、稳外资、稳投资、稳预期。综合运用多种货币政策工具，保持流动性合理充裕。深化利率市场化改革，保持人民币汇率在合理均衡水平上的基本稳定，促进经济平稳健康发展。打好防范化解金融风险攻坚战，在推动高质量发展中防范化解风险，把握好处置风险的力度和节奏，稳定市场预期，守住不发生系统性金融风险的底线。

你能深刻领会货币政策委员会会议的内容吗？

☞**练习题**

一、填空题

1. 我国的中央银行是________，成立于________年。

2. 中央银行的制度形式划分为四种类型，分别是________制度、________制度、制度和________制度。

3. 新中国建立以来制定的第一部金融大法是________。

4. 中央银行的职能是________、________ 和 ________。

5. 中国香港地区的中央银行制度类型是________。

6. 中央银行向财政提供资金支持的方式是________和________。

7. 中央银行的业务包括________、________和________。

8. 商业银行缴存中央银行的存款准备金包括________和________两部分。

9. 中央银行的负债业务包括________、________、________和________。

10. 中央银行的资产业务主要包括________、________和________等。

11. 中央银行作为银行的银行，这一职能表现在________、________和________。

12. 单一的中央银行制度包括________和________。

13. 中央银行最高权力机构的设置类型包括________和________。

14. 中央银行机构设置包括________、________和________。

二、单项选择题

1. 中央银行的产生（　　）商业银行。

A. 早于　　B. 晚于

C. 同时　　D. 无法比较

2. 最早全面发挥中央银行职能的是（　　）。

A. 瑞典银行　　B. 中国银行

C. 英格兰银行　　D. 法兰西银行

3. 中央银行最重要的负债业务是（　　）。

A. 货币发行　　B. 代理国库

C. 集中存款准备金　　D. 国际金融机构负债

4. 每张投入市场的纸币是每个持有人对中央银行的（　　）。

A. 债权　　B. 债务
C. 负债　　D. 交换关系

5. 下列不属于中央银行业务对象的是（　　）。
A. 城市商业银行　　B. 政府
C. 国有商业银行　　D. 国有大中型企业

6. 中央银行组织全国的清算职能属于中央银行的（　　）。
A. 资产业务　　B. 负债业务
C. 中间业务　　D. 公开市场业务

7. 中央银行是具有银行特征的（　　）。
A. 一般企业　　B. 特殊企业
C. 国家机关　　D. 中介机构

8. 中央银行负债业务不包括（　　）。
A. 发行货币　　B. 代理国库
C. 集中存款准备金　　D. 外汇储备

9. 我国目前实行的中央银行制度属于（　　）。
A. 单一的中央银行制度　　B. 复合的中央银行制度
C. 跨国的中央银行制　　D. 准中央银行制度

10. 垄断货币发行权，是中央银行作为（　　）的职能的体现。
A. 银行的银行　　B. 发行的银行
C. 国家的银行　　D. 监管的银行

11. 拥有垄断的货币发行权是（　　）特有的权利和最基本、最重要的标志。
A. 财政部　　B. 商业银行
C. 中央银行　　D. 投资银行

12. 在中央银行三大职能中，集中保管商业银行的存款准备金是中央银行（　　）职能的具体表现。
A. 银行的银行　　B. 发行的银行
C. 国家的银行　　D. 最后贷款人

13. （　　）属于中央银行作为“国家的银行”职能范畴。
A. 货币发行　　B. 代理国库
C. 清算业务　　D. 最后贷款人

14. 目前世界上多数国家实行的是（　　）。
A. 复合中央银行制　　B. 二元中央银行制
C. 多元中央银行制　　D. 一元中央银行制

三、多项选择题

1. 目前各国的中央银行制度的类型有（　　）。
A. 单一的中央银行制度　　B. 复合式中央银行制度
C. 联合型中央银行制度　　D. 跨国的中央银行制度
E. 准中央银行制度

2. 实行二元式中央银行制度的国家有（　　）。

A. 美国　　B. 德国

C. 瑞士　　D. 新加坡

E. 意大利

3. 下列采取复合式中央银行制度的国家包括（　　）。

A. 瑞士　　B. 日本

C. 美国　　D. 苏联

E. 中国 1983 年以前

4. 中央银行分支机构设置的类型有（　　）。

A. 按经济区域设置　　B. 按地理方位设置

C. 按行政区划设置　　D. 按经济区划同时兼顾行政区划

E. 按各国意愿设置

5. 中央银行的资产业务包括（　　）。

A. 再贴现　　B. 贷款

C. 证券买卖　　D. 黄金、外汇储备

E. 固定资产

6. 中央银行的负债业务包括（　　）。

A. 自有资本　　B. 代理国库

C. 货币发行　　D. 应收未收款项

E. 集中存款准备金

7. 中央银行的存款主要是（　　）。

A. 财政存款　　B. 企业存款

C. 储蓄存款　　D. 金融机构的准备金存款

E. 外汇储备

8. 中央银行清算业务包括（　　）。

A. 再贴现　　B. 同城票据清算

C. 异地资金汇兑　　D. 出售有价证券

E. 代理国库

9. 中国人民银行的职责有（　　）。

A. 制定和执行货币政策　　B. 发行人民币，管理人民币流通

C. 经理国库　　D. 国务院规定的其他职责

E. 作为国家的中央银行，从事有关的国际金融活动

10. 中央银行的货币发行通过（　　）投入市场，从而形成流通中的货币。

A. 再贴现　　B. 再贷款

C. 购买有价证券　　D. 收购黄金外汇

E. 给政府公务员发工资

四、重要概念

1. 中央银行　2. 发行的银行　3. 银行的银行　4. 国家的银行　5. 最后贷款人　6. 单

一的中央银行制度　7. 复合式中央银行制度　8. 跨国的中央银行制度　9. 准中央银行制度　10. 中央银行的资产业务　11. 中央银行的负债业务　12. 中央银行的中间业务

五、简答题

1. 中央银行产生的原因有哪些?
2. 第二次世界大战后，各国政府是如何强化和完善中央银行制度的?
3. 为调节货币流通和资金供求，中央银行怎样操作有价证券买卖?
4. 简述中央银行集中存款准备金的作用。
5. 商业银行从中央银行融资方式有哪些?
6. 简述人民币的流通程序。
7. 中央银行作为银行的银行职能表现在什么地方?

六、论述题

1. 试述中央银行的性质与职能。
2. 中央银行业务活动的原则是什么? 怎样理解?

七、深度思考题

我国中央银行独立性与美联储的独立性有何不同?

☞参考答案

一、填空题

1. 中国人民银行　1948
2. 单一的中央银行　复合式中央银行　跨国的中央银行　准中央银行
3. 《中华人民共和国中国人民银行法》
4. 发行的银行　银行的银行　国家的银行
5. 准中央银行制度
6. 直接贷款或透支　购买国家债券
7. 资产业务　负债业务　中间业务
8. 法定存款准备金　超额准备金
9. 货币发行业务　代理国库　集中存款准备金　自有资本
10. 再贴现和贷款　有价证券买卖　黄金、外汇储备
11. 集中存款准备金　组织全国的清算　最后贷款人
12. 一元式中央银行制度　二元式中央银行制度
13. 决策权、执行权、监督权合一型　决策权、执行权、监督权分开型
14. 最高权力机构设置　总行内部职能机构设置　分支机构的设置

二、单项选择题

1. B　2. C　3. A　4. A　5. D　6. C　7. C　8. D　9. A　10. B　11. C

12. A　　13. B　　14. D

三、多项选择题

1. ABDE　　2. AB　　3. DE　　4. ACD　　5. ABCDE　　6. ABCE　　7. AD　　8. BC
9. ABCDE　　10. ABCD

四、重要概念

1. 中央银行。中央银行是代表国家进行金融调控与管理，具有国家机关性质的特殊金融机构。中央银行是一国的发行的银行、国家的银行、银行的银行，是一国金融体系的核心和领导。

2. 发行的银行。是指中央银行垄断了银行券（货币）的发行权，成为全国唯一的现钞发行机构。

3. 银行的银行。是指中央银行只同商业银行和其他金融机构发生业务往来关系，而不与工商企业和个人发生直接的信用关系。

4. 国家的银行。又称政府的银行，是指中央银行代表国家制定和执行货币金融政策，代理国库收支以及为国家提供各种金融服务。

5. 最后贷款人。是指当商业银行资金周转不灵时，可以向中央银行融通资金。

6. 单一的中央银行制度。是指一国单独建立中央银行机构，由它执行中央银行的全部职能，并领导全国金融事业的制度。包括一元式中央银行制度和二元式中央银行制度两种类型。

7. 复合式中央银行制度。是指一个国家没有专司中央银行职能的银行，而是由一家大银行集中央银行职能和商业银行职能于一身的银行体制。

8. 跨国的中央银行制度。是指由参加某一货币联盟的所有成员国联合设立的中央银行制度。最大的特点是跨国行使中央银行的职能。

9. 准中央银行制度。也称类似中央银行制度，是指某些国家或地区只设置类似中央银行的货币管理机构或授权商业银行行使部分中央银行职能的制度。

10. 中央银行的资产业务。是指其资金运用的业务。中央银行资产业务主要包括再贴现和贷款业务、有价证券买卖业务、黄金外汇储备业务等内容。

11. 中央银行的负债业务。是指其形成资金来源的业务。中央银行负债业务主要包括货币发行、代理国库、集中存款准备金等内容。

12. 中央银行的中间业务。主要是指中央银行为商业银行和其他金融机构办理资金的划拨清算和资金转移。其中清算业务包括同城票据清算和异地资金汇兑。

五、简答题

1. 中央银行产生的原因有哪些?

（1）银行券的发行问题。许多商业银行同时发行不同的银行券，既不利于货币流通与稳定，也不利于商品经济的发展。因而，客观上要求在全国范围内由一家信誉较高的银行来集中发行货币。

（2）票据交换和清算问题。随着银行业务的不断发展，银行间结算的需求使的建立一个全社会统一而有权威的、公正的清算机构成为必然。

（3）最后贷款人问题。商业银行业务扩张，而银行自身抗风险能力有限，银行的倒闭势必带来社会的动荡，因此需要一家银行能为商业银行提供资金支持。

（4）金融监管问题。为了追求利润的最大化，银行间竞争日趋激烈，银行联系着千家万户利益。为防止经济危机，化解风险，需要一个代表政府意志的专门机构专事金融监管。

2. 第二次世界大战后，各国政府是如何强化和完善中央银行制度的？

第一，实行中央银行的国有化。为了使中央银行更好地代表国家管理金融，许多国家把原先私人拥有的中央银行股份收归国有，战后新建国家的央行从一开始就由国家出资建立。

第二，加强国家对中央银行的控制。中央银行最高首脑由政府任命，业务活动不能脱离国家经济发展的总目标。

第三，中央银行调控宏观经济的职责得到强化。各国政府通过制定银行法，授予中央银行调控宏观经济的任务和权力。

3. 为调节货币流通和资金供求，中央银行怎样操作有价证券买卖？

（1）中央银行若想收紧银根，减少市场货币供应量，就出售持有的有价证券，回笼货币。

（2）中央银行若想扩张信贷，增加市场货币供应量，可以买入有价证券，向市场投入货币。

4. 简述中央银行集中存款准备金的作用。

（1）保证存款机构的清偿能力，以备客户提现，从而保障存款人的资金安全以及银行等金融机构本身的安全。

（2）有利于中央银行调节货币信用，控制货币供应量，中央银行有权根据调节货币信用的需要，调整各种不同类型存款准备金上缴比率。

5. 商业银行从中央银行融资方式有哪些？

（1）将其持有的票据、国库券向中央银行办理贴现。

（2）以其持有的票据或有价证券作为担保品向中央银行办理再抵押。

（3）回购协议。

（4）直接取得信用贷款。

6. 简述人民币的流通程序。

（1）人民币进入流通过程：通常当商业银行基层行处现金不足以支付时，可到当地中国人民银行在其存款账户余额内提取现金，于是人民币从发行库转移到商业银行基层行处的业务库，即进入了流通领域。

（2）人民币退出流通过程：当商业银行基层处收入的现金超过其业务库存限额时，超过的部分自动交中国人民银行，该部分人民币进入发行库，即退出了流通领域。

流通程序如图所示：

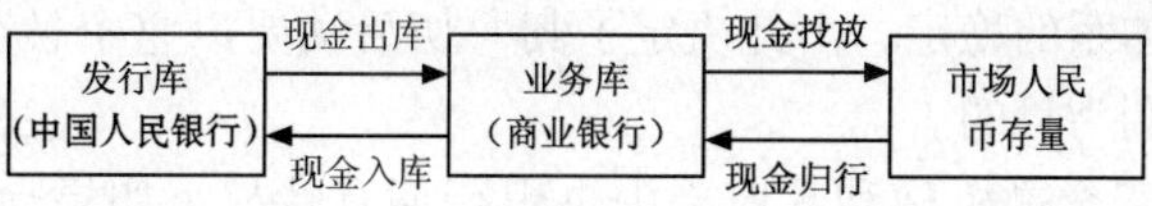

7. 中央银行作为银行的银行职能表现在什么地方？

（1）集中存款准备。法律规定，商业银行及有关金融机构必须向中央银行交存一部分存款准备金。这些既可保证存款机构的清偿能力，又可便于中央银行调节货币信用，控制货币供应量。

(2) 组织全国的清算。各商业银行及金融机构相互之间应收应付的票据，通过中央银行组织的票据交换所进行交换，然后对差额部分进行最后清算。

(3) 最后贷款人。作为最后贷款人，目的是对资金周转发生临时困难的商业银行和其他金融机构给予支持，保护银行免于倒闭，以防止金融危机的发生。

六、论述题

1. 试述中央银行的性质与职能。

中央银行是代表国家制定和执行货币金融政策，管理金融的国家机关，是特殊的金融机构，也可以说中央银行是具有银行特征的国家机关。

首先，中央银行是国家机关。中央银行是全国金融事业的最高管理机构，是政府在金融领域内的代理人，负责制定和组织执行货币金融政策，监督管理全国金融机构和金融市场的活动，履行着国家管理经济的部分职能，因而是政府的组成部分，具有国家机关的性质。

其次，中央银行具有银行的一些特征。中央银行的业务包括办理存款、贷款和结算业务等。中央银行的日常金融管理是通过自身拥有的经济力量，对金融和经济活动进行调节和控制来实现的。

中央银行的性质特征决定了其职能的特殊性，具体职能有：

(1) 发行的银行。发行的银行是指中央银行垄断了银行券的发行权，成为全国唯一的现钞发行机构。目前，世界上几乎所有的国家，钞票都是中央银行发行，我国人民币的纸币和硬币都是由中国人民银行负责发行。对银行券发行的管理，各国都有较为严格的制度。货币的发行是中央银行重要的资金来源，为中央银行调节货币流通、干预经济提供了资金力量。同时，作为发行的银行，中央银行必须保持货币流通顺畅与稳定。

(2) 银行的银行。银行的银行是指中央银行只同商业银行和其他金融机构发生业务往来关系，而不与工商企业和个人发生直接的信用关系。中央银行把普通的金融机构作为自己的客户，为它们提供“存、放、汇”，中央银行在为普通金融机构提供服务的同时，还能对它们的活动施加影响，具体表现在：集中存放款准备金、组织全国的清算和最后贷款人。

(3) 国家的银行。又称政府的银行，是指中央银行代表国家制定和执行货币金融政策，代理国库收支以及为国家提供各种金融服务。作为政府的金融代理人，办理政府在金融方面的事务。具体包括：代理国库，代理发行国家债券，对国家给予信贷支持，代理国家持有、管理和经营黄金和外汇储备，制定和实施货币政策，代表政府管理和监督全国的金融活动以及作为政府国际金融活动的代表参加组织、会议，充当顾问和参谋。

2. 中央银行业务活动的原则是什么？怎样理解？

(1) 不以营利为目的。中央银行的目标是维护币值的稳定，并代表国家来管理、调节金融，保证整个金融体系的稳定，由此决定了其一切活动要以整个社会的利益为主要目标，而不是以其自身的营利为目的。

(2) 经营对象限于金融机构和政府。中央银行拥有特权，如果允许其从事与商业银行相同的业务，势必形成不公平竞争，这样中央银行的超然地位会受损，也不利于其金融监管工作的开展。

（3）资产应具有最大的流动性。中央银行只有使资产保有最大的流动性，才能满足其调节资金供求、稳定金融体系、促进经济增长的需要。因此，中央银行要避免购买期限太长、流动性弱的证券，也应尽量不发放长期贷款，并持有一定数量的黄金、外汇储备。

（4）定期公布业务状况。中央银行必须定期公布自己的业务状况，向社会提供有关的统计资料，这有利于提高中央银行的信誉，增加制定、执行货币政策的透明度，同时也有利于国内外有关方面准确、及时了解政策，调整经营，进而实现央行预定目标。

（5）分支机构协调要适当。由于中央银行职能的特殊性、地位的特殊性，在分支机构设置上，一般总行设于首都或重要经济发达城市，按经济需要设置分支机构，为加强国际交流与合作，也可以在国外设立代表处。

（6）业务活动的相对独立性。中央银行为实现对宏观经济的调整，对金融业的监督管理和维护良好的货币金融环境目标，在业务活动上必须享有相对的独立性，可以不受干预地进行活动。

货币需求与供给篇

第十章 货币需求

☞学习目的和要求

通过本章的学习，了解马克思的货币必要量公式、古典货币数量论；掌握凯恩斯和弗里德曼的货币需求理论的内容，弗里德曼货币需求理论与凯恩斯货币需求理论的区别，弗里德曼货币需求理论的政策含义。

☞要点提示

第一节 货币需求概述

一、货币需求与货币需求理论

1. 货币需求的含义

所谓货币需求，是指在一定时期内，社会各阶层（个人、企业单位、政府）愿以货币形式持有财产的需要，或社会各阶层对执行流通手段、支付手段和价值贮藏手段的货币需求。

2. 货币需求理论的研究内容

货币需求理论是一种关于对货币需求的动机影响因素和数量决定的理论，是货币政策选择的理论出发点。货币需求理论所研究的内容是一国经济发展在客观上需要多少货币量，货币需要量由哪些因素组成，这些因素相互之间有何关系，以及一个经济单位（企业、家庭或个人）在现实的收入水平、利率和商品供求等经济背景下保持多少货币的机会成本最小、收益最大等问题。

二、与货币需求相关的几对概念

1. 微观货币需求与宏观货币需求

从货币需求主体的角度来看，货币需求可分为微观货币需求与宏观货币需求。微观货币需求是指个人、家庭或企业（或称各经济主体）在既定的收入水平、利率水平和其他经济条件下，从自己的利益、动机、持有货币的机会成本考虑保持多少货币在手边最合算或称效用最大（即机会成本最小，所得效用最大）。宏观货币需求则是指一个国家或地区根据一定时期内经济发展的要求考虑的货币需要量。

2. 名义货币需求与实质货币需求

名义货币需求与实质货币需求是西方经济学家主要是货币学派的经济学家在说明货币数量变动对经济活动的影响过程时使用的一对概念。

所谓名义货币需求是指个人、家庭或企业等经济单位或整个国家或地区对名义货币数量的需求，即不考虑价格变动时的货币持有量即 M_d。所谓实质货币需求是指对名义货币数量除以物价水平的货币数量的需求，即各经济主体所持有的名义货币量（M_d）扣除物价因素之后的余额，即 Md/P。货币主义的代表人物弗里德曼非常强调这个货币需求。

第二节　马克思的货币需求理论

为了分析方便，马克思是以完全的金币流通为假设条件。以这个假设条件为背景，他的论证过程是：(1) 商品价格取决于商品的价值和黄金的价值，而价值取决于生产过程，所以商品是带着价格进入流通的；(2) 商品价格有多大，就需要有多少金币来实现它，比如值 5 克金的商品就需要 5 克金来购买；(3) 商品与货币交换后，商品退出流通，黄金却留在流通之中可以使另外的商品得以出售，从而一定数量的金，流通几次，就可使相应倍数价格的商品出售。因此，有：

$$\text{执行流通手段职能的货币量}=\frac{\text{商品价格总额}}{\text{同名货币的流通次数}}$$

$$\text{单位纸币代表的金属货币量}=\frac{\text{流通中需要的金属货币量}}{\text{流通中的纸币总额}}$$

第三节　古典货币数量论

一、现金交易方程式

美国耶鲁大学教授费雪在 20 世纪 20 年代提出了著名的“交易方程式”，也被称为费雪方程式。假设M表示一定时期内流通中货币的平均数量，V表示货币的流通速度，P表示各类商品价格的加权平均数，T表示各类商品的交易数量，则可写出下列等式：

$MV = PT$ 或 $P = MV/T$

由于V和T是常数，因此只有P和M的关系最重要。特别是P的值取决于M数量变化。但反过来，从这一方程式中已能引导出在一定的价格水平和其他因素不变的条件下的名义货币需求量。也就是说，由于 $MV = PT$，则 $M = PT/V = 1/V \cdot PT$。这说明从货币的商品交易媒介功能来考察，全社会在一定时期和一定价格水平下的总交易量PT与所需名义货币量具有一定的比例关系，即所需名义货币量是总交易量的1/V。

二、现金余额方程式

现金余额说是由英国剑桥大学教授、剑桥学派的代表马歇尔和庇古提出。他们在研究货币需求问题时强调探讨什么是决定个人希望保有货币的因素。

由于个人持有货币的限制条件是不可能超过总财富，持有货币虽然有其便利性，但持有其他资产如债券、股票等可得到利息收入，因此任何要进行财富分配的人，在做出多少财富以货币来保持之前，都会考虑上面的情况。所以人们持有货币的数量是由：个人财富水平、利率、持有货币所带来的便利以及对未来事务的期望等诸多因素决定的。这派经济学家认为在其他条件不变的情况下，对每个人来说，名义货币需求与名义收入水平之间保持着一个较稳定的比例关系。对整个经济体系来说也是如此。所以，他得出的货币需求方程式是：

$Md = kPy$

其中Md为名义货币需求，k为以货币形式保有的财富占名义总收入的比例，P为平均价格水平，y为实际国民收入。

这就是剑桥方程式，该方程式表示人们意愿持有的货币存量M（实际上是人们的货币需求量），与国民收入保持一固定的或稳定的比例。式中Py相当于交易方程式中的PT，k表示国民收入中以货币形式持有的比例，它是货币流通速度V的倒数。剑桥学派采用k，而不采用V，是与剑桥方程式强调货币需求有关的。因为研究k，就要研究人们持有货币的动机，即研究决定人们货币需求的因素，因此，k的引入开创了对货币需求理论的研究。

第四节　凯恩斯的货币需求理论

一、凯恩斯的货币需求理论——流动性偏好理论

凯恩斯认为，货币具有完全流动性，而人们在心理上具有对流动性的偏好，即人们总是偏好将一定量的货币保持在手中，以应付日常的、临时的和投机的需求。因此，人们的货币需求就取决于人们心理上的“流动性偏好”。

凯恩斯进一步分析，人们心理上的“流动性偏好”或人们的货币需求是由三个动机所决定的：（1）交易动机，即由于收入与支出的时间不一致，人们必须持有一部分货币在手中，以满足日常交易活动的需要。（2）预防动机，即人们为应付意外的、临时的或紧急需

要的支出而持有的货币。（3）投机动机，即由于未来利率的不确定性，人们便根据对利率变动的预期，为了在有利的时机购买证券进行投机而持有的货币。其中，交易动机和预防动机的货币需求主要取决于收入，是收入的增函数，与利率没有直接的关系。若以 L_1 表示这两种动机的货币需求，Y 表示收入，则其函数式为：

$$L_1 = L_1(Y),\ \frac{dL_1}{dY} > 0$$

投机动机的货币需求主要取决于利息率，是利率的减函数。若以 L_2 表示投机动机的货币需求，r 表示利率，则其函数式为：

$$L_2 = L_2(r),\ \frac{dL_2}{dr} < 0$$

这样，基于这三种动机的货币总需求为：

$$L = L_1(y) + L_2(r)$$

这就是凯恩斯根据他对人们持有货币的动机的分析所提出的货币需求函数。

凯恩斯认为，自己的货币理论的一个重大突破就是提出了投机动机的货币需求。

凯恩斯认为，投机动机产生的关键在于未来利率的不确定性。当利率高时，人们预期利率在将来会下降，由于债券价格与利率的变动成反比，即人们预期债券价格会上升，那么，现在以低价买进债券将来就会获利。为了投机盈利，人们就会抛出货币，购买债券，即人们的货币需求减少；反之，当利率低时，人们预期利率今后会上升，即人们预期债券价格会下降，为了避免资本损失，人们就不愿持有债券，而愿持有货币，即人们的货币需求增加。因此，投机动机的货币需求是利率的减函数。由于在短期内，收入是相当稳定的，因此，决定货币需求量的主要因素是利息率的变动。由于利息率的变动是经常的，所以经济社会对货币的需求量是不稳定的。当利率提高时，货币需求会减少，即人们抛出货币，结果加快了货币流通速度；反之，当利率下降时，货币需求会增加，人们就会持有更多的货币，结果减缓了货币流通速度。因此，货币流通速度 V 或其倒数 K 都极不稳定，它们并非是传统货币数量论所设想的常数。这样，凯恩斯就将传统货币数量论中的 V 或 K 从假定为常数变换成取决于利息的变数，从而直接将利息率列入影响货币需求的因素中。

二、凯恩斯货币理论的政策含义

在凯恩斯的货币理论中，利息率是由货币的供应与需求所共同决定的。在流动性偏好一定的条件下，中央银行增加货币供会使利息率下降；反之，中央银行减少货币供应会使利息率上升。

凯恩斯得出的结论：如果中央银行通过增加货币供应量、降低利息率、使利息率低于资本边际效率，就会刺激投资的增加，并通过投资乘数的作用，提高有效需求，使就业量与国民收入成倍增长。这也就是凯恩斯所提出的解决失业问题的政策措施。

但是，凯恩斯又指出，当货币供应量大量增加，使利率降到某一低限以后，货币需求会变得无限大。这是因为在某一低利率情况下，人们一致认为未来利率会上升，债券价格会降低，这时，无人再愿意持有债券，而只愿意持有货币，如图 10－1 所示。

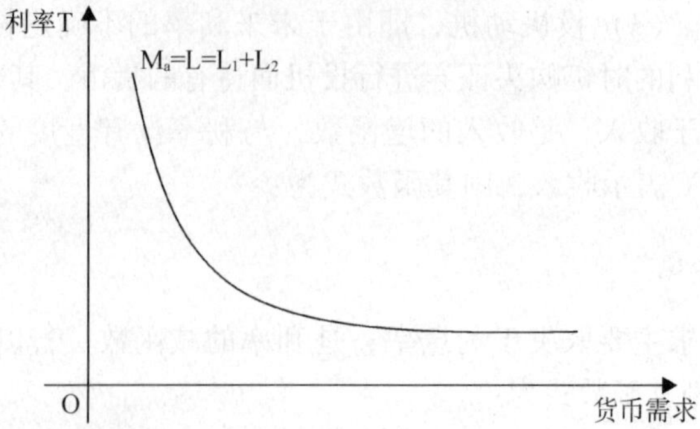

图 10－1

图 10－1 表示，在某种很低的利率水平下，货币需求曲线变成与横轴相平行的直线，该直线部分称为“流动性陷阱”（Liquidity trap），也就是说，在该直线部分，货币需求的利率弹性为无限大。同时，还有另一种情况，即由于资本家悲观情绪严重，对资本边际收益率的预期极低，这就导致投资对利率缺乏弹性，即使降低利率，资本家也不增加投资或者减少投资。

上述两种情况的存在都可能使货币政策完全失效，从而不能成为实现充分就业的有效工具。因此，解决的办法是采取财政政策。正是在这个基础上，凯恩斯主张，为了医治失业和经济危机，国家必须对经济进行直接的调节和干预，这就是凯恩斯整个经济理论的基本论点。

第五节 弗里德曼的现代货币数量论

一、弗里德曼的货币需求理论

1956 年，弗里德曼发表了题为《货币数量论——一种新表述》的论文，这标志着货币数量论的重新复活。弗里德曼将货币看作是资产（财富）的一种形式，也就是说货币同债券、股票、耐用消费品、房屋及机器一样都是资产。因此，人们在考虑如何保有自己的财富时，就要选择：持有的资产是用货币形式，还是用其他形式。这样，弗里德曼运用消费者需求和选择理论来分析人们对货币的需求。

货币需求函数可表达为：

$$\frac{m}{p}=f\left(y,\ w;\ r_m,\ r_b,\ r_e;\ \frac{1dp}{Pdt};\ u\right)$$

式中：m 表示财富持有者个人持有的货币量；

P 表示一般物价水平；

$\frac{m}{p}$表示 实际货币需求，即持有的货币所能支配的实物量；

y 表示恒久性收入，即长期收入的平均数，表示总财富；

W 表示非人力财富占总财富的比率；

r_m 表示货币的预期名义收益；

r_b 表示债券的预期名义收益率，包括债券价格的变动；

r_e 表示股票的预期名义收益率，包括股票价格的变动；

$\frac{1dp}{Pdt}$表示预期物价变动率，因而是实物资产的预期名义收益率；

u 表示主观偏好以及其他影响货币服务效用的非收入变量。

以上是指财富持有者个人的货币需求函数。至于企业对货币的需求，弗里德曼认为，只需将 w 排除在外（将财富区分为人力财富和非人力财富对企业来说没有什么意义，因为企业均需通过市场购买这两种财富，因此 W 对企业的货币需求没有影响），则上述的函数同样适用于企业。弗里德曼还认为，如果略去 y，w 在分配上的影响，而 m，y，w 分别视为人均货币持有量、人均实际收入和人均财产收入，那么，上述函数也可适用于整个社会。

二、弗里德曼与凯恩斯货币需求理论的联系与区别

费里德曼的货币需求函数虽然复杂，但如经简化，就与 MV = PT 或 M = kPy 相似，只不过弗里德曼并不将 k 或 V 当作一个固定的常数，而是当作某些变量的一个稳定函数。另外，y 也不是当期收入，而是指恒久性收入，并作为财富的代表。同时，弗里德曼的货币需求函数又是在凯恩斯的货币需求函数 Md = L（Y，r）的基础上进一步发展，只不过弗里德曼货币需求函数中的 r 不只限于债券利息率，而是包括各种金融资产以及实物资产的收益率。由此可见，弗里德曼的货币需求函数是传统货币数量论与凯恩斯流动性偏好理论的综合。

弗里德曼提出了反映长期因素影响的恒久性收入概念，认为货币需求也同消费需求一样，主要由恒久性收入支配的货币需求也是稳定的，货币流通速度的变化也不大，因此，应从货币供应的调控来研究货币对产量和物价的影响。凯恩斯的收入概念是“当期的、绝对的”收入概念。

弗里德曼认为，货币需求对利率不敏感。在弗里德曼看来，货币需求之所以对利率不敏感，是因为利率的变动对货币需求函数中各项机会成本影响甚微。因此，当利率的上升引起其他资产的预期回报率增加时，货币的预期回报率也相应地上升，因而二者抵消后，货币需求函数中各项机会成本保持相对不变。凯恩斯的货币需求对利率非常敏感。

凯恩斯认为，货币需求是不稳定的；与凯恩斯相反，弗里德曼认为货币需求函数是稳定的。弗里德曼认为货币需求的随机波动很小，因而通过货币需求函数可以对货币需求做出准确的预测。将这一观点与他的另一观点即货币需求对利率变动不敏感相结合，就意味着货币流通速度是可以准确预测的。

弗里德曼的货币需求理论采用了与凯恩斯和更早些的剑桥学派经济学家相类似的方法，但对持有货币的动机未作深入的分析。弗里德曼通过运用资产需求理论表明，货币需求是恒久性收入和货币相对于其他可替代资产的预期回报率的函数。

三、弗里德曼货币数量论的政策含义

在其货币数量论的基础上，弗里德曼分析了各国面临的主要经济问题——通货膨胀，并提出了自己的政策建议。

弗里德曼认为，由于货币供应量的变动是物价水平发生变动的最根本的决定因素，通货

膨胀是物价水平持续、普遍的上升，因而通货膨胀始终是，而且处处是一种货币现象。当货币数量的增加明显快于产量的增加时，通货膨胀便会发生。引起物价全面上涨和持续性通货膨胀的根本原因，只能是货币供应量的过度增长。

弗里德曼指出，货币供应量过度增长的主要原因是政府所实行的凯恩斯主义的财政与货币政策，具体归结于两个方面：（1）政府实行赤字财政和廉价货币政策；（2）政府推行充分就业政策。弗里德曼认为，这些政策非但没有从根本上解决失业问题，反而加剧了通货膨胀。

弗里德曼认为，不能像凯恩斯主义的货币政策那样，把限定利率作为货币政策的目标。因为这种政策的短期作用与长期作用正好相反。它在短期会获得成功，但在长期会遭到失败。因此，弗里德曼认为："货币政策无法限定利息率"，利率不宜作为货币政策的目标。

能否把限制失业率作为货币政策的目标呢？弗里德曼认为也不能。货币当局无力做到这一点。

弗里德曼认为，既然不能以限制利息率和失业率作为货币政策的目标，而导致通货膨胀的根本原因又是货币供应量的过度增长，因此，货币政策的目标应放在控制货币供应量上。

弗里德曼指出，要医治通货膨胀，并实现经济的稳定增长，唯一有效的措施就是控制货币供应量的增长率，使它与经济增长率相适应。这种单一地控制货币供应量，使货币供应量始终不变地以一种固定的比率增加，并大致与经济增长率相适应的政策，就称为"单一规则"的货币政策。

弗里德曼认为，只要实行他所主张的"单一规则"的货币政策，就能够保证经济稳定，这样，价格机制就能充分发挥其合理配置资源的作用，以实现在经济增长的同时，又不引起通货膨胀，经济就能稳定而协调地发展。

☞知识拓展

马克思与西方各种货币需求理论对我国货币需求研究的借鉴意义。

（1）各种货币需求学说的主要特点：①马克思的货币需求理论是从宏观的角度分析了金币流通下的货币需要量。重在反映商品流通决定货币流通这一基本原理。②交易方程式理论也是从宏观角度入手对货币需求进行分析。费雪认为，物价水平是随着流通中货币数量的变动而"同比例"地变动，在货币数量和物价的关系上，物价是一个被决定的因素。这一理论仅着眼于货币作为交易媒介的功能来分析。③凯恩斯的货币需求理论从人们持有货币的动机入手来研究货币需求。他将人们的持币动机分为交易动机、谨慎动机和投机动机三种。从每种动机产生的货币需求的影响因素来分析货币需求的影响因素。这一理论的突出贡献在于强调人们的流动性偏好和利率影响的重要性。④弗里德曼的货币需求理论把货币作为一种资产进行分析，强调恒久收入对货币需求的重要影响，同时认为利率的变动对货币需求的影响很小，由于恒久收入是稳定的，从而导出货币需求函数具有稳定性的结论。

（2）各种学说对我国货币需求研究的借鉴意义：①各种学说为我国的货币需求研究提供了多种分析角度。对我国的货币需求的分析，可以从宏观角度分析货币需求与物价、经济总量等宏观变量之间的关系，也可以从微观角度分析经济微观主体的行为与货币需求之间的关系。既可以借鉴凯恩斯从持币动机入手分析，对货币需求进行研究，也可以从资产组合角度来分析。②在对我国的货币需求进行研究时，可以借鉴各种学说的研究方法。既可以运用逻辑抽象的分析方法来分析，也可以运用实证方法来研究，如可运用实证方法研究我国货币需求的影响因素，研究我国货币需求函数是否稳定等。③马克思及西方各种货币理论均是在一定的经济背景条件下提出的。马克思的货币理论是在金币流通条件下对货币需求的分析。凯恩斯在分析交易动机时未考虑利率对交易性货币需求的影响，这与当时金融市场不发达、人们对利率的变动不敏感有关。所以我们应以发展的眼光来分析研究我国的货币需求。现阶段我国在完善社会主义市场经济体系过程中，经济环境在不断变化，各种经济变量之间的相互关系也会相应发生变化，这就要求我们分析研究我国的货币需求时关注各种条件的变化，考虑发展的因素。

☞练习题

一、填空题

1. 马克思的货币必要量公式是________和________之比。

2. 在通货膨胀的情况下，货币需求可以分为________和________。

3. 现金交易方程式 MV = OP 中的 V 代表________。

4. 现金余额方程式 M = KOP 中的 K 代表________。

5. 凯恩斯认为，人们之所以持有货币，主要取决于________动机和________动机。

6. 宏观货币需求是指一个国家在一定时期内的经济发展与商品流通所必需的________。

7. 实际货币需求是用货币所能够购买到的商品和劳务来表示的货币量，它与________无关，主要随收入的变化而变化。

8. 在收入水平一定的条件下，人们取得收入的时间间隔与货币需求成________。

9. 当人们预期市场利率将上升时，将________证券持有量，________对货币现金的持有。

10. 一般来说，货币需求与信用的发达程度呈________关系。

11. 货币数量论是一种用________来解释货币价值、商品价格的货币理论。

12. 凯恩斯认为，因为收入水平在短期内稳定不变，所以________就成为决定人们对货币需求的主要因素。

13. 根据凯恩斯的有效需求理论，货币政策对有效需求的作用是通过货币数量左右________这一经济变量而产生的。

14. 根据凯恩斯的货币需求理论，货币供应量增加，利率趋于________，投资需求________，从而就业需求上升，产出和收入增加。

15. 凯恩斯货币需求函数表明，货币需求随收入的变化呈正向变化的关系，与利率的变化呈 ________变化的关系。

16. “鲍莫尔—托宾模型”认为，人们如果以现金的形式持有金融资产，会付出一定的代价，这就是持有现金的成本，它包括机会成本和________。

17. 鲍莫尔模型的主要内容是提出了交易性货币需求和利率反相关的数学模型，又称为“________公式”。

18. 根据鲍莫尔模型平方根公式，因为货币的交易需求与交易额的平方根成正比例变化，所以在适度交易性货币需求的决定中，存在着________作用。

19. 惠伦模型论证了预防动机的货币需求是利率的________函数。

20. 所谓持有预防性现金余额的机会成本是指为持有这些现金而须放弃一定的________

21. 托宾模型中，资产的保存形式有两种，即________和________。

22. 托宾将________理论同货币需求理论有机地结合在一起，使资产选择理论真正成为货币需求理论的重要组成部分。

23. 托宾认为，绝大多数投资者都是________，他们总希望在既定预期收益率下实现风险最小化或在既定风险下实现预期收益最大化。

24. 对凯恩斯货币理论的发展有突出贡献的主要有以下三个模型：鲍莫尔模型、________和托宾模型。

25. 弗里德曼货币需求函数中的恒久性收入，就是所有未来预期收入的________，也就是可以成为长期收入的平均预期值。

26. 在弗里德曼货币需求函数中，________、________和________是货币的主要替代品，这三种资产的收益就成了具有代表性的持有货币的机会成本。

27. 在弗里德曼的货币定义中，包括了________和________。

28. 弗里德曼恒久性收入的概念作为货币需求的一个决定性因素的意义在于，它表明了货币需求在很大程度上不随________的波动而波动。

29. 弗里德曼论证并强调货币需求函数具有稳定性，其目的在于说明货币对于总体经济的影响主要来自________方面。

30. 弗里德曼认为，货币当局的责任就是公开宣布一个________年增长率，遵照固定比率增加的法则，维持适当的货币数量，抵消可能发生的经济纷扰。

31. 从本质上讲，弗里德曼的货币需求理论认为________是决定货币需求的主要因素，货币需求对利率不敏感。

二、单项选择题

1. 马克思的货币必要量公式是（　　）。

A. MV = PT　　B. M = KPy

C. M = L（Y）+L（r）　　D. M = PT/V

2. 凯恩斯货币需求函数 M 与收入和利率的关系是（　　）。

A. 正相关，正相关　　B. 负相关，负相关

C. 正相关，负相关　　D. 负相关，正相关

3. 对凯恩斯交易动机货币需求进一步发展表现为（　　）。

A. 强调了收入对交易动机货币需求的正相关

B. 强调了收入对交易动机货币需求的负相关

C. 强调了利率对交易动机货币需求的正相关

D. 强调了利率对交易动机货币需求的负相关

4. 对凯恩斯投机动机货币需求进一步发展表现为（　　）。

A. 重新解释了收入对投机动机货币需求的正相关

B. 重新解释了收入对投机动机货币需求的负相关
C. 重新解释了利率对投机动机货币需求的正相关
D. 重新解释了利率对投机动机货币需求的负相关

5. 弗里德曼货币需求理论与凯恩斯货币需求理论的最大区别是，弗里德曼认为（　　）。

A. 恒久性收入对货币需求有影响　　B. 恒久性收入对货币需求没有影响
C. 利率对货币需求有影响　　D. 利率对货币需求没有影响

6. 费雪在其方程式（MV = PT）中认为，最重要的关系是（　　）。

A. M 与 V 的关系　　B. M 与 T 的关系
C. M 与 P 的关系　　D. T 与 V 的关系

7. 剑桥方程式重视的是货币的（　　）。

A. 交易功能　　B. 资产功能
C. 避险功能　　D. 价格发现功能

8. 凯恩斯把用于贮存财富的资产划分为（　　）。

A. 货币与债券　　B. 股票与债券
C. 现金与存款　　D. 储蓄与投资

9. 弗里德曼认为货币需求函数具有（　　）的特点。

A. 不稳定　　B. 不确定
C. 相对稳定　　D. 相对不稳定

10. 下列变量中，属于典型的外生变量的是（　　）。

A. 利率　　B. 税率
C. 汇率　　D. 价格

11. 凯恩斯的货币需求函数非常重视（　　）。

A. 恒久收入的作用　　B. 货币供应量的作用
C. 利率的作用　　D. 汇率的作用

12. 凯恩斯认为，债券的市场价格与市场利率（　　）。

A. 正相关　　B. 负相关
C. 无关　　D. 不一定

13. 收入属于货币需求决定因素中的（　　）。

A. 微观变量　　B. 机会成本变量
C. 制度变量　　D. 规模变量

三、多项选择题

1. 马克思的货币必要量公式表明了以下关系（　　）。

A. 商品价格总额与货币必要量成正比
B. 商品价格总额与货币必要量成反比
C. 货币流通速度与货币必要量成正比
D. 货币流通速度与货币必要量成反比
E. 货币自身的价值与货币必要量成反比

2. 剑桥方程式揭示了以下关系（ ）。
A. 财富总额与货币需求正相关
B. 财富总额与货币需求负相关
C. 持币的机会成本与货币需求正相关
D. 持币的机会成本与货币需求负相关
E. 持币的机会成本与货币需求不相关
3. 凯恩斯的货币需求公式揭示了以下关系（ ）。
A. 投机动机货币需求是收入的增函数
B. 交易动机货币需求是收入的增函数
C. 投机动机货币需求是利率的减函数
D. 交易动机货币需求是利率的减函数
E. 交易动机货币需求是利率的增函数
4. 弗里德曼的货币需求函数包括以下变量（ ）。
A. 恒久性收入
B. 货币的预期名义收益率
C. 债券的预期名义收益率
D. 股票的预期名义收益率
E. 通货膨胀率
5. 弗里德曼的货币需求理论的政策含义有（ ）。
A. 不能把限定利率作为货币政策目标
B. 不能把限制失业率作为货币政策目标
C. 主张实行“单一规则”的货币政策
D. 主张扩大财政支出来刺激经济增长
E. 主张扩大货币供给来刺激经济增长
6. 凯恩斯认为，人们持有货币的动机有（ ）。
A. 规模变量
B. 速度变量
C. 结构变量
D. 机会成本变量
E. 其他变量
7. 研究货币需求的宏观模型有（ ）。
A. 马克思的货币必要量公式
B. 费雪方程式
C. 剑桥方程式
D. 凯恩斯函数
E. 平方根法则
8. 研究货币需求的微观模型有（ ）。
A. 马克思的货币必要量公式
B. 费雪方程式
C. 剑桥方程式
D. 凯恩斯函数
E. 平方根法则
9. 影响我国货币需求的因素有（ ）。
A. 价格
B. 收入
C. 利率
D. 货币流通速度
E. 金融资产收益率
10. 根据“平方根法则”，交易性货币需求（ ）。

A. 是利率的函数
B. 与利率同方向变化
C. 与利率反方向变化
D. 变动幅度比利率变动幅度小
E. 变动幅度比收入变动幅度大

11. 弗里德曼货币需求函数中的机会成本变量有（　　）。
A. 恒久收入
B. 预期物价变动率
C. 固定收益的债券利率
D. 非固定收益的债券利率
E. 非人力财富占总财富的比重

12. 下列属于影响货币需求的机会成本变量的是（　　）。
A. 利率
B. 收入
C. 财富
D. 物价变动率
E. 制度因素

四、重要概念

1. 现金交易方程式　2. 现金余额方程式　3. 流动性陷阱　4. 单一规则　5. 平方根公式　6. 名义货币需求　7. 谨慎动机　8. 实际货币需求　9. 投机动机　10. 恒久收入　11. 持有货币的机会成本　12. 交易动机　13. 人力财富

五、计算题

我国20××年的M_2为137543.6亿元，名义GDP为89404亿元，根据费雪的交易方程式计算货币流通速度。

六、简答题

1. 什么是古典货币数量论？
2. 简述凯恩斯货币需求理论的基本观点。
3. 影响货币需求的因素有哪些？
4. 简述凯恩斯货币需求理论的再发展。
5. 弗里德曼货币需求函数的内容是什么？
6. 简述凯恩斯货币需求理论的主要政策含义。
7. 请比较凯恩斯与弗里德曼的货币政策主张。
8. 简述为什么投机性货币需求同利率存在着负相关关系？

七、论述题

1. 试述弗里德曼货币需求理论与凯恩斯货币需求理论的区别以及弗里德曼货币需求理论的政策含义。

2. 试述传统货币数量论、凯恩斯理论及现代货币数量论在货币流通速度问题上的不同观点，并分析中国改革开放以来货币流通速度的变化趋势、原因及影响。

八、深度思考题

近20年来我国的货币供给量每年递增很快，是货币需求导致的吗？它对物价带来了什么影响？

☞参考答案

一、填空题

1. 商品价格总额　货币流通速度
2. 名义货币需求　实际货币需求
3. 货币流通速度
4. 持币占总财富的比重
5. 交易　投机
6. 货币量　7. 物价　8. 正比　9. 减少　增加
10. 负相关　11. 货币数量　12. 利率　13. 利率
14. 下降　上升　15. 反向　16. 交易成本　17. 平方根
18. 规模经济　19. 减数　20. 利息收益　21. 货币　债券
22. 资产选择　23. 风险回避者　24. 惠伦模型　25. 折现值
26. 债券　股票　实物资产　27. 现金　存款　28. 经济周期
29. 货币供给　30. 货币供应量　31. 恒久性收入

二、单项选择题

1. D　2. C　3. D　4. D　5. A　6. C　7. B　8. A　9. C　10. B　11. C　12. B　13. D

三、多项选择题

1. ADE　2. AD　3. BC　4. ABCDE　5. ABC　6. CDE　7. BCD　8. AE　9. ADE　10. CDE　11. ABCDE　12. AC

四、重要概念

1. 现金交易方程式。是费雪提出的货币需要量公式，即 MV = OP，M 为货币量，V 是货币流通速度，O 是实物产量，P 是单位产品的价格水平。

2. 现金余额方程式。是剑桥学派提出的货币需求量公式，即 M = KOP，M 为货币量，O 是实物产量，P 是平均物价水平，K 是以货币形式持有财富占总财富的比重。

3. 流动性陷阱。是凯恩斯提出的一个命题，即当利率低到不能再降时，货币需求无限大，无论增加多少货币供给，都会被人们持有。

4. 单一规则。是弗里德曼提出的一种货币政策主张，即单一地控制货币供应量，使货币供应量始终不变地以一种固定的比率增加，并大致与经济增长率相适应。

5. 平方根公式。是鲍莫尔和托宾对凯恩斯货币需求理论进一步发展得出的交易性货币需求函数。

$M=\sqrt{\frac{bY}{2r}}=\sqrt{\frac{kY}{r}}$　　其中：$k=\sqrt{\frac{b}{2}}$

Y 是收入，r 是利率，b 是债券与货币之间转换的费用。

6. 名义货币需求。是指个人、家庭或企业等经济单位或整个国家或地区对名义货币数量的需求，即不考虑价格变动时的货币持有量，即 Md。

7. 谨慎动机。是人们保留一部分货币以备未来未曾预料之需保有货币的动机。

8. 实质货币需求。是指对名义货币数量除以物价水平的货币数量的需求，即各经济主体所持有的名义货币量（Md）扣除物价因素之后的余额，即 Md/P。

9. 投机动机。人们根据对市场利率变化的预测，需要持有货币以便满足从中投机获利的动机。

10. 恒久收入。一个人拥有的各种财富在长期内获得的收入流量，相当于可观察到的长期平均收入。

11. 持有货币的机会成本。因持币而丧失的潜在收益或遭受的损失。

12. 交易动机。人们为了日常交易的方便，而在手头保留一部分货币的动机。

13. 人力财富。个人在将来获得收入的能力，包括一切先天或后天的才能与技术。

五、计算题

根据费雪的交易方程式，MV = PT，可由名义 GDP 来表示 PT。

V = GDP/M = 89404 ÷ 137543.6 = 0.65

六、简答题

1. 什么是古典货币数量论？

古典货币数量论是以费雪和剑桥学派为代表的货币数量理论，费雪提出了现金交易方程式：MV = OP，M 是货币量，V 是货币流通速度，O 是实物产量，P 是平均物价水平；剑桥学派提出了现金余额方程式：M = KOP，M 是货币量，O 是实物产量，P 是平均物价水平，K 是以货币形式持有财富占总财富的比重。

2. 简述凯恩斯货币需求理论的基本观点。

凯恩斯认为，人们之所以要持有货币，主要取决于交易动机和投机动机：交易动机的货币需求取决于收入 Y，是收入的增函数；投机动机的货币需求则取决于利率，是利率的减函数。

3. 影响货币需求的因素有哪些？

（1）收入，与货币需求正相关；

（2）利率，与货币需求负相关；

（3）取得信贷的方便和有把握程度，取得信贷比较方便，则货币需求减少，反之货币需求增加；

（4）对未来进款的预期，未来进款量与现实货币需求负相关；

（5）对价格的预期，未来价格水平与现实货币需求负相关；

（6）替代资产性质和多样性，替代资产品种多，安全性、流动性、营利性好，则货币需求少，反之，货币需求多；

(7) 经济社会支付体系状况，支付环节多则货币需求量大，支付环节少则货币需求量小。

4. 简述凯恩斯货币需求理论的再发展。

以鲍莫尔和托宾为代表的经济学家对凯恩斯的货币需求理论进行了进一步的研究和发展，具体体现在以下几个方面：

(1) 收入不仅对交易动机的货币需求有影响，而且对投机动机的货币需求也有影响，投机动机的货币需求也是收入的增函数，但其增幅小于收入的增幅。

(2) 利率不仅对投机动机的货币需求有影响，而且对交易动机的货币需求也有影响，交易动机的货币需求也是利率的减函数，但其减幅小于利率的减幅。

(3) 凯恩斯在分析利率对投机动机货币需求的影响时，认为人们要么选择货币，要么选择债券，二者选其一。而托宾认为人们持有的资产是货币和债券的组合，无论利率怎么变化，货币的持有量不可能为零。

5. 弗里德曼货币需求函数的内容是什么？

弗里德曼货币需求函数是：

$$\frac{M}{p}=f\left(y,\ w;\ r_m,\ r_b,\ r_e;\ \frac{1dp}{Pdt};\ u\right)$$

式中：m 表示财富持有者个人持有的货币量；

P 表示一般物价水平；

$\frac{m}{p}$表示实际货币需求，即持有的货币所能支配的实物量；

y 表示恒久性收入；

W 表示非人力财富占总财富的比率；

r_m 表示货币的预期名义收益率；

r_b 表示债券的预期名义收益率，包括债券价格的变动；

r_e 表示股票的预期名义收益率，包括股票价格的变动；

$\frac{1dp}{Pdt}$表示预期物价变动率，因而是实物资产的预期名义收益率；

u 表示主观偏好以及其他影响货币服务效用的非收入变量。

6. 简述凯恩斯货币需求理论的主要政策含义。

在凯恩斯的货币理论中，利息率是由货币的供应与需求所共同决定的。在流动性偏好一定的条件下，中央银行增加货币供应会使利息率下降。这是因为货币供应量增加以后，人们就会感到他们所持有的货币超过了他们所愿意“贮藏”的数量，于是人们就将多余的货币用于购买债券，使对债券的需求增加，结果导致债券价格上升，利息率下降；反之，中央银行减少货币供应会使利息率上升。

在以上分析的基础上，凯恩斯得出结论：如果中央银行通过增加货币供应量、降低利息率、使利息率低于资本边际效率，就会刺激投资的增加，并通过投资乘数的作用，提高有效需求，使就业量与国民收入成倍增长。这也就是凯恩斯所提出的解决失业问题的政策措施。

但是，凯恩斯又指出，当货币供应量大量增加，使利率降到某一低限以后，货币需求会变得无限大。这是因为在某一低利率情况下，人们一致认为未来利率会上升，债券价格会降低，这时，无人再愿意持有债券，而只愿意持有货币，如图 10－1 所示。

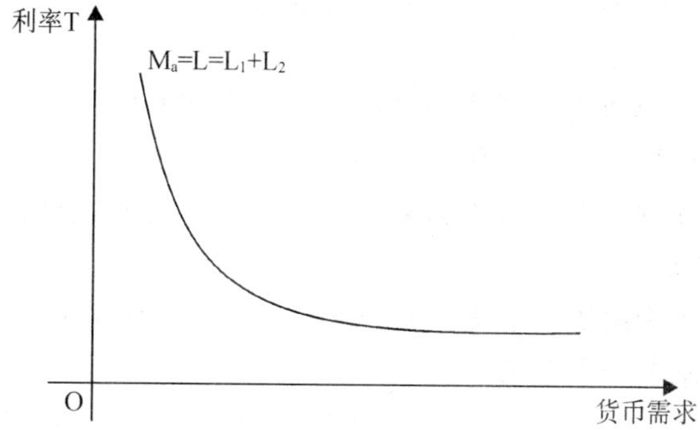

图 10－1

如图 10－1 所示，在某种很低的利率水平下，货币需求曲线变成与横轴相平行的直线，该直线部分称为“流动性陷阱”（Liquidity trap），也就是说，在该直线部分，货币需求的利率弹性为无限大。同时，还有另外一种情况，即由于资本家悲观情绪严重，对资本边际收益率的预期极低，这就导致投资对利率缺乏弹性，即使降低利率，资本家也不增加投资或者减少投资。

上述两种情况的存在都可能使货币政策完全失效，从而不能成为实现充分就业的有效工具。因此，解决的办法是采取财政政策。正是在这个基础上，凯恩斯主张，为了医治失业和经济危机，国家必须对经济进行直接的调节和干预，这就是凯恩斯整个经济理论的基本论点。

7. 请比较凯恩斯与弗里德曼的货币政策主张。

凯恩斯认为，货币政策在一定条件下会失效，而只有财政政策才能刺激有效需求、解决失业问题和促进经济增长。弗里德曼认为，通货膨胀的根源在于货币供给的增长，所以医治通货膨胀和促进经济稳定增长的唯一办法便是控制货币供给的增长，因此，“简单规则”的货币政策才是至关重要的，而国家不应过多干预经济运行。

8. 简述为什么投机性货币需求同利率存在着负相关关系？

凯恩斯把用于储存财富的资产分为两类：货币和债券。货币是不能产生利息收入的资产；债券是能产生利息收入的资产。人们持有货币，货币在持有期间不能给其持有者带来收益，即收益为零。人们持有债券则有两种可能：如果利率趋于上升，债券价格就要下跌；利率趋于下降，债券价格就要上升。在后一种情况发生时，当然持有者获得收益；而在前一种情况发生时，假若债券价格下跌幅度很大，使人们在债券价格方面的损失超出了他们从债券获得的利息收入，则收益为负。如果持有债券的收益为负，持有非生息资产就优于持有生息资产，人们就会增大对货币的需求；在相反情况出现时，人们的货币需求自然会减少，而对债券的持有量则会增加。这里关键在于微观主体对现存利率水平的估计。假若人们确信现行利率水平高于正常值，这就意味着他们预期利率水平将会下降，从而债券价格将会上升。在这种情况下，人们必然倾向于持有债券。如有相反的预期，则会倾向于持有货币。因此，投机性货币需求同利率存在着负相关关系。

七、论述题

1. 试述弗里德曼货币需求理论与凯恩斯货币需求理论的区别以及弗里德曼货币需求理论的政策含义。

（1）弗里德曼货币需求理论与凯恩斯货币需求理论的区别在于：

①弗里德曼货币需求理论引入了恒久性收入的概念，恒久性收入就是长期收入的平均值，是相对稳定的，因此货币需求函数也是稳定的，政府的重要任务是控制货币供给，使其符合货币需求函数的要求。

②弗里德曼货币需求理论扩大了货币的替代物，它不仅仅是债券，还有股票、实物资产等，这说明影响货币需求的因素增加了。

③弗里德曼认为货币也有预期名义收益，且与债券、股票的预期收益同向波动，因此市场利率的波动对货币需求的影响很小。

（2）弗里德曼货币需求理论的政策含义是：

①不能把限定利率作为货币政策目标，因为这种政策的短期作用与长期作用正好相反，从短期来看，货币供应量的增加可以使利率降低，促进投资。但从长期来看，投资增加，国民收入也增加，对货币需求也会增加，因此又拉动了利率的上升，限制利率的目标失败，而且还会导致物价上涨，通货膨胀。

②不能把限制失业率作为货币政策目标，因为这种政策的短期作用与长期作用正好相反，从短期来看，增加货币供给，物价上涨，工资上涨滞后，雇主愿意扩大投资，增加雇工，失业率下降。但从长期来看，工人要求增加工资以弥补物价上涨的损失，因此企业雇工减少，失业率上升，货币政策目标失败，且导致通货膨胀。

③弗里德曼认为，通货膨胀是赤字性的财政政策与扩张性的货币政策所致，要克服通货膨胀就必须控制货币供应量，使货币供应量始终不变地以一种固定的比率增长，并大致与经济增长率相适应，推行“单一规则”的货币政策。

2. 试述传统货币数量论、凯恩斯理论及现代货币数量论在货币流通速度问题上的不同观点，并分析中国改革开放以来货币流通速度的变化趋势、原因及影响。

传统货币数量论认为一国货币流通速度受社会惯例、个人习惯及技术发展的影响，是一个不变的常数，凯恩斯则认为货币流通速度是一个受利率变动影响的变数，由于利率不断变动，因此货币流通速度是不稳定的，而弗里德曼则认为一国的货币流通速度既不是一个常数，也不是一个变数，而是一个受多种变量影响的稳定的函数。由于人们的货币需求主要受人们的恒久性收入的影响，因此一国的货币流通速度是基本稳定的。

但是，我国自改革开放以来，货币流通速度却不断下降。从统计上看，我国的货币收入流通速度（GDP/M2）从1994年的1.00下降到2003年的0.54，2018年为0.49（我国M2/GDP的比值为全球最高，意味着我国的货币流通速度下降到全球最低的水平）。

我国货币流通速度的不断下降引起了国内外许多经济学家的极大关注，由此产生了许多假说，这些假说对我国货币流通速度不断下降的原因进行了深入的探讨，并提出了许多不同的观点，其中主要有：

（1）“价格指数偏低假说”。

（2）传统的“被迫储蓄假说”认为，由于中国存在着产品供给不足或产品结构不合理，以及金融资产的缺乏，因而人们只好持有较多的货币（即被迫储蓄），结果导致货币流通速度不断下降。

（3）“地下经济假说”认为，大量的货币被地下经济（包括地下金融）吸收了，因而导致货币流通速度不断下降。

（4）“货币化”假说是影响最大的假说，该假说认为，由于中国所进行的经济体制改革（包括农村的制度变革，工业部门的制度变迁，金融改革及金融创新、证券市场的发展，价格改革、非国有经济的发展、自由市场的产生及土地的市场化等）使得越来越多的资源通过货币这个交易媒介（即通过市场）来流动和配置，越来越多的经济活动通过货币这个交易媒介来进行。在这个过程中，货币（人民币）逐步成为真正的交易媒介、计价或核算单位及价值贮藏手段，货币在经济活动中的作用也越来越大，使市场不断扩张，因此，这就自然产生了超额的货币需求。这种超额的货币需求正好吸收了超额供应的货币，使得中国超额供应的货币没有被物价上涨所吸收，从而导致了中国的货币化，并促使中国的货币流通速度不断下降。

（5）“人民币区域化假说”，即一部分人民币流入周边国家或地区成为“硬通货”。

（6）传统的“被迫储蓄假说”认为，大量储蓄（主要是个人储蓄）没有转化为投资。

（7）“银行不良资产比率过高假说”。

（8）“消费不足假说”。该假说认为，由于中国的消费需求不足，因此，货币供应量的增长并不意味着总需求的扩大，而是表现为货币流通速度的下降。

中国货币流通速度不断下降的影响仅提供回答问题的角度如下：

（1）有可能引发通货膨胀和金融风险。

（2）给我国中央银行的货币政策带来难题或挑战。

（3）将有可能给中国的国际收支及人民币汇率形成压力。

第十一章

货币供给

☞学习目的和要求

通过本章的学习，要求把握影响货币供给增减变化的因素，了解商业银行的存款货币创造过程及原理，理解和掌握货币供给的通用模型，掌握基础货币和货币乘数及其决定因素，掌握央行对基础货币的控制。

☞要点提示

第一节　银行体系与货币供给

一、货币供给概述

1. 货币供给的含义

所谓货币供给，是指一国在某一时点上为社会经济运转服务的货币量，它由包括中央银行在内的金融机构供应的存款货币和现金货币两部分构成。

2. 货币供给理论的主要内容

货币供给理论主要是研究货币供给量的规定性、供给渠道或程序、决定因素以及中央银行调控等理论，其主要内容有：（1）货币供给的定义；（2）货币供给的形成和传导轨迹、中央银行与商业银行之间资产负债的账户关系，以及派生存款的形成；（3）货币供给的三个要素，即基础货币、货币乘数和货币供给量，以及货币供给量的决定；（4）不同经济模型下中央银行调控货币供给量的可能程度及其操作。

二、银行系统的资产负债表和货币供给量

1. 整个银行系统的资产负债表

货币供给量实际上是非银行经济主体的一种资产，恰好等于银行系统的负债。为此，货

币供给量与银行系统的资产负债业务息息相关。这样，货币供给量大小都反映在银行系统的资产负债表上（见表 11－1）。

表 11－1 资产负债表

资产	负债
	M 货币供给量
国外资产（包括黄金、外汇及特别提款权）	（通货活期存款）
政府债券	准货币
对企业、团体及个人的债权（包括对企业、团体及个人的	（包括定期存款和储蓄存款）
贷款和投资）	政府存款
其他资产	外国存款
合计	净值及其他负债
	合计

2. 影响货币供给量变化的因素

对表 11－1 中资产和负债对应项目相轧差，说明影响和决定货币供给量增减变化因素有：（1）国际收支增减净额。若为正数（即国际收支顺差或黄金外汇储备净增），货币供给量增加；若为负数货币供给量减少；（2）财政支出与收入增减净额。若为正数，导致货币供给量增加；若为负数，使货币供给量减少；（3）银行对企业、团体及个人的贷款和投资增减净额。若为正数，表示信用扩张，引起货币供给量增加；若为负数，表示信用收缩，造成货币供给量减少；（4）银行内部平衡能力。其增减会引起货币供给量呈反向变动。

总体来看，货币供给量增长数额的大小是由银行系统资产业务规模的大小所决定的。货币供应量之所以增加并进入流通，原因在于：（1）收兑黄金、外汇等国际储备资产；（2）购买政府债券而向财政提供借款；（3）对企业、团体及个人发放贷款及购买其所发行的债券。

第二节 商业银行的存款货币创造

一、商业银行存款创造的假设条件

（一）关于存款创造的基本概念

从商业银行创造存款的角度看，商业银行银行存款的来源有两种：一种是原始存款，另一种是派生存款。所谓原始存款，狭义的是指客户以现金形式存入银行的款项，对整个商业银行系统来说，广义的原始存款还包括能同时增加准备金存款的存款。派生存款是指商业银行通过贷款、贴现、投资等业务转化而来的存款，也称衍生存款。原始存款是商业银行进行信用扩张和创造派生存款的基础。

（二）存款创造的前提条件

（1）实行部分准备金制度；

（2）采用转账结算的方式。

二、商业银行的存款创造与收缩

法定存款准备金率越低，派生倍数就越高，商业银行存款创造的能力就越强；法定存款准备金率越高，派生倍数就越低，商业银行存款扩张的能力就越弱。

商业银行存款创造的原理在相反方向上也适用，也就是说，如果原始存款减少，可以引起存款总额的成倍减少。

第三节 货币供给模型

一、货币供给 M_1 的模型

货币供给模型也称为货币供给函数，它是反映货币供给量与影响供给量的各种因素之间的关系的函数表达式。

1. 通用模型的简单推导

$$B = C + R$$

$$R = r_d \cdot D + r_t \cdot t \cdot D + e \cdot D = (r_d + r_t \cdot t + e) \cdot D$$

$$\therefore B = k \cdot D + (r_d + r_t \cdot t + e) \cdot D = (k + r_d + r_t \cdot t + e) \cdot D$$

$$\therefore D = \frac{1}{r_d + r_t \cdot t + k + e} \cdot B \qquad \text{式 } 11-1$$

$$\therefore M_1 = C + D = k \cdot D + D$$

将式 11－1 代入

$$M_1 = \frac{k}{r_d + r_t \cdot t + k + e} \cdot B + \frac{1}{r_d + r_t \cdot t + k + e} \cdot B = \left(\frac{1+k}{r_d + r_t \cdot t + k + e}\right) \cdot B = m_1 \cdot B$$

模型中字母的含义：B 为基础货币，C 为流通中的现金，R 为银行存款准备金，r_d 为法定活期存款准备金率，r_t 为法定定期存款准备金比率，t 为定期存款占活期存款的比率，e 为超额准备金占活期存款的比率，k 为通货与活期存款的比率，m_1 表示货币乘数。

2. 通用模型含义

表明货币供给量 M_1 的变动取决于两个基本因素：货币乘数 m_1 和基础货币 B。

3. 货币供给的增量表达式

假定货币乘数在一定时期内相对稳定，据此给出货币供给的增量表达式，即：

$$\Delta M_1 = m_1 \cdot \Delta B$$

说明：一方面，在货币 M_1 的通用模型中，若已知货币乘数和基础货币增加量，可计算出相应的货币供给增长率。另一方面，如果已知货币供给增长率和货币乘数，可计算出为实

现该货币供给增长率目标，中央银行应增加多少基础货币，为货币政策操作提供数量上的依据。

若货币乘数和基础货币均发生变化，则有：

$$GM_1 = Gm_1 + GB \qquad \text{式 } 11-2$$

G 表示增长率。式 11－2 说明：一国在一定时期的货币 M_1 的增长率等于其相对应的货币乘数与基础货币各自增长率之和。

二、货币供给 M_2 的模型

$$M_2 = M_1 + T$$

$$= \left(\frac{1+k}{r_d + r_t \cdot t + k + e}\right) \cdot B + t \cdot D \qquad \text{式 } 11-3$$

将 M_2 式 11－3 代入

$$= \left(\frac{1+k+t}{r_d + r_t \cdot t + k + e}\right) \cdot B$$

$$= m_2 \cdot B$$

模型含义： 货币供给量 M_2 的变动取决于两个基本因素：货币乘数 m_2 和基础货币 B。

第四节　基础货币及其决定与控制

一、基础货币的定义

基础货币等于社会公众所持有的通货与商业银行的准备金之和。即 B = C + R。

（1）从静态意义上讲，基础货币应仅是商业银行所保存的存款准备金 R，如图 11－1 所示。

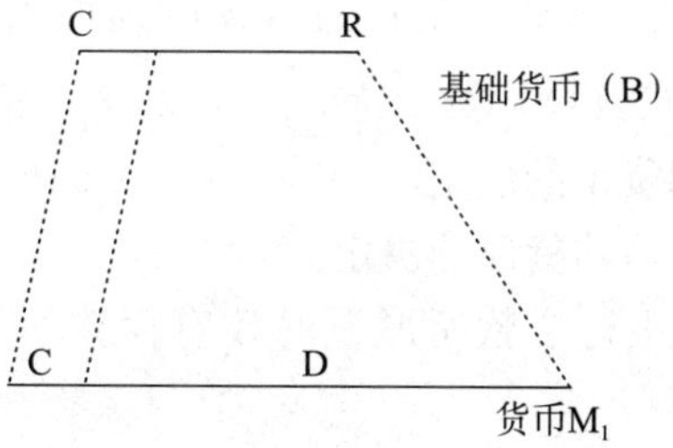

图 11－1　基础货币与货币 M_1

（2）从动态意义上讲，基础货币是商业银行所保存的存款准备金与非银行部门所持有的中央银行负债之和，即：

B = C + R

现实经济运行中的基础货币理应是动态意义上的基础货币。

二、基础货币的决定

1. 中央银行的资产负债表

从基础货币的定义可知：若视商业银行的库存现金为中央银行的准备金存款，则基础货币便是中央银行对商业银行和社会公众的负债。因此，研究基础货币的决定机制，可以从中央银行的资产负债表入手（见表 11－2）。

表 11－2　中央银行的资产负债表

资产		负债	
		流通中现金	C
对政府财政贷款及政府债券	A1	金融机构存款	R
对金融机构贷款	A2	政府财政存款	L1
金银外汇储备	A3	外国存款	L2
其他资产	A4	其他负债	L3
		资本项目	L4
合计 $=\sum_{i=1}^{4} A_i$		合计 $= C + R + \sum_{i=1}^{4} L_i$	

2. 基础货币决定的总体分析

在表 11－2 中，金融机构存款可视为金融机构在中央银行的准备金存款。根据会计核算原理：资产＝负债。我们有：

$$\sum_{i=1}^{4} A_i = C + R + \sum_{i=1}^{4} L_i$$

$$B = C + R = \sum_{i=1}^{4} A_i - \sum_{i=1}^{4} L_i$$

$$\partial B / \partial \sum A_i > 0$$

$$\partial B / \partial \sum L_i < 0$$

表明：基础货币作为中央银行资产总规模与其非基础货币负债规模的二元函数，当 $\sum L_i$ 相对一定时，基础货币是中央银行资产总规模的递增函数，当 $\sum A_i$ 相对一定时，基础货币是非基础货币负债规模的递减函数。

3. 资产项目的变动与基础货币的决定

（1）对政府财政的贷款与基础货币的决定。

第一，若政府财政向中央银行贷款所形成的政府存款不支用，对基础货币的变化并无影响。

第二，若政府对这笔贷款所形成的政府财政存款支用，使基础货币增加。

（2）对金融机构的贷款与基础货币的决定。

第一，再贴现增加，使商业银行所持有的中央银行负债即存款准备金增加，基础货币相应增加。

第二，中央银行对金融机构的贷款增加，也使基础货币供给增加。

第三，中央银行从商业银行购买承兑汇票，使商业银行所持有的中央银行负债即存款准备金增加，也使基础货币供给等量增加。

（3）金银外汇储备对基础货币决定的影响

第一，中央银行从国内生产厂商收购金银，会引起流通中现金和存款准备金增加，使基础货币供给增加。

第二，中央银行从国外中央银行收购金银。若外国中央银行对其出售金银的所得款项储存而不运用，基础货币的供给不受影响；若中央银行从外国中央银行购买金银后，外国中央银行对其出售金银所得款项加以支用，基础货币增加。

第三，中央银行收购外汇，基础货币等值增加。

4. 非基础货币负债项目的变化与基础货币的决定

（1）政府财政存款的变化对基础货币供给的影响：政府财政存款的增加使基础货币减少；政府财政存款的减少使基础货币增加。

（2）外国存款的变化对基础货币供给的影响：若外国存款增加，使基础货币减少；若外国存款减少，使基础货币增加。

三、中央银行对基础货币的控制

中央银行控制基础货币的主要手段是改变其资产规模，具体而言是通过控制它对金融机构的贷款，通过公开市场业务买卖政府债券，买卖黄金、外汇。

第五节　货币乘数及其决定

一、货币乘数的概念

货币乘数，是指一定量的基础货币发挥作用的倍数。本意是指银行系统通过对一定量的基础货币运用之后，所创造的货币供给量与基础货币的比值。

二、决定货币乘数大小的因素

以 $m_1 = \frac{1+k}{r_d + r_t \cdot t + k + e}$ 为例

1. 通货比率 $k = C/D$

k 是流通中通货占活期存款的比率，它主要取决于公众的资产偏好。通货比率的变化反向作用于货币供给量的变动。决定通货比率的主要因素有：（1）公众可支配收入水平的高低；（2）用通货购买或以支票购买的商品或劳务的相对价格的变化；（3）公众对未来通货膨胀的预期。

2. 定期存款占活期存款的比率 $t = T/D$

t 由公众的资产偏好所决定的。定期存款比率的变动反向作用于货币供给量的变动。影响定期存款比率的因素有：（1）收入水平；（2）定期存款的利率。

3. 商业银行持有的超额准备金占活期存款的比率 $e = E/D$

主要取决于商业银行的经营决策行为，超额准备金越多，贷款和投资规模越小，货币乘数越小。变动反向作用于货币供给量的变动。超额准备金比率的大小主要由下列因素决定：(1) 保有超额准备金的机会成本的大小；(2) 借入超额准备金成本的大小；(3) 经营风险和资产流动性的状况。

4. 活期存款准备金比率 r_d 和定期存款准备金比率 r_t

这两者由中央银行直接左右它们，反向作用于货币乘数的大小。

三、货币供给的内生性与外生性

1. 货币供给外生性的含义

货币供给并不是由经济因素，如收入、储蓄、投资等因素所决定，而是由货币当局的货币政策的决定。如肯定货币供给是外生变量，则认为货币当局能够有效地通过对货币供给的调节影响经济进程。

2. 货币供给内生性的含义

货币供给的变动，货币当局是决定不了的，起决定作用的是经济体系中实际变量及微观经济主体的经济行为等因素，如肯定货币供给量是内生变量，则认为货币供给总是要被动地决定于客观经济过程，而货币当局并不能有效地控制其变动。

☞知识拓展

1. 你认为除商业银行以外的其他金融机构，如证券公司和保险公司，有没有货币创造的功能？为什么？

(1) 商业银行进行货币创造的两个必备条件是：可以经营存款业务和贷款业务，在这两种业务的不断循环进行下才能够进行货币创造。不能从事存款业务，则货币创造无从产生；不能从事贷款业务，则无从向社会公众提供存款的资金渠道。两个条件缺一不可。

(2) 其他金融机构虽具有筹集资金和资金运用的业务，但均不能经营存款业务和贷款业务，不具备货币创造的条件，从而没有货币创造的功能。

2. 货币乘数和存款扩张倍数的联系与区别?

(1) 货币乘数是指货币供给量对基础货币的倍数关系，亦即基础货币每增加或减少一个单位所引起的货币供给量增加或减少的倍数；存款扩张倍数又称存款乘数，是指总存款(或银行资产总额) 与原始存款之间的比率。

(2) 货币乘数和存款货币扩张倍数的相同点为：二者都是用以阐明现代信用货币具有扩张性的特点。

(3) 二者的差别主要在于两点：一是货币乘数和存款货币扩张倍数的分子分母构成不同，货币乘数是以货币供应量为分子、以基础货币为分母的比值；存款货币扩张倍数是以总存款为分子、以原始存款为分母的比值。二是分析的角度和着力说明的问题不同，货币乘数是从中央银行的角度进行的宏观分析，关注的是中央银行提供的基础货币与全社会货币供应量之间的倍数关系；而存款货币扩张倍数是从商业银行的角度进行的微观分析，主要揭示了银行体系是如何通过吸收原始存款、发放贷款和办理转账结算等信用活动创造出数倍存款货币的。

☞练习题

一、填空题

1. 基础货币又称强力货币，它由商业银行的________和流通中的________组成。

2. 政府增发通货或直接向中央银行透支会________货币供应。

3. 中央银行实施公开市场操作手段的前提是________。

4. 基础货币、货币乘数和货币供应量之间的数量关系为________，其中货币存量 M_1 = ________ + ________。

5. 人们日常使用的货币供给概念一般都是______________货币供给。

6. 基础货币与央行资产总规模呈________关系，与非基础货币负债项目是________关系。

7. 货币供应量层次的划分是以________为标准的。

8. 在现代信用货币制度下，货币供给的主体是________。

9. ________作为整个银行体系内存款扩张、货币创造的基础，其数额大小对________具有决定性的影响。

10. 一般来说，决定货币乘数的因素有五项，即________、________、________、________以及________。

11. 货币供应量是________与________的乘积。

12. 现金是________银行的负债，存款是________银行的负债。

13. 货币当局可以通过调控基础货币和乘数来间接调控____________。

14. 再贴现率提高意味着商业银行的____________也随之提高。

15. 法定存款准备率提高意味着商业银行的____________降低。

16. 再贴现政策主要通过____________机制间接地发挥作用。

17. 通货存款比例取决于________、________的持币行为。

18. 在发达的市场经济条件下，货币供给的控制机制由两个环节构成：______和________。

19. 国际货币基金组织定义的准货币包括________、________和________。

20. 实际货币供给是指剔除____________影响因素的货币存量。

21. 基础货币的供应是通过中央银行的信用活动来实现的，中央银行资产的运用形成基础货币的________。

22. 在我国，中央银行向金融机构贷款，主要是通过________和________业务进行的。

23. 外汇储备对中央银行基础货币投放的影响在于基础货币与外汇的________和________。

24. 从中央银行的资产负债表人手来分析基础货币，中央银行的________形成基础货币的来源，中央银行的________形成基础货币的使用。

25. 从基础货币与货币供给量的数量关系上看，在基础货币一定的条件下，________决定了货币供给的总量。

26. 相对于其他存款形式或货币形式而言，中央银行对基础货币有较强的控制能力，尤其是对其中的________。

27. 在决定货币乘数的 5 个变量 k、r_d、e、t 和 r_t 中，中央银行能够控制________、________两个变量。

28. 任何影响商业银行决策的因素，都决定和影响超额准备率，所以，超额准备率的变动主要取决于________。

29. 从货币乘数方程式来看，货币乘数与超额准备率呈________相关。

30. 公众持有的现金与商业银行活期存款的比率称为________。

31. 基础货币（B）、货币乘数（m_1）和货币供应量（M_1）之间的关系等式为________。

32. 定期存款与活期存款是公众财富持有的两种形式，定期存款与活期存款比率 t 的变动主要取决于社会公众的________行为。

33. 模型 $M_1 = B \cdot \frac{c+1}{c+e+r_d+r_t \cdot t}$ 说明，M_1 是由________、________商业银行和社会公众几方面共同决定的。

二、单项选择题

1. 货币供给量一般是指（　　）。

A. 流通中的现金量　　B. 流通中的存款量

C. 流通中的现金量与存款量之和　　D. 流通中的现金量与存款量之差

2. 货币供给的根本来源是（　　）。

A. 银行贷款　　B. 财政支出

C. 企业收入　　D. 个人收入

3. 主张“货币供给是外生变量”的论点，其含义是（　　）。

A. 货币供给决定于整个金融体系的运作

B. 货币供给决定于货币当局的政策

C. 货币供给决定于客观经济过程　　D. 货币供给决定于财政政策的实施

4. 如果物价上涨，名义货币供给成比例地随之增加，则实际货币供给（　　）。

A. 也成此比例地增加　　B. 成比例地减小

C. 保持不变　　D. 无方向性的震荡

5. 如果实际货币需求增加而名义货币供给不变，则货币和物价的变化是（　　）。

A. 货币升值，物价下降　　B. 货币升值，物价上涨

C. 货币贬值，物价下降　　D. 货币贬值，物价上涨

6. 提高利率，对货币供求的作用是（　　）。

A. 货币供给与货币需求同时增加　　B. 货币供给与货币需求同时减少

C. 货币供给减少，货币需求增加　　D. 货币供给增加，货币需求减少

7. 中央银行提高存款准备率，将导致商业银行信用创造能力的（　　）。

A. 上升　　B. 下降

C. 不变　　D. 不确定

8. 基础货币是由（　　）提供的。

A. 投资基金　　B. 商业银行
C. 中央银行　　D. 财政部

9. 派生存款是由（　　）创造的。
A. 商业银行　　B. 中央银行
C. 证券公司　　D. 投资公司

10. 下列资产负债项目中，属于中央银行负债的有（　　）。
A. 流通中的通货　　B. 央行的外汇储备
C. 对商业银行的贷款　　D. 财政借款

11. 下列经济因素中，使公众偏好持有通货或活期存款的是（　　）。
A. 定期存款利率上升　　B. 国库券利率上升
C. 公众流动性偏好下降　　D. 活期存款利率上升

12. 如确定货币供给是内生变量，下列对货币供给没有影响的是（　　）。
A. 投资　　B. 收入
C. 微观主体　　D. 中央银行

13. 下列经济因素中，使商业银行持有较高超额准备金的是（　　）。
A. 市场利率上升　　B. 经济处于上升周期
C. 央行贷款条件苛刻　　D. 同业拆借市场利率稳定

14. 下列金融变量中，直接受制于中央银行的是（　　）。
A. 财政性存款成本　　B. 法定存款比率
C. 现金比率　　D. 定期存款比率

15. 下列金融变量中，直接受制于商业银行行为的是（　　）。
A. 超额存款比率　　B. 现金漏损率
C. 定期存款比率　　D. 财政性存款比率

16. 在下列资产负债项目中，属于中央银行负债的项目是（　　）。
A. 流通中的通货　　B. 中央银行的外汇储备
C. 财政借款　　D. 对商业银行的贷款

17. 下列经济因素中，使商业银行持有较高超额准备金的是（　　）。
A. 经济处于上升周期　　B. 市场利率上升
C. 央行贷款条件苛刻　　D. 同业拆借市场利率稳定

18. 简单的乘数模型中，货币供给量是由公众手持通货与金融中介机构的（　　）构成。
A. 定期存款　　B. 活期存款
C. 储蓄存款　　D. 贷款

19. 超额准备率的变动主要取决于（　　）的经营决策。
A. 企业　　B. 公司
C. 商业银行　　D. 社会公众

20. 公众持有的现金与商业银行活期存款的比率称为（　　）。
A. 流动性比率　　B. 资产负债率
C. 速动比率　　D. 通货比率

21. 通货比率的变动以及定期存款与活期存款比率的变动都主要取决于（　　）的资产选择行为。

A. 企业　　B. 公司

C. 商业银行　　D. 社会公众

22. 如果说货币供给量是外生变量，其含义是货币供给量并不是由经济因素，如收入、储蓄、投资、消费等因素所决定的，而是由（　　）完全操纵的。

A. 商业银行　　B. 货币当局

C. 政府　　D. 社会公众

23. 我国的货币供给有其特殊性，“倒逼机制”的提出旨在说明我国货币供给的（　　）。

A. 外生性　　B. 内生性

C. 不能说明什么问题　　D. 稳定性

三、多项选择题

1. 我国货币层次划分，M_2应包括（　　）。

A. M_1　　B. 客户在证券公司的保证金

C. 商业票据　　D. 存款

E. 现金

2. 影响货币乘数的因素（　　）。

A. 提现率　　B. 现金漏损率

C. 定期存款与活期存款的比率　　D. 超额准备率

E. 法定存款准备率

3. 影响货币乘数的经济主体有（　　）。

A. 中央银行　　B. 公众

C. 团体　　D. 商业银行

E. 企业

4. 在市场经济条件下，货币供给量最终取决于（　　）两大因素的制约。

A. 贷款　　B. 基础货币

C. 派生存款　　D. 货币乘数

E. 利率

5. 影响商业银行创造派生存款能力的因素有（　　）。

A. 原始存款　　B. 财政存款

C. 法定存款准备率　　D. 现金漏损率

E. 超额准备率

6. 下列因素中，作用于基础货币的有（　　）。

A. 公开市场业务　　B. 再贴现率

C. 再贷款规模　　D. 法定存款准备金比率

E. 超额准备金率

7. 在决定货币供给量及其增减变化的因素中，可由中央银行操纵的因素有（　　）。

A. 公众手持现金对活期存款的比例
B. 基础货币
C. 法定活期存款准备率和定期存款准备率
D. 超额准备率
E. 定期存款与活期存款比率

8. 在经济运行中，影响超额准备金比率的因素有（　　）。
A. 商业银行保有超额准备金的机会成本
B. 商业银行借入准备金的代价
C. 非银行部门对现金的偏好
D. 非银行部门对定期存款的偏好
E. 中央银行货币政策的意向

9. 货币供给量调控机制的基本因素有（　　）。
A. 基础货币　　B. 货币乘数
C. 货币供给量　　D. 利率
E. 存款准备金

10. 下列金融变量中直接受制于非银行经济部门行为的是（　　）。
A. 现金漏损率　　B. 法定存款比率
C. 定期存款比率　　D. 财政存款比率
E. 超额准备比率

11. 一般来说，一国银行系统（包括中央银行和商业银行）的资产有（　　）。
A. 国外资产　　B. 政府证券资产
C. 对企业的债权　　D. 对团体及个人的债权
E. 其他资产

12. 整个银行系统综合资产负债表说明货币供给量之所以增加并进入流通，原因在于（　　）。
A. 收兑黄金外汇等国际储备资产
B. 购买政府债券而向财政提供借款
C. 对企业、团体及个人发放贷款及购买其所发行的债券
D. 银行内部平衡能力
E. 国际收支逆差

13. 中央银行资产项目的变动对基础货币决定的影响主要取决于（　　）。
A. 对政府财政的贷款与基础货币的决定
B. 对金融机构的贷款与基础货币的决定
C. 金银外汇储备对基础货币决定的影响
D. 法定存款准备率
E. 财政性存款比率

14. 决定通货比率的主要因素有（　　）。
A. 公众可支配收入水平的高低
B. 用通货购买或以支票购买的商品或劳务的相对价格的变化

C. 法定存款准备率

D. 财政性存款比率

E. 公众对未来通货膨胀的预期

15. 货币供给量等于基础货币与货币乘数的乘积，是货币供给量的最大理论值，而实际上货币供给量往往小于这一理论值。这是因为（　　）。

A. 货币供应量是外生的，中央银行能够完全控制货币供应量

B. 可能有一部分基础货币由中央银行直接投入流通而由社会公众所持有，这部分由社会公众意愿持有的现金货币不会流入商业银行和其他存款机构，从而后者不能被用来进行货币创造

C. 在商业银行所持有的准备金中，有一部分为法定准备金，它需要在一定时期内保持在中央银行的存款账户上，或者专户存入中央银行的法定准备金账户，商业银行不能动用

D. 即便是商业银行的超额准备金，为了应付客户意外提现、发放大额贷款或其他必需的支出，商业银行也不能全部动用

E. 货币供给外生论认为，货币当局能够有效地控制货币供给的变动

四、重要概念

1. 货币供给量　2. 货币供给函数　3. 货币乘数　4. 基础货币　5. 内生变量　6. 外生变量　7. 原始存款　8. 派生存款　9. 超额准备金　10. 定期存款比　11. 现金比率　12. 超额准备比率　13. 名义货币供给　14. 实际货币供给

五、计算题

1. 某国商业银行体系共持有准备金 200 亿元，公众持有的通货数量为 200 亿元，中央银行对活期存款和定期存款规定的法定准备率分别为 15% 和 10%，据测算，流通中的现金漏损率为 25%，商业银行的超额准备率为 5%，而定期存款与活期存款之间的比率为 50%，试求：

（1）货币乘数 m1 和 m2。

（2）狭义货币供应量 M1 和广义货币供应量 M2。

2. 法定现金比率为 5%，超额准备金率为 10%，法定准备金率为 10%，如果中央银行从商业银行购入 100 万元国债，整个商业银行体系的存款会发生什么变化？（东北财大 2002 年研）

3. 某银行吸收原始存款 5000 万元，其中 1000 万元交存中央银行作为法定准备金，1000 万元作为存款准备金，其余全部用于发放贷款，若无现金漏损，计算商业银行最大可能派生的派生存款总额。

4. 某商业银行体系共持有准备金 300 亿元，公众持有的通货数量为 100 亿元，中央银行对活期存款和非个人定期存款规定的法定准备金率分别为 15% 和 10%，据测算，流通中现金漏损率（现金/活期存款）为 25%，商业银行的超额准备金率为 5%，而非个人定期存款比率为 50%，试求：

（1）活期存款乘数；

（2）货币乘数（指狭义货币 M1）；

（3）狭义货币供应量 M。

5. 运用货币供应量 M_1 的方程式，已知现金漏损率 $k=20\%$，超额准备金 $e=5\%$，定期与活期存款比率 $t=60\%$，法定活期存款准备金率 $r_d=10\%$，法定定期存款准备金率 $r_t=3\%$，基础货币为5000 亿单位，问：当 r_d 降为 5%，r_t 降为 0% 时，货币供应量 M_1 发生变化为多少？

6. 假定商业银行系统有 150 亿元的存款准备金，$r_d=10\%$，当 r_d 上升至 15% 或下降至 5% 时，最终货币供给量有何变化？

7. 如果你在 A 银行存入 10000 元现金，假设法定存款准备率为 8%，那么 A 银行的法定存款准备金、超额存款准备金有何变化？A 银行能够增加多少贷款？整个银行体系最终会创造多少货币？

六、简答题

1. 从银行系统的资产负债表看，影响货币供给量增减变化的主要因素有哪些？
2. 简述货币供给理论的主要内容。
3. 简述货币供给的一般模型。
4. 决定通货比率的主要因素有哪些？
5. 商业银行的超额准备金率是由哪些因素决定的？
6. 我国现时对货币供给量划分为哪几个层次？划分的依据及意义是什么？

七、论述题

1. 现代银行制度下的货币供给机制是怎样的？试写出其理论模型。
2. 试述基础货币的决定和调控。

八、深度思考题

从货币供给模型来看，中央银行调节货币供给量有哪些手段？

☞参考答案

一、填空题

1. 准备金　通货　2. 扩大　3. 存在一个活跃的政府债券二级市场　4. $M_1=m\cdot B$　通货　活期存款　5. 名义　6. 正相关　负相关　7. 金融资产“流动性”　8. 银行　9. 基础货币　货币供应量　10. 现金比率　超额准备金率　定期存款准备金率　活期存款准备金率　定期存款与活期存款之间的比率　11. 基础货币　货币乘数　12. 中央　商业　13. 货币供应量　14. 借款成本　15. 放款能力　16. 利率　17. 居民　企业　18. 基础货币　货币乘数　19. 定期存款　储蓄存款　外币存款　20. 物价　21. 来源　22. 再贷款　再贴现　23. 互补　替换　24. 资产　负债　25. 货币乘数　26. 存款准备金　27. r_d　r_t　28. 商业银行的经济决策　29. 负　30. 通货比率　31. $M_1=B\cdot m_1$　32. 资产选择　33. 中央银行　政

府部门

二、单项选择题

1. C　2. A　3. B　4. C　5. A　6. D　7. B　8. C　9. A　10. A　11. D　12. D　13. C　14. B　15. A　16. A　17. C　18. B　19. C　20. D　21. D　22. B　23. B

三、多项选择题

1. ABDE　2. ABCDE　3. ABCDE　4. BD　5. ACDE　6. ABC　7. BC　8. ABCE　9. ABC　10. ACD　11. ABCDE　12. ABC　13. ABC　14. ABE　15. BCD

四、重要概念

1. 货币供给量。狭义的货币供给量 M1 是最基本的货币供给量定义，包括流通中的通货和活期存款；广义的货币供给量包括 M1 和定期存款。

2. 货币供给函数。又称为货币供给模型，它反映了货币供给量与影响供给量的各种因素之间的关系。

3. 货币乘数。也称货币扩张系数，是用以说明货币供给总量与基础货币的倍数关系的一种系数。基础货币供应增加后，货币存量不是简单地以 1:1 的比例增加，由于存款机构的信用创造，货币存量的增加量会以基础货币增量的若干倍数扩张。这种倍数关系用式子表达出来即：

$m = M/B$ 或 $m = \Delta M/\Delta B$

其中：m 即为货币乘数，M 是货币供给量，B 为基础货币。

4. 基础货币。又称强力货币，可以从货币的来源和运用两个方面来加以理解。从货币的来源看，它是货币当局（中央银行和财政部）的货币供应量；从运用看，它由商业银行的准备金（R）和流通中的通货（C）组成。

5. 内生变量。所谓内生变量，也叫非政策性变量，它是指在经济体系内部由纯粹经济因素所决定的变量，这种变量通常不为政策左右，例如市场经济中的价格、利率、汇率等经济变量。

6. 外生变量。所谓外生变量，又称政策性变量，是指经济机制中受外部因素影响，而由非经济体系内部因素所决定的变量。

7. 原始存款。是指银行吸收的现金存款或中央银行对商业银行贷款所形成的存款。

8. 派生存款。相对于原始存款而言的，是指由商业银行以原始存款为基础发放贷款而引申出来超过最初部分存款的存款。

9. 超额准备金。银行在实际经营中所提留的准备金绝不能恰好等于法定准备金，为应付存款的变动和机动放款的需要，事实上银行实际具有的准备金总是大于法定准备金，这种差额称为超额准备金。

10. 定期存款比率。定期存款比率是指非银行部门所持有的商业银行的定期存款负债与活期存款负债的比例关系。

11. 现金比率。所谓现金比率是指非银行部门所持有的中央银行现金负债与非银行部门所持有的商行的活期存款负债之间的比例关系。

12. 超额准备比率。所谓超额准备比率是指商业银行保有超额准备金，与非银行部门所持有的商业银行的活期存款负债之间的比例关系。

13. 名义货币供给。指一定时点上不考虑物价因素影响的货币存量，人们日常使用的货币供给概念，一般都是名义货币供给。

14. 实际货币供给。指剔除了物价影响之后的一定时点上的货币存量。

五、计算题

1. 解：① $m_1=\frac{1+k}{r_d+r_t\cdot t+k+e}=\frac{1+25\%}{15\%+10\%\times50\%+25\%+5\%}=2.5$

② $m_2=\frac{1+k+t}{r_d+r_t\cdot t+k+e}=\frac{1+25\%+50\%}{15\%+10\%\times50\%+25\%+5\%}=3.5$

③ $B=C+R=200+200=400$（亿元）

$M1=2.5\times400=1000$（亿元）

$M2=3.5\times400=1400$（亿元）

答：货币乘数 m1 和 m2 分别为 2.5 和 3.5，货币供给量 M1 为 1000 亿元，M2 为 1400 亿元。

2. 解：$D=\frac{20}{10\%+10\%}=\frac{20}{20\%}=100$（万元）

由题意，货币乘数 $m=\frac{1+k}{k+e+r}=4.2$

基础货币 B 增加了 100 万元，所以货币供给增加：$\Delta M_S=\Delta B\times m=100\times4.2=420$（万元），整个商业银行体系新增派生存款 420 万元。

3. 解：$r_d=\frac{1000}{5000}=20\%$

$e=\frac{1000}{5000}=20\%$

存款总额 $=5000\times\frac{1}{20\%+20\%}=12500$（万元）

派生存款总额 $=12500-5000=7500$（万元）

答：银行最大可能派生的派生存款总额为 7500 万元。

4. 解：设活期存款准备金率为 r_d，定期存款准备金率为 r_t，现金漏损率为 k，产业银行的超额准备金率为 e，非个人定期存款比率为 t，则有，

（1）存款乘数 $d=1\div(r_d+e+k+t\times t_t)$

$=1\div(0.15+0.05+0.25+0.5\times0.10)=2$

（2）M_1 货币乘数为 $m=(1+k)\div(r_d+e+k+t\times t_t)$

$=(1+0.25)\div(0.15+0.05+0.25+0.5\times0.10)$

$=2.5$

（3）基础货币 $B=R+C=400$（亿元）

则有 $M_1 = m \times B = 2.5 \times 400 = 1000$（亿元）

5. 解：$m_2 = \frac{k+1+t}{k+r_d+e+r_t t} = \frac{0.2+1+0.6}{0.2+0.1+0.05+0.03\times 0.6} = \frac{1.8}{0.368} = 4.89$

当 r_d 降为 0.05，r_t 降为 0 时，货币乘数变为

$$m_2 = \frac{k+1+t}{k+r_d+e+r_t t} = \frac{0.2+1+0.6}{0.2+0.05+0.05+0\times 0.6} = \frac{1.8}{0.3} = 6$$

此时根据货币供给乘数可以发现乘数增加了 1.11，则货币供给增加了 5000 × 1.11 = 55050 亿单位。

6. $D_1 = 1/r_R = 1 \div 10\% \times 150 = 1500$（亿元）

$D_2 = 1/r_R = 1 \div 15\% \times 150 = 1000$（亿元）

$D_3 = 1/r_R = 1 \div 5\% \times 150 = 3000$（亿元）

r_d 由 10% 上升至 15% 时，货币供给量减少 500 亿元；

r_d 由 10% 下降至 5% 时，货币供给量增加 1500 亿元。

7. 法定存款准备金 = 10000 × 8% = 800（元）

超额存款准备金 = 10000 − 800 = 9200（元）

贷款 = 9200 元

存款总额 D = 1/r = 1 ÷ 8% × 10000 = 125000（元）

六、简答题

1. 从银行系统的资产负债表看，影响货币供给量增减变化的主要因素有哪些？

①国际收支增减净额若为正数（即国际收支顺差或黄金外汇储备净增），则使货币供给量增加；若为负数则使货币供给量减少；②财政支出与收入增减净额若为正数，则表示财政净赤字，这必然导致货币供给量增加；若为负数，则表示财政净盈余，这必会使货币供给量减少；③银行对企业、团体及个人的贷款和投资增减净额若为正数，则表示信用扩张，这直接引起货币供给量增加；若为负数，则表示信用收缩，这造成货币供给量减少；④银行内部平衡能力。其增减会引起货币供给量呈反向变动。

2. 简述货币供给理论的主要内容。

①货币供给的定义；②货币供给的形成和传导轨迹。中央银行与商业银行之间资产负债的账户关系，以及派生存款的形成；③货币供给的三个要素，即基础货币、货币乘数和货币供给量，以及货币供给量的决定；④不同经济模式下中央银行调控货币供给量的可能程度及其操作。

3. 简述货币供给的一般模型。

货币供给的一般模型通常表示为：

$M_S = mB$，其中 M_S 表示货币供给量，m 表示货币乘数，B 表示基础货币。

模型的含义是：货币供给量由基础货币和货币乘数两个因素共同作用而成，其数量是基础货币的 m 倍。基础货币是中央银行创造出来的，它可以借金融体系进一步创造出更多的货币。货币乘数体现了金融体系的信用创造能力，表现为基础货币发挥作用的倍数。

4. 决定通货比率的主要因素有哪些？

（1）公众可支配收入水平的高低，一般来讲，可支配收入越高，通货比率也越高，反

之则越低。

（2）用通货购买或以支票购买的商品或劳务的相对价格的变化，例如，食物价格相对于消费品的价格是上升的话，则通货比率会增加。

（3）公众对未来通货膨胀的预期，如果公众认为通货膨胀会加剧，则会提取更多的通货，以抢购保值资产从而避免购买力的损失，这时通货比率会增高。

此外，社会的支付习惯、银行业的发达程度、信用工具的多寡，社会和政治的稳定性以及其他金融资产收益率的变动都会影响通货比率的大小。

5. 商业银行的超额准备金率是由哪些因素决定的？

（1）保有超额准备金的机会成本的大小，即市场利率的高低，市场利率越高，银行越愿意持有较少的超额准备金；

（2）借入超额准备金成本的大小，这主要是指中央银行再贴现率的高低。再贴现率高意味着借入超额准备金的成本增大，在这种情况下，商业银行会留存较多的超额准备金以备不时之需；反之，若借入超额准备金的成本很小，则商业银行就没有必要留存过多的超额准备金。

（3）经营风险和资产流动性的状况。在竞争的情况下，商业银行是在充满风险的状态中经营的。因此，为应付难以预料的意外提现、支票结清时所发生的准备金头寸短缺，或当企业借款需求增加等都会使商业银行在风险和收益的双重权衡中，改变所留存的超额准备金的大小。此外，整个经济的变化趋势及银行存款结构的变动等因素都会影响超额准备金比率。

6.（1）我国货币供应量划分为如下三个层次：

M_0 = 流通中现金

$M_1 = M_0$ + 活期存款

$M_2 = M_1$ + 定期存款 + 储蓄存款 + 其他存款 + 客户在证券公司的保证金

（2）各国中央银行在确定货币供给的统计口径时，都以流动性的大小，也即作为流通手段和支付手段的方便程度作为标准。流动性程度较高，即在流通中周转较便利，相应地，形成购买力的能力也较强，流动性较低，即周转不方便，相应地，形成购买力的能力也较弱。显然，这个标准对于考察市场均衡、实施宏观调节有重要意义。

七、论述题

1. 现代银行制度下的货币供给机制是怎样的？试写出其理论模型。

在现行中央银行制度下，货币供应量是通过中央银行创造基础货币和商业银行创造存款货币注入流通界的。这一供应过程具有以下三个特点：

第一，货币供给形成的主体是中央银行和商业银行（包括接受活期存款的金融机构），亦即银行系统，一般不包括非银行金融机构。

第二，两个主体各自创造相应的货币。中央银行创造现金通货，商业银行创造存款货币。

第三，银行系统供给货币的过程必须具备三个基本条件。一是实行由银行系统提供的完全的信用货币流通，即流通中不存在金属货币和国家纸币（原来意义上由政府直接发行的纸币）；二是实行存款准备金制度；三是广泛采用非现金结算方式。在这三个条件下，货币的形成主要有两个环节：一是由中央银行策源的货币供给；二是商业银行的存款货币创造。在这两个环节中，由于商业银行要受制于中央银行，因此，中央银行在整个货币供给中属于核心地位。中央银行策源的货币供应量是货币供给过程的主流部分。

（1）基础货币与货币供应量。

基础货币又称强力货币和高能货币，是指处于流通界为社会公众所持有的通货及商业银行存在中央银行的准备金总和，可用公式表示为：

$B = C + R$

式中：B 代表基础货币，C 代表流通中的现金，R 代表商业银行在中央银行的准备金存款。

基础货币作为整个银行体系内存款扩张、货币创造的基础，其数额大小对货币供应总量具有决定性的影响。

（2）货币乘数与货币供应量。

在货币供给过程中，中央银行的初始货币供应量与社会货币最终形成量之间存在着数倍扩张（或收缩）的效果或反应，这即所谓的乘数效应。乘数效应的实质，是要揭示基础货币与货币供应量有决定性作用。所谓货币乘数，也称货币扩张系数，是用以说明货币供应量与基础货币的倍数关系的一种系数。这种作用可用一个简单的货币供给方程来表示：

$M_S = B \cdot m$

货币供给 M_1 的乘数计算公式：

$$M_1 = \frac{1 + k}{r_d + r_t \cdot t + k + e}$$

从货币乘数的计算公式中不难看出，m_1 的大小取决于计算公式中的 r_d、e、k 和 $r_t \cdot t$。

我们将货币乘数公式代入货币供应量公式中，就得到一个完整的 M_1 口径的货币供应理论模型：

$$M_1 = B \cdot \frac{1 + k}{r_d + e + k + r_t \cdot t}$$

由此可见，货币供应量是由中央银行、商业银行及社会公众这三个经济主体的行为所共同决定的。如果撇开各因素之间的相互影响，则 B、r_d 及 r_t 这三个因素基本上代表了中央银行的行为对货币供给的影响，e 则代表了商业银行的行为对货币供给的影响，t 和 k 则代表了社会公众的行为对货币供给的影响。

2. 试述基础货币的决定和调控。

（1）中央银行资产负债表中，黄金外汇储备的增减，导致基础货币增减。

（2）中央银行资产负债表中，对金融机构债权的增减，导致基础货币增减。

（3）中央银行资产负债表中，对政府债权的增减，导致基础货币增减。

（4）中央银行资产负债表中，政府存款和国外存款增减，导致基础货币增减。

中央银行要控制基础货币，就要控制黄金外汇储备、控制对金融机构债权、控制对政府债权。

第十二章

通货膨胀

☞学习目的和要求

通过本章的学习，要求学生能够较为全面系统地了解通货膨胀的基本理论，并且能够对现实中出现的通货膨胀现象进行简单的分析和判断。理解和掌握通货膨胀的概念，通货膨胀的衡量、分类、通货膨胀的成因和效应，熟练掌握通货膨胀的治理。

☞要点提示

第一节　通货膨胀及其衡量

一、通货膨胀的定义

通货膨胀是指一定时期货币过多而引起商品和劳务价格总水平持续上涨的一种经济现象。这一定义一般包含以下几个内容：

（1）通货膨胀意为通货过多；

（2）强调考察对象是商品和劳务；

（3）强调“货币价格”；

（4）注重“总水平”的考察；

（5）强调“持续上涨”。

物价上涨是标志，货币的发行量过多是原因，通货贬值是实质。在价格管制下，短缺、凭票供应、持币待购、强制储蓄是通货膨胀的非价格表现形式。

二、通货膨胀的衡量

1. 消费物价指数（CPI）

消费物价指数也称零售物价指数或生活费用指数，它是根据具有代表性的家庭的消费开支所编制的物价指数，以反映消费者为购买消费品而付出的价格的变动情况。

2. 批发物价指数（WPI）

批发物价指数也称生产者物价指数，它是根据制成品和原材料的批发价格编制而成的指数，它反映了一国商品批发价格的上升或下降的幅度。

3. 国民生产总值折算指数（GNP Deflator）

国民生产总值折算指数是指按当年价格计算的国民生产总额对按固定价格计算的国民生产总额的比率。GNP 折算指数是一个能综合反映物价水平变动情况的指标。

三、通货膨胀的类型

（一）通货膨胀的类型

人们常常根据不同的标准将通货膨胀分为若干种类型，借以说明各种不同的经济现象和问题。通货膨胀的具体分类方法有：

（1）按通货膨胀的表现形式来划分，可分为公开型通货膨胀和抑制型通货膨胀。

（2）按物价上涨速度来划分，可分为爬行的通货膨胀、快步的通货膨胀和恶性的通货膨胀。

（3）按人们对通货膨胀的预期来划分，又分为预期通货膨胀和非预期通货膨胀。

（4）按通货膨胀的成因来划分，可分为需求拉上型、成本推进型、结构型、预期型和体制型通货膨胀。

（二）西方国家通货膨胀成因理论

1. 需求拉上说

它的基本要点是：假定在生产量或生产成本不变的情况下，由于需求的变动，使得总需求大于总供给，过多的需求拉动了价格水平的上涨。

（1）过度需求论。以凯恩斯为代表，认为在经济达到充分就业时，货币数量增加会造成价格上涨，进而引起通货膨胀。

（2）货币数量论。认为货币数量的任何增加都会导致一般物价水平的同比例上涨。

2. 成本推动说

成本推动型通货膨胀成因分析者们认为，由供给因素变动形成的通货膨胀可以归结为以下几个原因：一是工会力量对工资提高的要求；二是垄断行业中企业为追求利润制定的垄断价格；三是汇率变化导致的成本推进。

（1）工资推进型。由于工会组织力量的强大和不完全竞争劳动力市场的存在，导致工资的增长快于劳动生产率的增长，造成劳动力成本增加，物价上涨，且呈螺旋式上升，就会引发通货膨胀。

（2）利润推进型。其前提条件是存在着物品和服务销售的不完全竞争市场。在垄断存在的条件下，卖主就有可能操纵价格，使价格上涨速度超过成本支出的增加速度，以赚取垄断利润。如果这种行为的作用大到一定程度，就会形成利润推进型通货膨胀。

（3）汇率成本推进型。它是由于本国货币对他国货币汇率变动而引起的出口成本上升，或者进口成本上升，并带动国内其他商品价格的连续上涨。

3. 供求混合说

这种观点认为，在现实经济社会中，通货膨胀的原因究竟是需求拉上还是成本推进很难分清：既有来自需求方面的因素，又有来自供给方面的因素，即所谓“拉中有推，推中有拉”，通货膨胀是由需求拉上和成本推动共同引起的。

4. 结构性通货膨胀

它的理论基点是从经济结构、部门结构来分析物价总水平持续上涨的机理，认为部门间发展的差异和不平衡是导致通货膨胀的根源。

（1）封闭的经济条件下：经济部门可以总的分为两大类：扩展中的部门和停滞衰退的部门。前一类部门劳动生产率增长得较快，工人工资相应增长较快；后一类部门劳动生产率停滞甚至下降，工人工资不变或下降。各部门工人要求“公平性原则”，攀比效应的存在，又导致后者的工资也要增长，造成货币投放过多，引起通货膨胀。

（2）开放的经济条件下：通货膨胀可以在国家间输出和输入，即通货膨胀的国家间传散。该理论模型通称“北欧模型”，它的理论分析对象是小型开放经济，或海岛经济。“北欧模型”亦将经济分为两大部门：一是“开放经济部门”，即产品与世界市场有联系的部门；二是“非开放经济部门”，即产品与世界市场没有直接联系的部门。开放经济部门的价格增长率、工资增长率、通货膨胀率等与国际市场一致，并且可以将国际市场上的通货膨胀率引入国内，引起国内的通货膨胀。

（三）我国理论界关于通货膨胀成因的讨论

1. 关于需求拉上的研究

（1）财政赤字。财政赤字的弥补通过货币发行和向银行透支的方式来解决的，前者直接增加了货币的供应，后者在银行无信贷资金结余的情况下也是增加货币的投放，因此无论用哪种办法来弥补都是增加了货币的供应量，造成需求过旺、通货膨胀。

（2）信用膨胀。信用膨胀就是银行贷款的规模超过了国民经济发展的实际需要，从而导致贷款的货币投入没有相应的产出。

2. 关于成本推动的研究

（1）消费基金增长过快。

（2）价格体系改革，使农副产品和原材料价格上涨，使得其他产品成本上升。

3. 关于结构性因素的研究

4. 体制性因素的分析研究

第二节　通货膨胀的效应

一、收入分配效应

所谓收入再分配效应，是指由于通货膨胀形成的物价上涨而造成的收入再分配。在通货膨胀时期，由于物价的变动，人们的名义货币收入与实际货币收入间会产生差距。判断通货膨胀对收入分配的影响程度，则主要是以实际收入变动为标准。对不同收入种类的人，在通货膨胀中，各自的利益所受影响不同。

（1）以工资或薪金收入为主者受到损失，因为工资的调整总是滞后于通货膨胀。

（2）以利息和租金收入为主者受到损失，因为利息、地租收入的调整也存在延时的问题。

（3）以利润收入为主者受益。以利润为收入者，在通货膨胀中至少可以不受影响，如果因企业工资调整的滞后、举债、产品销售提价等因素，则可以大获其利。

二、财富分配效应

通货膨胀不仅引起收入的再分配，而且也会引起人们持有财富的再分配，又称资产结构调整效应。通货膨胀引起社会财富的再分配，一般说来有利于债务人，不利于债权人。通货膨胀引起财富再分配的程度要取决于以下几个因素：

（1）资产与负债的差额。从理论上说，负债的差额越大，在通货膨胀中受益越大；相反净资产越多，受到损失就越大。

（2）资产的构成情况。实物资产的价格是随着通货膨胀率的提高而上涨的，所以它在通货膨胀中不易受损。而存款和货币资产等金融资产则要受通货膨胀的损失。

（3）负债的偿还条件。浮动利率债权人在通货膨胀中受损较少。反之，固定利率债权人受损就大。

三、强制储蓄效应

强制性储蓄的含义是指政府可通过通货膨胀手段来增加储蓄的比重。这里所说的储蓄是指用于投资的货币积累，这种货币积累的来源主要有个人、企业、政府这三个部门。政府通过扩张政策实现的储蓄，虽有强制性，但全社会的储蓄总量并不会增加，因这部分储蓄是从个人和企业等储蓄中挤出来的，政府储蓄的增加，相对应的其他部分储蓄就会下降。

四、资源配置效应

通货膨胀时期，会引起整个社会资源配置上的紊乱，运作效率降低，以致总产出减少，国民生活水平下降。

（1）通货膨胀使货币无法正常发挥职能，人们更愿意持有各种保值性资产，或者进行各种投机活动，这样会产生“鞋底成本”。

（2）通货膨胀时期合同更加短期化，降低了各种资源的使用效率。

（3）通货膨胀时期价格不稳定，价格信号容易失真，资源配置容易发生决策上的失误。

五、通货膨胀与经济增长（产出效应）

1. 促进论

促进论认为通货膨胀可以促进经济增长，这种理论建立于经济长期存在有效需求不足、生产要素尚未充分利用、劳动者没有充分就业的假设基础上的。

（1）从政府角度考虑，采用通货膨胀性的财政信用政策，增加货币供给，则可以增加投资数量，促进经济增长。

（2）从收入分配效应与资产结构调整效应角度来看，通货膨胀是一种有利于富裕阶层的收入再分配，而富裕阶层的储蓄倾向较高。因此，通货膨胀会通过提高储蓄率而促进经济增长。

2. 促退论

这种观点认为经济增长与通货膨胀负相关，通货膨胀不仅不会促进经济增长，反而会损害经济发展。

3. 中性论

中性论认为通货膨胀对经济成长，既无正的产出效应，也无负的产出效应。原因是通货膨胀的各种效应的作用会相互抵消。

六、恶性通货膨胀将导致经济社会危机

1. 对生产的影响

（1）恶性通货膨胀使得用于生产的资金锐减。

（2）恶性通货膨胀将导致不合理的产业结构，使得国民经济畸形发展。

2. 对流通的影响

（1）恶性通货膨胀造成了商品流通的混乱。正常的商品流通秩序被打乱，因为各地物价上涨不均衡。

（2）恶性通货膨胀容易形成囤积商品，造成病态的商品需求。

3. 对货币金融的影响

（1）恶性通货膨胀，影响了货币职能作用的正常发挥，最终可能导致整个货币制度的崩溃。

（2）恶性通货膨胀，影响了银行业务的正常进行，人们不愿意储蓄，银行也不愿意发放贷款。

（3）恶性通货膨胀，破坏了正常的信用关系，阻碍了信用的发展，因为通货膨胀不利于债权人。

4. 对财政的影响

通货膨胀导致生产萎缩，财政收入减少。

5. 恶性通货膨胀还影响大多数人的生活水平，有可能导致社会和政治的动荡。

第三节　通货膨胀治理

一、宏观紧缩政策

它的基本原则就是收缩通货减少需求。这种政策主要适用于经济处于或接近充分就业水平，通货膨胀是由过度需求造成的，或者是出现了恶性通货膨胀。

1. 紧缩性货币政策

即货币当局通过压缩限制商业银行信贷规模，减少货币供给量，实现宏观紧缩的目的。我国习惯上称之为“抽紧银根”。具体办法是运用中央银行的三大政策工具来实现：（1）提高法定存款率。（2）提高再贴现率。（3）在公开市场业务操作中，出售证券。

2. 紧缩性财政政策

即政府通过增收减支的办法来抑制总需求的增长，实现宏观紧缩。具体的办法有：（1）增加税收。（2）削减政府开支。

二、物价与所得政策

它的含义即政府当局拟订一套关于物价和工资的行为准则，由价格的决定者（即劳资双方）共同遵守。这些政策准则的实施，可以是自愿性的，也有可能是强制性的。具体来看这些政策准则包含了两个方面的内容：即价格政策和工资收入政策。

1. 价格政策

（1）政府与企业订立反涨价合同。

（2）立法限制垄断高价。

（3）非常时期，采用管制和冻结物价的强制性措施。

2. 收入政策

（1）确定工资—物价指导线。

（2）管制或冻结工资。

（3）运用税收手段调节收入。

三、收入指数化政策

是指工资、利息、各种证券收益以及其他收入一律实行指数化，同物价变动联系起来，使各种收入随物价指数的变动而进行调整，以避免通货膨胀带来的损失和分配不均。实施收入指数化政策，大体可分为两类：一种是有限的指数化方案，即在实施指数化时，范围上仅限于某几种或一种收入、债券或其他因素。另一种是全面的指数化方案，即在实施范围上，建立更为全面、更为复杂的综合性升降条款系统。

1. 收入指数化政策的功效

（1）可以避免通货膨胀的财富分配效应。

（2）可以剥夺政府的通货膨胀收入，杜绝政府通货膨胀动机。

（3）有利于经济的稳定增长。

2. 收入指数化政策的不足

（1）不能从根本上解决通货膨胀。

（2）全面指数化，在技术上难以达到。

（3）使得工资—物价螺旋上升，进一步加剧通货膨胀。

四、治理通货膨胀的其他对策

（1）供应政策。通过增加有效供给，降低边际税率以刺激投资，刺激产出，来对付通货膨胀。

（2）改革市场结构。主要针对市场结构的不合理，可能造成的诱发物价上扬的影响。这里的市场结构，主要指的是劳动力市场和商品市场的结构。

（3）国际通力合作。

五、中国通货膨胀的治理

改革开放以来，我国也出现过通货膨胀，治理措施有：宏观紧缩、压缩基建规模、控制消费基金增长过快、深化体制改革、调整市场结构、增加有效供给、整顿经济秩序、增产节约、增收节支等。

☞知识拓展

从2006年到2007年，直至2008年上半年，在我国出现的物价上涨现象是通货膨胀吗？政府采取了哪些治理措施？究其根源，有认为是不合理的汇率制度引入了的热钱，有认为是分配体制的不均引起的工资推动，有认为是原材料价格上涨造成的成本推进……。你认为，这次的价格上涨是什么原因造成的？

☞练习题

一、填空题

1. 从世界各国来看，通货膨胀的衡量指标一般采用________、________、________。
2. 按市场机制的作用划分，通货膨胀可以分为________和________。
3. 按物价上涨的速度划分，通货膨胀可以分为______、______、________。
4. 按人们对通货膨胀的预期来划分，通货膨胀可以分为________和________。
5. 按通货膨胀的成因来划分，通货膨胀可以分为________、________、________________、________。
6. 需求拉上的通货膨胀理论有两种，一是凯恩斯学派的________，二是货币学派的________。
7. 成本推动的通货膨胀有两种类型，即________和________。
8. 通货膨胀具有财富分配效应，对债权人和债务人来说受益的是________，受损的是________。
9. 紧缩性财政政策的措施有________、________。
10. 治理通货膨胀的价格政策具体措施有________、________、________。

二、单项选择题

1. 通货膨胀的主要表现是（　　）。

A. 工资上涨　　B. 股票价格上涨

C. 债券价格上涨　　D. 商品和劳务价格上涨

2. 高额的垄断利润导致物价上涨，属于（　　）类型的通货膨胀。

A. 需求拉上　　B. 成本推动

C. 结构　　D. 体制

3. 财政赤字导致的通货膨胀，属于（　　）类型。

A. 需求拉上　　B. 成本推动
C. 混合推动　　D. 结构

4. 在通货膨胀中，下列经济主体会受益的是（　　）。
A. 债权人　　B. 以工资收入为主者
C. 以利息、租金收入为主者　　D. 以利润收入为主者

5. 在治理通货膨胀中，不属于财政紧缩政策的是（　　）。
A. 削减政府支出　　B. 限制公共事业投资
C. 制定物价、工资管理政策　　D. 增加税收以抑制个人支出

6. 把减税作为克服通货膨胀的主要措施是（　　）学派提出的。
A. 供应　　B. 凯恩斯
C. 货币　　D. 理性预期

7. 商品短缺是（　　）型通货膨胀的表现形式。
A. 爬行　　B. 成本推进
C. 抑制　　D. 结构

8. 需求的增加在（　　）时会引起通货膨胀的发生。
A. 经济萎靡　　B. 经济复苏
C. 经济倒退　　D. 充分就业

9. 利润推进型通货膨胀出现的前提是存在（　　）。
A. 自由竞争的劳动力市场　　B. 垄断的劳动力市场
C. 严格管制　　D. 商品和服务销售的不完全竞争市场

10. 以下不属于通货膨胀治理手段的是（　　）。
A. 提高再贴现率　　B. 冻结工资
C. 加强国际合作　　D. 保持商品供给不变

三、多项选择题

1. 隐蔽型通货膨胀主要有以下表现形式（　　）。
A. 商品价格明显上涨　　B. 商品普遍短缺
C. 货币购买力下降　　D. 凭票供应
E. 黑市猖獗

2. 关于通货膨胀的内涵，应从以下几个方面去理解（　　）。
A. 通货膨胀意为通货过多　　B. 考察对象是商品和劳务的价格
C. 单位货币的购买力下降　　D. 商品和劳务价格总水平的持续上涨
E. 也包括股票、债券金融资产的价格普遍上涨

3. 通货膨胀的财富调整效应程度主要取决于以下几个因素（　　）。
A. 通货膨胀率　　B. 资产与负债的差额
C. 资产的构成情况　　D. 负债的偿还条件
E. 负债的期限

4. 在治理通货膨胀中，属于紧缩性货币政策措施的是（　　）。
A. 提高法定存款准备率　　B. 提高再贴现率

C. 降低再贴现率　　D. 中央银行买进有价证券
E. 中央银行卖出有价证券

5. 在治理通货膨胀中，物价与所得政策的措施有（　　）。
A. 收入指数化　　B. 限制政府支出
C. 制定工资—物价指导线　　D. 管制和冻结工资
E. 运用税收手段

6. 我国理论界认为引起通货膨胀的原因有（　　）。
A. 财政赤字　　B. 银行信贷管理体制
C. 信用膨胀　　D. 价格体系
E. 工资成本

7. 通货膨胀的资源配置效应包括（　　）。
A. 合同短期化　　B. 价格信号失真
C. 工作时间增加　　D. 产生“鞋底成本”
E. 资源配置效率下降

8. 收入指数化政策在治理通货膨胀时的效果体现在（　　）。
A. 减少不公平的收入再分配　　B. 杜绝人为动机
C. 保持真实收入不变　　D. 避免抢购商品现象
E. 从根本上解决通货膨胀

9. 隐蔽型通货膨胀的形成条件包括（　　）。
A. 市场价格发挥调节作用　　B. 严格的价格管制
C. 单一的行政管理体制　　D. 过度的需求压力
E. 价格双轨制

10. 通货膨胀的各种效应包括（　　）。
A. 产出效应　　B. 强制储蓄效应
C. 收入分配效应　　D. 资产结构调整效应
E. 引发经济危机

四、名词解释

1. 通货膨胀　2. 消费物价指数　3. 批发物价指数　4. 国民生产总值平减指数　5. 隐蔽型通货膨胀　6. 结构型通货膨胀　7. 滞胀

五、简答题

1. 通货膨胀的类型有哪些?
2. 通货膨胀有哪些效应?
3. 恶性通货膨胀对经济社会有何影响?
4. 结构主义者认为通货膨胀是如何促进经济增长的?

六、论述题

1. 西方国家通货膨胀的成因理论有哪些?

2. 治理通货膨胀有哪些对策?

七、深度思考题

改革开放以后我国出现的通货膨胀原因有哪些?

☞参考答案

一、填空题

1. 消费物价指数　批发物价指数　国民生产总值平减指数
2. 公开型　隐蔽型
3. 温和型　快步型　恶性
4. 预期性通货膨胀　非预期性通货膨胀
5. 需求拉上　成本推动　供求混合　结构性通货膨胀
6. 过度需求理论　货币数量论
7. 工资推进型通货膨胀　利润推进型通货膨胀
8. 债务人　债权人
9. 增加税收　削减支出
10. 签订反涨价合同　立法限制垄断价格　管制和冻结工资

二、单项选择题

1. D　2. B　3. A　4. D　5. C　6. A　7. C　8. D　9. D　10. D

三、多项选择题

1. BCDE　2. ABCD　3. ABCDE　4. ABD　5. ACDE　6. ABCDE　7. ABDE　8. ABCD　9. BCD　10. ABCDE

四、名词解释

1. 通货膨胀。是由于流通中货币过多而引起的货币不断贬值，商品和劳务价格总水平持续上涨的一种经济现象。

2. 消费物价指数。是生活消费品的报告期价格与基期价格之比，它反映生活消费品的价格变化，是衡量通货膨胀的一个指标。

3. 批发物价指数。是生产资料批发价格报告期与基期之比，它反映生产资料的价格变化，是衡量通货膨胀的一个指标。

4. 国民生产总值平减指数。是以报告期价格计算的国民生产总值与以基期价格计算的国民生产总值之比，是衡量通货膨胀的一个指标。

5. 隐蔽型通货膨胀。是在价格管制的条件下，虽然价格没有上涨，但货币过多商品供应短缺的一种通货膨胀。

6. 结构型通货膨胀。是指由于经济结构失调而导致的通货膨胀。

7. 滞胀，是指经济生活中出现了生产停滞、失业增加和物价水平上涨同时存在的现象。它是通货膨胀长期发展的结果。

五、简答题

1. 通货膨胀的类型有哪些？

（1）按通货膨胀的表现形式来分，可分为公开型通货膨胀和抑制型通货膨胀。（2）按物价上涨速度来分，可分为爬行的通货膨胀、快步的通货膨胀和恶性通货膨胀。（3）按人们对通货膨胀的预期来分，又分为预期通货膨胀和非预期通货膨胀。（4）按通货膨胀的成因来划分，可分为需求拉上型、成本推进型、结构型、预期型和体制型通货膨胀。

2. 通货膨胀有哪些效应？

（1）收入分配效应，即通货膨胀引起国民收入的再分配。在分配过程中，工资、利息、租金收入者会受到损失，利润收入者会受益。

（2）财富分配效应，就是通货膨胀会引起财富的再分配和资产结构的调整。在分配中有利于债务人不利于债权人，货币资产会受到损失。

（3）强制储蓄效应，国家利用通货膨胀来增加储蓄的比重，减少消费比重。

（4）资源配置效应，通货膨胀时期，会引起整个社会资源配置的紊乱，运作效率的降低，国民生活水平的下降。

（5）产出效应，即通货膨胀与经济增长的关系。有促进论、促退论和中性论三种观点。

3. 恶性通货膨胀对经济社会有何影响？

（1）对生产的影响：首先是生产部门的资金会减少，因为生产的周期较长，投资的风险较大。其次是导致生产结构的失调，因为通货膨胀期间，价格上涨不平衡，价格信号失真。

（2）对流通的影响：首先是造成商品流通的混乱。其次是造成病态的商品需求，抢购商品。

（3）对货币金融的影响：首先是影响货币职能的正常发挥，价值尺度不稳定，流通受阻。其次导致银行信用规模缩小乃至破坏整个信用制度。

（4）对财政的影响：由于生产萎缩导致财政收入下降。

（5）对人们生活的影响：降低了人们的生活水平，导致社会动荡。

4. 结构主义者认为通货膨胀是如何促进经济增长的？

该理论建立于经济长期存在有效需求不足、生产要素尚未充分利用、劳动者没有充分就业的假设基础上，他们认为在这种条件下，实际经济增长率低于潜在经济增长率，因此，政府可以实施通货膨胀政策，用增加赤字预算，扩大投资支出，提高货币增长率等手段来刺激有效需求，促进经济成长。特别是对于许多发展中国家来说，通货膨胀促进经济成长的效应尤为明显。

六、论述题

1. 西方国家通货膨胀的成因理论有哪些？

（1）需求拉上说。需求拉上说主要从需求的角度来寻求通货膨胀的根源。它的基本要点是：假定在生产量或生产成本不变的情况下，由于需求的变动，使得总需求大于总供给，过多的需求拉动了价格水平的上涨。通俗地讲，是“过多的货币追求过少的商品”。这一理论又有两种形态：

其一，为过度需求论。该理论认为，在经济尚未达到充分就业时，如果货币数量增加，从而社会总需求增加，则能促使就业增加和产量的增加，而不会导致一般物价水平显著上升；但是当经济达到充分就业时，货币数量的增加，从而社会总需求增加，就不能引起就业和产量的增加，而只能导致一般物价水平的上升。其二，为货币数量论。这一理论视货币数量的增加为一般物价水平上涨的唯一因素，且认为货币数量的任何增加都会导致一般物价水平的同比例上升，通货膨胀是一种纯粹货币现象。在“古典”经济学与新古典经济学中，解释一般物价水平上升的理论主要是货币数量论。

（2）成本推动说。这是一种侧重从供给或成本方面分析通货膨胀形成机理的假说。成本推进型通货膨胀成因分析者们认为，由供给因素变动形成的通货膨胀可以归结为以下几个原因：一是工会力量对工资提高的要求；二是垄断行业中企业为追求利润制定的垄断价格；三是汇率变化导致的成本推进。因此，供给或成本推进型通货膨胀可以从这些方面来考察。

工资推进通货膨胀，这种理论是存在强大的工会组织，从而存在不完全竞争的劳动市场为假定前提。工资是由工会和雇主集体议定时，这种工资则会高于竞争的工资。为维持盈利水平就会引发的物价上涨，在西方经济学中，称为工资—价格螺旋机制。

成本推进型通货膨胀的另一成因是利润的推进。其前提条件是存在着物品和服务销售的不完全竞争市场。在垄断存在的条件下，卖主就有可能操纵价格，使价格上涨速度超过成本支出的增加速度，以赚取垄断利润。如果这种行为的作用大到一定程度，就会形成利润推进型通货膨胀。

（3）供求混合推动说。这种观点认为，在现实经济社会中，通货膨胀的原因究竟是需求拉上还是成本推进很难分清：既有来自需求方面的因素，又有来自供给方面的因素，即所谓“拉中有推，推中有拉”，认为通货膨胀是由需求拉上和成本推进共同起作用而引发的。

（4）结构性通货膨胀。结构性通货膨胀理论属西方经济学中第二代通货膨胀理论，它的理论基点是从经济结构、部门结构来分析物价总水平持续上涨的机理，认为部门间发展的差异和不平衡是导致通货膨胀的根源。

①以一国国内的封闭经济条件为背景来进行分析。

结构理论者认为，经济部门可以总的分为两大类：扩展中的部门和停滞衰退的部门。前一类部门劳动生产率增长得较快，后一类部门劳动生产率停滞甚至下降。各部门工人要求“公平性原则”，即要求在工资报酬方面一视同仁。但由于后一类部门劳动生产率没有提高，这样对全社会来说就形成了货币工资增长率大于劳动生产率增长率的情况，结果造成通货膨胀。

②开放的经济环境中的结构性通货膨胀分析。

在开放经济条件下，研究结构性通货膨胀，强调通货膨胀的输入性，即通货膨胀的国家间传散。该理论模型通称“北欧模型”，它的理论分析对象是小型开放经济。

“北欧模型”亦将经济分为两大部门：一是“开放经济部门”，即产品与世界市场有联系的部门，如制造加工业等；二是“非开放经济部门”，即产品与世界市场没有直接联系的部门。“北欧模型”的基本论点：开放部门的通货膨胀率大体等同于世界通货膨胀率，开放部门的任何工资增加将会导致非开放部门的工资率相应增加，趋于划一，非开放部门的产品按成本加利润的定价，必然引起工资推进的通货膨胀。

2. 治理通货膨胀有哪些对策?

（1）宏观紧缩政策。就是收缩货币，减少有效需求。其措施主要有两种：

①缩性的货币政策，通常是运用三大货币政策工具，减少货币的供应量。提高法定存款准备率，以缩小货币乘数。提高再贴现率来提高商业银行的资金成本，缩小信贷规模。中央银行在金融市场上卖出有价证券，以减少货币供应量。

②缩性的财政政策，主要是增加政府收入，减少政府支出来抑制总需求的增长。

（2）物价与所得政策。就是政府拟定一套关于物价和工资的行为准则，由劳资双方共同遵守。

①物价政策。首先政府与企业订立反涨价合同。其次是通过立法限制垄断高价。再次在非常时期，政府可以管制和冻结物价。

②收入政策。首先是确定工资—物价指导线，确定工资增长的目标数值。其次是在非常时期管制和冻结工资。再次可以运用税收手段来限制工资的增长，对工资增长较快的企业课以重税，对个人收入征收所得税，限制收入的增长。

（3）收入指数化政策。就是把工资、利息、各种证券收益以及其他收入一律实行指数化，同物价变动联系起来，各种收入随物价变动而进行调整，避免通货膨胀带来的损失，并减弱通货膨胀带来的分配不均。

（4）其他对策。

①供应政策。就是发展经济增加供给，以缓解供不应求的矛盾。

②改革市场结构。主要是指诱发通货膨胀的劳动力市场结构和商品市场结构。在劳动力市场方面，应该减少对就业和转业的限制，改善就业信息的披露，加强就业的培训，以形成竞争性的劳动力市场。在商品市场上，应当调整生产结构，打破垄断，发展经济，改善商品供应。

③国际通力合作。在开放的经济条件下，通货膨胀可以在国际传播，所以治理通货膨胀，各国应共同采取措施，通力合作。

第十三章

通货紧缩

☞学习目的和要求

通过本章的学习，了解通货紧缩的概念、衡量、分类，理解和掌握通货紧缩的影响、成因和治理的对策。

☞要点提示

第一节　通货紧缩及其影响

一、通货紧缩的定义

通货紧缩是指物价总水平持续下降的现象，它是与通货膨胀相反的现象。

判断一个国家是否发生了通货紧缩，着重是看物价下降的状况。比较通行的看法是，物价水平长时间的负增长（一般认为在半年以上）才能称为通货紧缩。度量通货紧缩的具体统计指标，主要采用三个指数：消费物价指数、批发物价指数和国内生产总值平减指数。

二、通货紧缩的分类

1. 按通货紧缩的严重程度可分为轻度通货紧缩、中度通货紧缩和严重通货紧缩。

2. 按持续时间长短可分为长期性通货紧缩、中长期通货紧缩与短期性通货紧缩。

3. 按通货紧缩的成因进行分类，可分为政策紧缩型、需求拉下型、成本抑制型、体制转轨型、外部输入型和混合型。

三、通货紧缩的影响

（一）通货紧缩对投资的影响

通货紧缩对投资的影响主要是通过影响投资成本和投资收益发生作用。通货紧缩还通过资产价格变化对投资产生间接影响。

通货紧缩会使得实际利率有所提高，社会投资的实际成本随之增加，从而产生减少投资的影响。另一方面，通货紧缩使投资的预期收益下降。在通货紧缩情况下，理性的投资者预期价格会进一步下降，公司的预期利润也将随之下降。这就使投资倾向降低。

通货紧缩还经常伴随着证券市场的萎缩。公司利润的下降使股价趋于下探，反过来加重了公司筹资的困难。

（二）通货紧缩对消费的影响

物价下跌对消费需求有两种效应：一是价格效应；二是收入效应。物价的下跌是对消费者有利的一面。但是，如果消费者预期将来价格还会下降，他们将推迟消费。另一方面，通货紧缩也会对消费者产生收入减少的效应。因此，通货紧缩使消费者缩减消费。

（三）通货紧缩对财富分配的影响

通货紧缩时期的财富分配效应与通货膨胀时期正好相反。在通货紧缩情况下，高的实际利率有利于债权人，不利于债务人。

（四）通货紧缩对银行业的影响

通货紧缩可能导致银行业的危机。这是因为：

（1）通货紧缩加重了借款者的实际负担。

（2）资产价格的持续下降，贷款者的净资产减少，从而加速破产过程，最终致使银行遭受损失，甚至破产。银行经营环境的恶化会增加银行的流动性危机。

（3）通货紧缩容易造成信贷供给和信贷需求的萎缩。

（五）通货紧缩对经济增长的影响

通货紧缩使物价水平不断下跌，企业利润减少甚至亏损，投资与消费大幅度降低，失业率升高，出现经济增长乏力或负增长。

然而也存在通货紧缩与经济增长并存的情况，这种现象的发生可能是由于生产力的提高和技术的进步所产生的价格走低，因为生产力的提高所带来的好处抵消了价格下跌所带来的各种消极效应。

在一定的条件支持下，温和的通货紧缩不一定对经济产生破坏作用。严重的通货紧缩对于经济的危害是很大的。物价下降趋势的存在，必然导致对经济前景的悲观预期。经营者不敢投资或者想投资而苦于找不到合适的项目；消费者不敢放手消费。有效需求不足，使经济无力脱出负增长的困境。特别是对于那些借贷过多的公司和家庭来说，由于物价和收入的下降使他们很难偿还他们的借贷。最坏的情况是，许多公司和个人的破产会引起整个金融体系的混乱。

第二节　通货紧缩的成因

一、通货紧缩的一般原因

（一）紧缩性的宏观经济政策

在抑制通货膨胀的过程中，采取紧缩性的财政政策、货币政策。在通货膨胀问题得到解决以后，如果继续采取紧缩的财政货币政策，会导致货币供给不足，减少社会总需求，可能产生物价的持续下跌，导致通货紧缩。

（二）有效需求不足

首先，当实际利率提高时，消费和投资会出现大幅下降，消费和投资的有效需求不足会导致物价的持续下跌，产生通货紧缩。其次，金融体系效率较低，引起信用紧缩，也会减少社会总需求，导致通货紧缩。最后，体制因素导致消费需求不足。形成体制转轨型的通货紧缩。

（三）技术进步和科技创新

科技进步与创新提高了生产力水平，造成了生产能力过剩。在供给大于需求的情况下，物价必然下跌。这样就会出现成本抑制型通货紧缩。

（四）本币汇率高估

如果一国采取钉住强币的汇率制度时，货币币值高估，则会导致出口下降，增加进口，加剧国内企业经营困难，促使需求趋减，出现物价的持续下跌。同时其他国家货币的大幅贬值，也会进一步加大国内物价的持续下跌态势。

（五）供给结构不合理

过度的商品供给一方面会导致企业为价格的恶性竞争而纷纷杀价，另一方面大量的企业无法实现其收入，进而降低了对个人的收入分配，减少了有效需求，导致结构型通货紧缩。

二、我国通货紧缩的原因

我国从 1997 年第四季度起出现通货紧缩问题。原因主要有：

（1）消费需求不足。

（2）投资需求不足。

（3）生产结构不合理，生产能力过剩。

（4）国际因素的影响。

（5）宏观紧缩政策的惯性作用。

第三节　通货紧缩的治理

一、治理通货紧缩的一般对策

通货紧缩发生的根本原因是宏观经济的供求关系发生了变化，致使供给相对过剩，需求相对不足。要治理通货紧缩，就要采取扩张性政策，努力刺激有效需求，使一般物价水平得到合理回升。治理通货紧缩的措施是综合性的。

（一）扩大总需求的财政政策、货币政策

治理通货紧缩应主要从增加需求着手，主要运用财政政策与货币政策两大需求管理政策。

实施扩张性财政政策，主要是扩大财政开支，兴办公共工程，增加财政赤字，减免税收。扩张性财政政策常常被作为解决通货紧缩的处方。扩张性的货币政策，主要是通过调整法定存款准备率、再贴现率、公开市场业务等手段，增加商业银行提供贷款的能力，扩大货币供应量。在治理通货紧缩的对策中，货币政策主要是配合财政政策来运用的。

（二）引导经济主体预期

治理通货紧缩之所以困难，主要是因为预期心理发挥较大的作用。投资者和消费者对未来经济消极的心理起着重要作用。为此，政府公开宣布有关治理通货紧缩的政策措施，引导消费需求和投资需求，可以起到一定的导向作用。

（三）鼓励消费

要治理通货紧缩，必须努力提高消费需求，其中个人收入和消费支出的稳定上升是防止物价持续下跌的重要条件。要充分利用各种政策组合，从财政政策、货币政策、收入政策等方面，创造增加社会消费的条件，引导社会消费的稳定增长。

（四）改革汇率制度或实施汇率调节

通货紧缩可能由僵化的汇率制度所导致，这种汇率制度容易使本币过高估值，产生输入型通货紧缩。如果是这样，就需要对汇率制度进行改革，采取灵活的汇率制度，使汇率自由浮动或者扩大浮动范围，减轻外部冲击通货紧缩的压力。

二、我国治理通货紧缩的措施

我国在 1998 年发生通货紧缩后，政府推行了以积极的财政政策和稳健的货币政策为重心的综合配套的治理措施。

（1）扩大有效需求。

（2）实行积极的财政政策和稳健的货币政策。

（3）深化改革。

（4）推动技术创新。

☞知识拓展

国务院新闻办公室于 2019 年 1 月 21 日上午 10 时举行新闻发布会，国家统计局局长宁吉喆介绍 2018 年国民经济运行情况，并答记者问。他说：至于一些媒体担心的“通货紧缩”，从近 10 年来看，我国全局的通货紧缩没有发生过，但个别年份有结构性的紧缩因素。宏观政策要解决结构性矛盾、主要矛盾或者矛盾的主要方面，也要考虑供求总量的平衡。在面临经济下行压力的情况下，逆周期调节还是有很强的针对性，就是对冲下行压力，在结构上采取措施，供给侧结构性改革的“巩固、增强、提升、畅通”八字方针，这都有利于改善供求关系，有利于结构性去产能、结构性去杠杆。同时，也要考虑总需求平稳，现在的政策取向很明确，要继续实行积极的财政政策和稳健的货币政策，积极的财政政策要加力提效，稳健的货币政策要松紧适度。“加力”体现在实施更大规模的减税降费，较大幅度地增加地方政府专项债券规模，进一步增加中央预算内投资规模，重点支持补短板等方面。“提效”体现在提高财政资金的配置效率和使用效益，财政部门都做了部署。稳健的货币政策松紧适度，保持流动性合理充裕，保持货币、信贷及社会融资规模合理增长，按照深化供给侧结构性改革的要求优化融资结构、信贷结构，加大金融对民营企业的支持，进一步疏通货币政策传导机制，使资金更多地流入实体企业、流入中小微企业，提升金融服务实体经济的能力。

你认为我国目前有通货紧缩迹象吗？应该怎样防止通货紧缩？

☞练习题

一、填空题

1. 通货紧缩是指物价总水平持续________的现象。

2. 从世界各国来看，通货紧缩的衡量一般采用________、________、________三个指数。

3. 按通货紧缩的严重程度划分，可分为________、________、________。

4. 按通货紧缩持续时间长短划分，可分为________、________、________。

5. 通货紧缩对投资的影响主要是通过影响________和________发生作用。

6. 物价下跌对消费需求有两种效应：一是________效应；二是________效应。

7. 通货紧缩具有财富分配效应，对债权人和债务人来说受益的是________，受损的是________。

8. 治理通货紧缩应主要从增加需求着手，主要运用________与________两大需求管理政策。

9. 我国在 1998 年发生通货紧缩后，政府推行了________财政政策、________货币政策。

二、单项选择题

1. 通货紧缩的主要标志是（　　）。
A. 物价水平持续下降　　B. 货币供应量持续下降
C. 社会总需求下降　　D. 经济衰退

2. 通货紧缩对策中，中央银行通过公开市场业务购买政府债券属于（　　）。
A. 扩张性货币政策　　B. 改善供给政策
C. 收入指数化政策　　D. 扩张性财政政策

3. 通货紧缩对策中，扩大财政支出属于（　　）。
A. 改善供给政策　　B. 紧缩性收入政策
C. 收入指数化政策　　D. 扩张性财政政策

4. 通货紧缩对策中，减免税收属于（　　）。
A. 紧缩性财政政策　　B. 扩张性财政政策
C. 收入指数化政策　　D. 紧缩性收入政策

5. 下列不属于扩张性财政政策的是（　　）。
A. 扩大政府支出　　B. 扩大公共事业投资
C. 增加税收　　D. 减免税收

6. 下列不属于通货紧缩有害的方面是（　　）。

A. 储蓄增加的同时个人消费相应减少
B. 实际利率上升，债务人负担加重
C. 实际利率上升，投资吸引力下降
D. 促进企业在市场竞争中为占领市场份额而运用降价促销战略

三、多项选择题

1. 通货紧缩成因有（　　）。
A. 有效需求不足
B. 生产力能力过剩
C. 产业结构不合理
D. 本币高估
E. 金融体系效率低下
2. 下列说法正确的是（　　）。
A. 通货紧缩意味着实际利率的上升，投资项目的吸引力下降
B. 通货紧缩意味着货币购买力不断提高，从而消费者会增加消费，减少储蓄
C. 通货紧缩可能引发银行业危机
D. 通货紧缩可能会造成失业率上升
E. 通货紧缩可能会造成失业率下降
3. 根据通货紧缩产生的原因，可将其划分为（　　）等类型。
A. 投资膨胀型
B. 需求拉下型
C. 成本抑制型
D. 供求混合推动型
E. 结构型
4. 治理通货紧缩的宽松货币政策主要包括（　　）。
A. 提高存款准备金率
B. 降低存款准备金率
C. 降低贴现率
D. 中央银行在公开市场上卖出证券
E. 中央银行在公开市场上买入证券
5. 以下哪些措施对治理通货紧缩有一定的作用（　　）。
A. 增加税收
B. 增加政府支出
C. 降低法定存款准备率
D. 中央银行买进有价证券
E. 刺激消费

四、重要概念

1. 通货紧缩　2. 罗斯福新政

五、简答题

1. 通货紧缩对投资有何影响？
2. 通货紧缩对消费有何影响？
3. 通货紧缩的成因有哪些？

六、论述题

治理通货紧缩一般有哪些手段？

七、深度思考题

当前世界经济增速普遍放缓，你认为今后几年世界经济会有通货紧缩的风险吗？

☞参考答案

一、填空题

1. 下降
2. 消费物价指数　批发物价指数　国内生产总值平减指数
3. 轻度通货紧缩　中度通货紧缩　严重通货紧缩
4. 长期性通货紧缩　中长期通货紧缩　短期性通货紧缩
5. 投资成本　投资收益
6. 价格　收入
7. 债权人　债务人
8. 财政政策　货币政策
9. 积极的　稳健的

二、单项选择题

1. A　2. A　3. D　4. B　5. C　6. D

三、多项选择题

1. ABCDE　2. ACD　3. BCE　4. BCE　5. BCDE

四、重要概念

1. 通货紧缩：是指物价总水平持续下降的现象，它是与通货膨胀相反的现象。

2. 罗斯福新政：在美国历史上的1929—1933年大萧条中，当时的罗斯福总统采取的一系列“新政策”，其中包括：政府发行巨额国债，大力兴办公共工程，刺激国内需求；由美联储购进银行持有的政府债券，扩大货币发行；控制过剩农产品生产，以提高农产品价格来增加农民收入；暂停实施反托拉斯法，避免市场萎缩中的恶性竞争；实行最低工资制和社会救济；运用税收手段调节居民收入差距；降低税率；鼓励出口。罗斯福“新政”有效地遏制了通货紧缩的持续。

五、简答题

1. 通货紧缩对投资有何影响？

通货紧缩对投资的影响主要是通过影响投资成本和投资收益发生作用。通货紧缩会使实际利率有所提高，社会投资的实际成本增加，从而产生减少投资的影响。另一方面，通货紧缩使投资的预期收益下降，这就使投资倾向降低。

2. 通货紧缩对消费有何影响？

通货紧缩对消费需求有两种效应：一是价格效应；二是收入效应。物价的下跌是对消费者有利的一面。但是，如果消费者预期将来价格还会下降，他们将推迟消费。另一方面，通货紧缩也会对消费者产生收入减少的效应。因此，在通货紧缩情况下，价格效应倾向于使消费者缩减消费；而收入效应使他们缩减支出。

3. 通货紧缩的成因有哪些？

（1）紧缩性的宏观经济政策。

（2）有效需求不足。

（3）技术进步和科技创新，造成了生产能力过剩。

（4）本币汇率高估，导致出口下降，进口增加。

（5）供给结构不合理。

六、论述题

治理通货紧缩一般有哪些手段？

1. 扩大总需求的财政政策、货币政策

治理通货紧缩应主要从增加需求着手，主要运用财政政策与货币政策两大需求管理政策。

实施扩张性财政政策，主要是扩大财政开支，兴办公共工程，增加财政赤字，减免税收。扩张性财政政策常常被作为解决通货紧缩的处方。

扩张性的货币政策，主要是通过调整法定存款准备率、再贴现率、公开市场业务等手段，增加商业银行提供贷款的能力，扩大货币供应量。在治理通货紧缩的对策中，货币政策主要是配合财政政策来运用。

2. 引导经济主体预期

治理通货紧缩之所以困难，主要是投资者和消费者对未来经济消极的心理起着重要作用。治理通货紧缩，要努力促进社会消费需求和投资需求的回升，通过政策引导，调整人们对未来的预期。

3. 鼓励消费

要治理通货紧缩，必须努力提高消费需求，其中个人收入和消费支出的稳定上升是防止物价持续下跌的重要条件。鼓励消费的政策应该是综合的，要充分利用各种政策组合，从财政政策、货币政策、收入政策等方面，创造增加社会消费的条件，引导社会消费的稳定增长。

4. 改革汇率制度或实施汇率调节

通货紧缩可能由僵化的汇率制度所导致，这种汇率制度容易使本币高估，产生输入型通货紧缩。如果是这样，就需要对汇率制度进行改革，减轻外部冲击通货紧缩的压力。

第十四章

货币均衡

☞学习目的和要求

通过本章的学习，在理解货币均衡的基本内涵的基础上，理解和掌握国内外产品市场、货币市场、资产市场均衡与宏观经济均衡的调整关系。

☞要点提示

第一节　货币均衡概述

一、货币均衡的含义

许多文献将货币均衡表达为货币市场出清，即在给定的价格之下，市场上的意愿供给等于意愿需求。如果只观察货币市场的均衡状况，那么，观察点是三个：货币需求、货币供给和利率水平。理论上货币均衡实现时，货币需求、货币供给和对应的利率水平处于稳定状态。

二、货币均衡存在状态的理论分析

对于什么是货币均衡的状态，在理论界不同的学派认识存在很大的分歧。

根据凯恩斯货币需求理论，均衡利率是由货币市场的货币供求状况决定的。由于凯恩斯认为货币是外生变量，所以其重要的观察变量是利率。

传统货币需求理论认为货币需求所对应的主要是商品和劳务的实际交易，货币供给主要为这种交易提供购买和支付手段，因此，货币均衡的状态就表现为在市场上既不存在商品滞销，也不存在商品短缺或价格上涨。所以其重要的观察变量是产品和劳务的价格水平。

根据资产选择理论，人们会以多样化资产方式保有自己的财富，人们所持有的各种资产可以有不同的组合。人们在进行资产选择时是遵循等边际原则的，即经过一定资产组合的调整，直到所有资产的边际收益率相等时，资产持有人才实现最优组合和得到最大效用。资产选择理论的代表人物托宾认为，人们可以在范围广泛的金融资产之间进行资产选择的组合。由于公众的资产偏好和资产选择结构在很大程度上受社会经济活动和经济环境的影响，因此，无论是价格变动还是利率变动，人们都会调整自己的资产组合。这样货币均衡不可能单独以货币市场价格或产品市场价格的变动状况作为判断货币均衡与否的指标。应该以资产市场出现“无套利机会”为货币均衡存在的状态。

三、货币均衡的显示指标

在市场经济条件下，货币均衡是货币供给和货币需求对比关系自发调节和适应的结果，在均衡实现的过程中，起决定作用的是利率。在完全竞争的市场条件下，理论上，均衡的市场利率是使货币供求均衡的基础变量。

但在现实经济生活中，相对于产品市场和劳动市场均衡状况，货币市场均衡状况是相对较难进行判断的。

货币供给与需求在数量上总是相等的，不存在非均衡的问题。但是，这种相等显然是根据名义货币需求量与货币供应量的联系来判断的，它不是真正的货币均衡。真正的货币均衡是指货币供给量与由经济的稳定运行或客观因素所决定的货币需求量相符合的状态。

货币均衡不仅仅是通过货币供给和货币需求的对比，从而通过利率来显示。现实生活中，人们更直接关注的是社会总供给和总需求，因此，货币均衡还可以通过社会总供给和总需求的对比，从而通过价格和失业率等指标来显示。如果考虑到金融市场的“无套利均衡”机制的存在，以及金融市场信息的不完备性所导致的金融市场的易波动性，应将观察范围扩大至资产市场。

由此可见，货币供求的均衡和不均衡，不仅要观察利率水平，还要结合产出水平、物价水平和失业率等指标的变化来显示的。

四、货币失衡与货币中性

货币失衡的表现主要有：第一，货币供给量小于货币需求量。第二，货币供给量大于货币需求量。第三，货币供求结构失衡，其主要表现为货币期限错配、币种错配等。

理论界将名义货币供给的每一百分点的增加会造成物价水平同幅度的上升，而实际货币余额保持不变这种影响被称作“货币中性”。货币中性说明名义货币供给量的一次临时变动只影响诸如名义产出和价格水平这样的名义变量。实际产出和实际利率则保持不变。货币中性的概念建立在价格是灵活多变基础之上的。

第二节　货币市场的均衡及其均衡实现机制

货币市场均衡分析是局部均衡分析，是指不考虑其他市场时，货币市场均衡的实现和均衡变动的状况分析。货币市场能够在不同的利率水平和国民收入水平下达到均衡，即在货币供给等于货币需求的情况下，会存在利率水平和国民收入水平的各种不同组合。

一、LM 曲线与资产市场

货币市场均衡意味着资产市场也处于均衡中，反之则反是。因此，可以把对均衡决定因素的分析放在货币市场。

货币市场均衡可以用 LM 曲线来表达。在 LM 曲线的任何点上，货币的需求数量等于供给数量。位于 LM 曲线以上的点代表了货币的超额供给和非货币资产的超额需求，位于 LM 曲线以下的点则代表了货币超额需求和非货币资产的超额供给。

二、LM 曲线的移动

除了产出和实际利率以外，其他变量的变动也可以使 LM 曲线移动。造成 LM 曲线移动的变量：名义货币供给量 M，价格水平 P，货币名义收益 i^m 和预期通货膨胀率 π^e。

第一，货币余额供应量 M 的变化。当名义货币余额供给数量增加时，LM 曲线向右下方移动。当名义货币余额的供给数量下降时，LM 曲线向左上方移动。

第二，价格水平 P 的变化。价格水平的下降从而增加了实际货币余额，使 LM 曲线向右下方移动。价格水平的上升则降低了实际货币余额从而使 LM 曲线向左上方移动。

第三，货币名义收益 i^m 的改变。如果其他条件不变，货币名义收益的增加会使 LM 曲线向左上方移动。反之反是。

第四，预期通胀率 π^e 的改变。预期通货膨胀率的提高使 LM 曲线以预期通货膨胀率提高的幅度向下移动。预期通货膨胀的下降使 LM 曲线以预期通货膨胀率下降的幅度向上移动。

第三节　货币市场与产品市场的共同均衡：IS—LM 模型

一、IS 模型的基本含义

IS 曲线是描述产品市场上均衡收入和利率相互关系的曲线。也就是说，IS 曲线表示使商品供需相等的当期产出和实际利率的组合。在 IS 曲线上的每一个点，意愿的储蓄等于意愿的投资，不在 IS 曲线上的点表示储蓄水平和投资水平不相等，在相应实际利率水平上，商品市场不均衡。

二、IS—LM 模型的基本含义

LM 曲线反映了在不同的利率水平和国民收入水平下达到的使货币市场供求均衡的利率和收入的全部组合，但它并不能说明使整个经济处于均衡状态的利率和收入的组合。同样，IS 曲线也只是反映了能够使产品市场供求均衡的利率和收入的全部组合，也说明不了使整个经济均衡的利率和收入的组合。而货币均衡的根本要求恰恰是总供求均衡下的货币均衡。如果不考虑国际收支平衡，这样货币均衡要求实际上就是要实现产品市场和货币市场的共同均衡。如果将 LM 曲线和 IS 曲线放在一个平面上，就能够清楚地看到，当一定的利率和收入组合点只落在 LM 曲线或只落在 IS 曲线上时都仅仅表明货币市场或商品市场各自的均衡。能够使货币市场和产品市场同时达到均衡的点，只有 IS 曲线和 LM 曲线的交叉点 E。在 E 点上，投资和储蓄、货币需求和货币供给同时相等，产品市场和货币市场达到一般均衡，即

$$I(r) = S(Y)$$

$$L_1(Y) + L_2(r) = M$$

这就是 IS－LM 模型，又称为“希克斯—汉森模型”。它是由英国经济学家 J. R. 希克斯在 1937 年首先提出，后经美国经济学家 A. 汉森等人补充发展而成的。

三、曲线的移动

对于 IS 曲线而言，对商品需求的增减会改变每一当期产出水平上的实际利率，因而会使 IS 曲线移动，实际利率的这些升降可能是由决定意愿储蓄和投资的因素之一的增减而引起的，如：当期的和预期的未来收入，政府支出或者预期的资本的未来盈利能力。这些因素之一的数量上的增加会使 IS 曲线向右上方移动，减少会使 IS 曲线向左下方移动。对于 LM 曲线而言，造成 LM 曲线移动的变量就是名义货币供给量 M，价格水平 P，货币名义收益 i^m 和预期通货膨胀率 π^e（见图 14－1）。

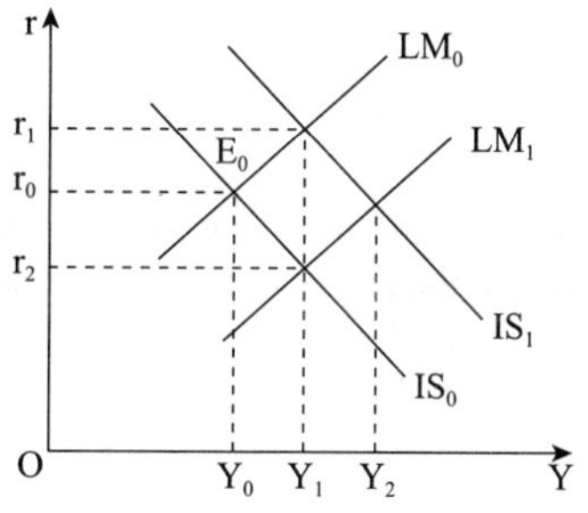

图 14－1

既然 IS 曲线与 LM 曲线的交点所对应的收入和利率，就是两市场同时均衡条件下的收入和利率，那么，IS 曲线的变动或 LM 曲线的变动，必将引起它们的均衡点变动，进而导致均衡收入和均衡利率的变动。

☞知识拓展

市场经济条件下货币均衡的实现有赖于三个条件，即健全的利率机制、发达的金融市场以及有效的中央银行调控机制。

在完全市场经济条件下，货币均衡最主要的实现机制是利率机制。除利率机制之外，还有：（1）中央银行的调控手段；（2）国家财政收支状况；（3）生产部门结构是否合理；（4）国际收支是否基本平衡等四个因素。在市场经济条件下，利率不仅是货币供求是否均衡的重要信号，而且对货币供求具有明显的调节功能。因此，货币均衡便可以通过利率机制的作用而实现。

就货币供给而言，当市场利率升高时，一方面，社会公众因持币机会成本加大而减少现金提取，这样就使现金比率缩小，货币乘数加大，货币供给增加；另一方面，银行因贷款收

益增加而减少超额准备来扩大贷款规模，这样就使超额准备金率下降，货币乘数变大，货币供给增加。所以，利率与货币供给量之间存在着同方向变动关系。就货币需求来说，当市场利率升高时，人们的持币机会成本加大，必然导致人们对金融生息资产需求的增加和对货币需求的减少。所以利率同货币需求之间存在反方向变动关系。当货币市场上出现均衡利率水平时，货币供给与货币需求相等，货币均衡状态便得以实现。当市场均衡利率变化时，货币供给与货币需求也会随之变化，最终在新的均衡货币量上实现新的货币均衡。

你认为在我国实现货币均衡的条件完全具备吗？否则，货币均衡是如何实现的？

☞练习题

一、填空题

1. 根据凯恩斯货币需求理论，货币供给是外生变量，所以观察货币均衡与否的重要变量是__________。

2. 根据传统货币主义学派的观点，货币需求所对应的主要是商品和劳务的实际交易，反映货币均衡与否的重要变量是产品和劳务的__________。

3. 根据资产选择理论，资产市场出现的“________”是反映货币均衡存在的状态最佳指标。

4. 理论界将名义货币供给与物价水平同幅度上升的经济现象，称作“________”。

5. 在不考虑其他市场时，货币市场能够在不同的利率水平和国民收入水平下达到均衡，货币市场均衡可以用__________来表达。

二、单项选择题

1. LM 曲线的斜率取决于货币需求对利率的敏感度，如果货币需求对利率是敏感的，那么 LM 曲线（　　）。

A. 呈平坦状　　B. 呈陡峭状

C. 呈水平状　　D. 呈垂直状

2. 当名义货币余额供给数量增加时，如中央银行采取一次膨胀性货币政策时，LM 曲线向（　　）移动。

A. 右下方　　B. 右上方

C. 左下方　　D. 左上方

3. IS 曲线以外各点所对应的收入都不是均衡收入，（　　）。

A. 曲线的斜率为正　　B. 曲线的斜率大于 1

C. 曲线的斜率大于 0　　D. 曲线的斜率为负

4. 对于 IS 曲线而言，对商品需求的增减会改变每一当期产出水平上的实际利率，因而会使 IS 曲线移动。当预期政府支出的增加会使 IS 曲线向（　　）移动。

A. 右下方　　B. 右上方

C. 左上方　　D. 左下方

5. 大国开放经济中的 IS 曲线比一个大国封闭经济中的平坦，较平坦的 IS 曲线说明了金融市场一体化对大国开放经济的影响（　　）。

A. 不重要　　　　B. 中性

C. 重要　　　　D. 不确定

三、多项选择题

1. 除了产出和实际利率以外，其他变量的变动也可以使 LM 曲线移动。造成 LM 曲线移动的变量有（　　）。

A. 名义货币供给量 M　　　　B. 价格水平 P

C. 货币名义收益 i^m　　　　D. 预期通货膨胀率 π^e

2. 在两部门经济中，IS 曲线斜率的绝对值取决于边际消费倾向与投资对利率变动的反应程度的大小（　　）。

A. 如果 i 既定，则曲线的斜率的绝对值与边际消费倾向 c 负相关

B. 如果 c 既定，则曲线的斜率绝对值与 i 负相关

C. 如果 i 既定，则曲线的斜率的绝对值与边际消费倾向 c 正相关

D. 如果 c 既定，则曲线的斜率绝对值与 i 正相关

3. IS 曲线以外各点所对应的收入都不是均衡收入，$i>0$（　　）。

A. 曲线的斜率为正　　　　B. 曲线的斜率大于 1

C. 曲线的斜率大于 0　　　　D. 曲线的斜率为负

4. 从 BP 曲线移动的价格效应看，如果其他条件不变，当期生产力水平的提高会在降低价格水平和实际利率的同时，（　　）。

A. 增加产出　　　　B. 扩大出口

C. 减少进口　　　　D. 实现贸易平衡

四、重要概念

1. 货币均衡　2. 货币失衡　3. 货币中性与非中性　4. IS 曲线　5. LM 曲线　6. BP 曲线

五、简答题

1. LM 曲线移动的因素有哪些？

2. IS 曲线移动的因素有哪些？

六、论述题

1. 试述不同流派对货币均衡的含义看法。

2. 试分析 IS—LM—BP 模型的基本含义。

七、深度思考题

在现实经济中常会出现货币供求与社会总供求的失衡，你认为主要原因何在？怎样才能实现较长期的均衡？

☞参考答案

一、填空题

1. 利率
2. 价格水平
3. 无套利机会
4. 货币中性
5. LM 曲线

二、单项选择题

1. A　2. A　3. D　4. B　5. C

三、多项选择题

1. ABCD　2. AB　3. CD　4. ABC

四、重要概念

1. 货币均衡：在给定的价格之下，货币市场上的意愿货币供给等于意愿货币需求。

2. 货币失衡：在货币流通过程中，货币供给偏离货币需求，从而使二者之间出现不相适应的货币流通状态。货币失衡的主要类型有：量的失衡和结构失衡。前者表现为货币供给量小于货币需求量或货币供给量大于货币需求量；后者主要表现为货币期限错配、币种错配等。

3. 货币中性与非中性：货币中性是指货币供给的增长将导致价格水平的相同比例增长，对于实际产出水平没有产生影响。货币非中性是指货币供应量的变化，引起实际利率和产出水平等实际经济变量调整和改变。

4. IS 曲线：反映了能够使产品市场供求均衡的利率和收入的全部组合。在产品市场均衡中更低的利率与更高水平的产出相联系，因此，IS 曲线的斜率为负，斜率大小取决于实际投资需求对名义利率反应的敏感程度。

5. LM 曲线：反映了在不同的利率水平和国民收入水平下达到的使货币市场供求均衡的利率和收入的全部组合。在货币市场均衡中更高的利率与更高水平的产出相联系，因此，LM 曲线的斜率为正，斜率大小取决于实际货币余额需求对名义利率反应的敏感程度。

6. BP 曲线：表示经常账户收支平衡时利率与国民收入组合的曲线。在一般情况下经常账户平衡与利率无关，对于既定的汇率，贸易差额只与国民收入相关。

五、简答题

1. LM 曲线移动的因素有哪些？

将货币市场处于均衡的利率和收入的组合描述出来的曲线，称为 LM 曲线。LM 曲线概括了货币市场的均衡。在 LM 曲线上，货币需求量等于货币供给量。货币供给量和货币需求的变化使 LM 曲线移动。货币供给量增加，LM 曲线向右下方移动；货币需求增加，LM 曲线向左上方移动。除了产出和实际利率以外，其他变量的变动也可以使 LM 曲线移动。造成 LM 曲线移动的变量，具体而言：

第一，货币余额供应量 M 的变化。当名义货币余额供给数量增加时，LM 曲线向右下方移动。当名义货币余额的供给数量下降时，LM 曲线向左上方移动。

第二，价格水平 P 的变化。价格水平的下降从而增加了实际货币余额，使 LM 曲线向右下方移动。价格水平的上升则降低了实际货币余额从而使 LM 曲线向左上方移动。

第三，货币名义收益 i^m 的改变。如果其他条件不变，货币名义收益的增加会使 LM 曲线向左上方移动。反之反是。

第四，预期通胀率 π^e 的改变。预期通货膨胀率的提高使 LM 曲线以预期通货膨胀率提高的幅度向下移动。预期通货膨胀的下降使 LM 曲线以预期通货膨胀率下降的幅度向上移动。

2. IS 曲线移动的因素有哪些？

将产品市场处于均衡条件下收入和利率的不同组合描述出来的曲线，称为 IS 曲线。IS 曲线概括了产品市场的均衡。在 IS 曲线上的每一个点，意愿的储蓄等于意愿的投资。

对商品需求的增减会改变每一当期产出水平上的实际利率，因而会使 IS 曲线移动。对商品需求的增加使 IS 曲线向右上方移动。反之，对商品需求的减少使 IS 曲线向左下方移动。使商品需求增加，从而使 IS 曲线向右上方移动的具体因素有：（1）政府购买增加；（2）外国对本国产品需求增加；（3）居民意愿储蓄减少，而消费增加；（4）资本未来预期利润率上升，使投资增加。上述这几个因素的反方向变动则使商品需求减少，从而使 IS 曲线向左下方移动。

六、论述题

1. 试述不同流派对货币均衡的含义看法。

根据凯恩斯货币需求理论，在灵活偏好的基础上，把货币需求分为交易需求、预防需求和投机需求，突出的是货币的流动性特征。投资者对未来预期的变动直接影响人们对流动性的偏好，进而改变利率水平，均衡利率是由货币市场的货币供求状况决定的。由于凯恩斯认为货币是外生变量，所以其重要的观察变量是利率。

传统货币需求理论认为货币需求所对应的主要是商品和劳务的实际交易，货币供给主要为这种交易提供购买和支付手段，因此，货币均衡的状态就表现为在市场上既不存在商品滞销，也不存在商品短缺或价格上涨。所以其重要的观察变量是产品和劳务的价格水平。

然而根据资产选择理论，人们会以多样化资产方式保有自己的财富，人们在所持有的各种资产可以有不同的组合，人们会使用新古典的边际分析法在不同的组合中进行选择。人们在进行资产选择时是遵循边际原则的，即经过一定资产组合的调整，直到所有资产的边际收益率相等时，资产持有人才实现最优组合和得到最大效用。资产选择理论的代表人物托宾强调资产选择在货币供给中的作用。托宾认为，在现代金融制度下，货币和其他金融资产、商业银行和其他金融机构之间的差别越来越小，人们可以在范围广泛的金融资产之间进行资产选择的组合。对于公众来说，银行和非银行金融机构的资产并没有实质性的区别。由于公众的资产偏好和资产选择结构在很大程度上受社会经济活动和经济环境的影响，因此，不能单纯地从中央银行的角度孤立地研究货币数量的决定。托宾进一步考察了存款－准备金比率和存款－通货比率的变动情况，分析了影响二者变动的因素，指出这两个比率是由经济过程内生决定的，货币乘数因此具有内生性。这样，在“货币幻觉效应”和“货币余额效应”作用下，无论是价格变动还是利率变动，人们都会调整自己的资产组合，这样货币均衡不可能单独以货币市场价格或产品市场价格的变动状况作为判断货币均衡与否的指标。应该以资产市场出现“无套利机会”为货币均衡存在的状态。

2. 试分析 IS－LM－BP 模型的基本含义。

IS－LM－BP 模型是讨论开放经济条件下的货币均衡基本分析工具。

基本要点：第一，在开放经济条件下，资本是在国际范围内流动的，国内储蓄的增加既能够给国内也能够给国外的投资提供融资便利，因此国内储蓄（来自经济体内的资金供给）不必等于国内投资（经济体内的资金需求）。大国开放经济条件下 IS 较封闭条件下平坦。而小国开放经济的任何产出值总是与均衡的实际利率相一致的。第二，IS—LM—BP 模型中的每一条曲线都可以用来解释利率的变动对产出的影响、产出对利率的影响。利率的变动通过 IS 曲线影响产出，产出的变动通过 LM 曲线影响利率。第三，IS 曲线、BP 线或 LM 曲线的移动会使金融和经济体系的均衡水平（均衡利率水平、均衡收入水平）发生变动。

金融运行与发展篇

第十五章 货币政策

☞学习目的和要求

通过本章的学习，掌握货币政策的含义、货币政策目标及相互间的关系，熟练掌握一般性货币政策工具及其作用机制的基本原理，了解其他货币政策工具和我国的货币政策工具，理解和掌握货币政策的传导机制理论，掌握货币政策的中介指标及其选择标准，掌握货币政策效果的评价和干扰因素的基本知识。

☞要点提示

第一节 货币政策目标

一、货币政策的概念

货币政策是指中央银行为实现一定的经济目标，运用各种工具调节和控制货币供应量和利率，进而影响宏观经济的方针和措施的总和。货币政策一般包括货币政策目标、货币政策工具、货币政策传导机制、货币政策中介指标和货币政策效果五个方面构成要素。

二、货币政策目标

货币政策目标又称最终目标，是指货币政策制定者所期望达到的最终目的。一般地说有四个，即稳定物价、充分就业、经济增长、国际收支平衡。

三、货币政策目标之间的关系

从根本上讲，各目标是相互促进的、统一的，但从短期看，却并非如此。就短期考察，充分就业与经济增长是正相关的。除此之外，各目标之间都有矛盾。

（一）稳定物价与充分就业的矛盾

当失业人数过多时，为增加就业，就必须增加货币供应量以刺激社会总需求的增加，这样，失业率的确能下降，但物价会上涨；反之，要降低物价上涨率，就要减少货币供应量以抑制社会总需要的增加，这又必然使失业率提高。失业率和物价上涨率之间存在着此消彼长的关系。“菲利普斯曲线”表明，失业率与物价上涨率之间是相互替代的。

（二）稳定物价与经济增长的矛盾

追求经济增长要求增加货币供应以刺激社会总需求增加，这会使物价总水平趋于上升。而要控制物价，就需要减少货币供应，减少社会总需求，这又导致经济增长速度放慢。

（三）稳定物价与国际收支平衡的矛盾

当本国物价稳定而其他有关国家出现通货膨胀的情况下，实行稳定物价的货币政策目标，就与平衡国际收支发生矛盾。因为此时本国物价水平相对低于其他国家物价水平，这样，必然使得本国出口增加，进口减少，其结果是国际收支出现顺差，造成顺差失衡。

（四）经济增长与国际收支平衡的矛盾

当经济增长较快时，社会总需求会扩大，这往往要增加对进口商品的需求，在出口不能随之增长的情况下，必然使国际贸易逆差。治理经济衰退所采用的手段与平衡国际收支所采用的手段也容易出现冲突。当国际收支逆差时，通常要采用紧缩的货币政策，压缩国内需求，但紧缩可能引致经济增长减慢甚至衰退。当经济衰退出现时，通常要采用扩张性货币政策，但又可能因通货膨胀、进口增长而导致国际收支逆差。

从西方国家货币政策操作实践来看，20 世纪 70 年代以前，美、英等国把就业和增长摆在货币政策目标的首位，70 年代中期之后，“滞胀”促使各国先后改变政策取向，把货币政策的主要目标放到了稳定币值上面。

四、我国货币政策目标的选择

从我国货币政策实践看，20 世纪 90 年代中期以前，中央银行所采取的是“稳定货币、发展经济”双重目标。1995 年颁布的《中华人民共和国中国人民银行法》明确规定货币政策目标是：“保持货币币值的稳定，并以此促进经济增长”。

第二节　货币政策工具

货币政策工具，是中央银行为实现货币政策目标所运用的手段。通常将货币政策工具分为一般性政策工具、选择性政策工具、直接信用控制工具、间接信用指导工具四类。

一、一般性货币政策工具

一般性货币政策工具，也即传统的政策工具，包括法定存款准备金政策、再贴现政策、公开市场业务，俗称“三大法宝”。这些工具的实施对象是整体经济，调控的是货币信用总量。

（一）法定存款准备金政策

法定存款准备金政策是指中央银行对商业银行等存款金融机构的存款规定存款准备率，强制性地要求其按照规定的比率上缴存款准备金。中央银行通过调整法定存款准备率，以改变货币乘数，增加或减少商业银行的超额储备，控制商业银行的信用创造能力，间接地影响货币供应量。

运用存款准备金制度调节货币和信用，主要是确定和调整法定准备率。中央银行为扩张货币和信用，可以降低法定准备率；中央银行为收缩货币和信用，可以提高法定准备率。

调整法定准备率对货币和信用产生影响的途径有：（1）改变货币乘数。法定准备率是决定货币乘数大小的重要因素。提高法定准备率，货币乘数变小；降低法定准备率，货币乘数变大。调整法定准备率是通过货币乘数变化对货币供应量发生作用。（2）改变商业银行超额准备金，影响商业银行信贷行为。提高法定准备率，商业银行应增加上缴中央银行的法定准备金，从而减少超额准备金，也就降低了商业银行提供信贷的能力，结果是社会银根抽紧，利率提高。反之亦然。(3）影响公众预期。

存款准备金政策是威力巨大而不常使用的武器。其有利之处是它有较强的控制货币信用的能力，法定准备率调整对货币供应量影响巨大。但它操作缺乏弹性，易引起震动。

（二）再贴现政策

再贴现政策，是指中央银行通过调整再贴现利率，来影响商业银行从中央银行获得再贴现贷款的数量，从而调节市场货币供应量和利率水平的一种货币政策工具。

降低再贴现率，可以促进货币信用扩张；反之，提高再贴现率，可以促进货币信用收缩。

再贴现政策对货币信用发挥作用的途径主要是：（1）影响商业银行的资金成本和超额准备金，从而影响商业银行的融资决策。如中央银行提高再贴现率，使之高于市场利率时，商业银行向中央银行借款或贴现的资金成本上升，于是减少向中央银行借款，从而减少商业银行所拥有的超额准备金，进而收缩其贷款或投资规模，迫使货币供应量缩减。随着货币供应量缩减，银根紧俏，市场利率会随之上升。如若商业银行依然向中央银行借款，但因再贴现率提高，商业银行为抵偿增加的筹资成本，就要相应提高对企业贷款的利率，这将使贷款需求受到抑制，信贷规模收缩。反之，如中央银行降低再贴现率，则会出现相反的效果。(2）告示效应。再贴现率的变动，在一定程度上反映了中央银行的政策意向。如再贴现率升高，意味着有紧缩意向；反之，则意味着有扩张意向。这能影响到商业银行和社会公众的预期。

再贴政策也有某些局限性。一是中央银行缺乏主动性。二是该政策缺乏弹性。

（三）公开市场业务

公开市场业务，又称公开市场操作，是指中央银行在金融市场上公开买进或卖出有价证券以调节货币供应量和利率的活动。中央银行买卖的有价证券主要是国家债券。其操作原理是：当中央银行要扩张货币信用时，就买进有价证券；而要收缩货币信用时，就卖出有价证券。

公开市场业务对货币信用发生作用的途径是：（1）影响基础货币。中央银行买进证券，实际上是向社会注入基础货币。引起信用扩张，货币供应量增加。相反，中央银行卖出证券，就使基础货币从社会流回中央银行，引起信用收缩，货币供应量减少。（2）影响利率水平和结构。中央银行买进证券，会推动证券价格上升，收益率下降；同时，货币供应量增加，引起市场利率下降。反之则相反。另外，中央银行在市场上进行长短期债券的转换操作，货币供应总量没有发生变化，但不同期限债券的供求关系有了变化，价格受到影响，从而使利率结构发生变化。

公开市场业务在发达国家被认为是最重要的、效果最好的政策工具。同前两种工具相比，它有明显的优点。（1）中央银行具有主动权；（2）中央银行能通过公开市场业务左右基础货币，把它控制在符合政策需要的规模上；（3）规模可以灵活安排，能运用它对货币供应量进行微调；（4）可以进行经常性、连续性的操作，具有较大弹性；（5）能迅速作反方向的操作。

公开市场业务的实行需要一定的条件：流通中必须有足够数量的有价证券，而且种类齐全；证券市场必须高度发达。

二、选择性货币政策工具

选择性货币政策工具是中央银行对信用进行结构性调节和控制的措施。这些措施是针对某些特殊领域或特殊用途而进行的。

（一）证券市场信用控制

这是中央银行对有关证券交易的各种贷款进行限制，目的在于控制对证券市场的信贷量，抵制过度的投机。

（二）消费者信用控制

这是中央银行对不动产以外的各种耐用消费品的销售融资予以控制。

（三）不动产信用控制

这是指中央银行对商业银行等金融机构在房地产方面贷款的限制措施，以抑制房地产投机。

（四）优惠利率

中央银行根据国家的产业政策，对重点发展的部门、行业和产品规定较低的利率，以鼓励其发展。

三、直接信用控制

直接信用控制是中央银行以行政命令等方式，从质和量两个方面，直接对商业银行及其他金融机构的信用活动所进行的控制。

（一）信用配额管理

信用配额或信贷分配，是指中央银行根据金融市场状况及客观经济需要，分别对各个商业银行的信贷规模加以分配，限制其最高数量。

（二）规定利率最高限

(三) 规定流动性比率

(四) 直接干预

四、间接信用指导

间接信用指导，是指中央银行利用各种间接的措施对商业银行的信用活动施加影响。主要措施有道义劝告、窗口指导。

(一) 道义劝告

道义劝告，是指中央银行利用其特殊的地位和声望，采取书面或口头方式，说服商业银行执行中央银行所要求的信贷政策和投资方向。

(二) 窗口指导

窗口指导这个词来自日本。它的内容是：中央银行根据市场情况、物价变动趋势、金融市场动向、货币政策要求，以及前一年度同期的贷款情况，规定商业银行每季度贷款的增减额，并要求其执行。

五、我国货币政策工具的选择

我国货币政策工具主要有：存款准备金制度、利率政策、再贷款和再贴现、公开市场操作等。

第三节 货币政策传导机制和中介指标

一、货币政策传导机制

货币政策的传导机制，是指中央银行通过各种货币政策工具的运用，到最终实现货币政策目标，所经过的各种中间环节间的有机联系及其因果关系。关于传导机制的观点，往往构成货币政策中介指标选择的理论基础。

(一) 早期凯恩斯学派的货币政策传导机制理论

早期的凯恩斯学派的货币政策传导机制理论，核心是利率传导，基本思路可以归结为：通过货币供给 M 的增减影响利率 r，利率的变化通过资本边际效率的影响使投资 I 以乘数方式增减，而投资的增减会进而影响总支出 E 和总收入 Y。用符号可表示为：

$M \longrightarrow r \longrightarrow I \longrightarrow E \longrightarrow Y$

在这个传导机制中，主要环节是利率：货币供应量的调整首先影响利率的升降，然后才能使投资乃至总支出发生变化。

(二) 货币学派的货币政策传导机制理论

货币学派强调货币供应量在整个传导机制上的直接效果。这一理论的核心是货币数量传导。货币学派认为，货币政策的传导机制主要不是通过利率间接地影响投资和收入，而是通过货币实际余额的变动直接影响支出和收入。用符号可表示为：

$M \longrightarrow E \longrightarrow Y$

在这个传导机制中，主要环节是货币供应量，货币供应量变动直接影响支出，进而影响名义收入。

(三) 托宾q理论

美国经济学家托宾关于货币政策变化通过影响股票价格来影响投资支出的理论，该理论称为q理论。托宾把q定义为：

q = 企业资本的市场价值 ÷ 企业资本的重置成本

q和投资支出之间是正相关的关系。q的变化与普通股股票价格也是正相关关系。当采取扩张性货币政策时，引起货币供给量增加，股票价格（Ps）将会上升。

将货币政策和q之间，q和投资支出之间的相互影响联系起来，货币政策传导机制可以表述为：

$M \longrightarrow Ps \longrightarrow q \longrightarrow I \longrightarrow Y$

(四) 财富效应

货币政策的财富效应是指货币政策通过货币供给的增减影响股票价格，使公众持有的以股票市值计算的个人财富变动，从而影响其消费支出的效应。当扩张性的货币政策使得货币供给量增加，使得股票的价格上升，金融资产的市场价值上升时，消费者的毕生财富W也增加，进而消费C增加。财富效应的货币政策传导机制为：

$M \longrightarrow Ps \longrightarrow W \longrightarrow C \longrightarrow Y$

(五) 信贷传导机制理论

信贷传导机制理论认为货币政策可通过银行贷款L的增减刺激或减少投资支出，从而引起总产出的变化。因此，企业贷款可得性或银行贷款数量是影响投资支出的重要因素。

通过信贷渠道传导货币政策的机制在依赖银行资金为主要来源的国家比在资本市场发达的国家作用更为明显。信贷观点的货币政策效应传导过程可以表述为：

$M \longrightarrow L \longrightarrow I \longrightarrow Y$

(六) 汇率传导机制理论

货币政策可以通过影响国际资本流动，改变汇率（r_e），并在一定的贸易条件下影响净出口。

在实行固定汇率制度的国家，中央银行可以直接调整汇率；在实行浮动汇率制度的国家，汇率受外汇供求的影响。当一国实行紧缩的货币政策，利率随之上升，从而引起短期资本的大量流入，这就使得该国货币在外汇市场上升值。本币的升值不利于本国商品的出口，却有利于进口，该国贸易状况恶化，净出口下降。当一国实行扩张的货币政策，则有相反的过程。这样的机制可以描述如下：

$M \longrightarrow r \longrightarrow r_e \longrightarrow NX \longrightarrow Y$

汇率传导机制作用效果的大小取决于利率变动如何影响汇率，汇率的变化又会引起多大的净出口的变化。

二、货币政策中介指标

货币政策工具的运用并不能直接作用于最终目标，而是首先作用于货币供应量、利率等金融变量，通过这些金融变量间接地影响物价、就业、生产等最终目标。这种既能为中央银行的货币政策工具所左右，又与货币政策最终目标紧密相关，能够有效地传导货币政策的金融变量，称为货币政策的中介指标。

中介指标选择的标准：第一，可测性。第二，可控性。第三，相关性。第四，抗干扰性。

中介指标一般有利率、货币供应量、超额准备金和基础货币。

根据这些指标对货币政策工具反应的先后和作用于最终目标的过程，又可以将其分为两类：一类是近期指标，又称操作目标，有超额准备金、基础货币。另一类是远期指标，又称中间目标，有利率、货币供应量。

三、我国货币政策中介指标的选择

中国人民银行将货币供应量 M1 和 M2 作为中间目标。以基础货币和超额准备金为操作目标。

第四节　货币政策效果

货币政策效果，是指中央银行推行一定的货币政策之后，社会经济运行所做出的现实反映。

一、货币政策效果的衡量

货币政策效果可以从两个方面来衡量。一是从数量方面，看货币政策发挥作用的大小，即货币政策的数量效果；二是从时间方面，看货币政策发挥作用的快慢，即货币政策的时间效果。

二、影响货币政策效果的主要因素

（一）货币政策时滞的影响

货币政策时滞，是指根据现实经济情况，客观上需要制定某项货币政策，到这项政策对经济活动的影响充分显示出来所需要的时间。时滞是影响货币政策效果的重要因素。时滞由内部时滞和外部时滞两部分构成。

内部时滞，是指从经济和金融形势发生变化需要中央银行采取政策行动，到中央银行实际采取行动的这段过程。它又可分为两部分：（1）认识时滞。（2）行动时滞。

外部时滞，是指从中央银行采取货币政策行动之日起，到对经济活动发生充分影响时止的这段过程。它也可分两部分：（1）转向时滞。（2）生产时滞。

一般认为，货币政策生效少则需要 6 个月，长则需要两年。

（二）微观主体预期的影响

当一项货币政策推出后，各经济主体会根据所获得的各种信息来预测政策的后果，并很快做出对策。货币政策的作用可能被这种对策所抵消。

（三）经济环境的影响

不同的经济环境中，货币政策的效果也有差别。在经济衰退的环境中，一般应实行扩张的货币政策。但扩张性货币政策效果的大小要取决于两个因素：一是货币需求的利率弹性，二是投资需求的利率弹性。在经济衰退时期，货币需求利率弹性很大，投资需求利率弹性很小，此时，增加货币供给，利率不能进一步下降，企业对经济前景预期暗淡，也不肯增加投资。这样，货币政策作为反衰退的措施，效果就比较弱。而在通货膨胀的环境中，实行紧缩的货币政策，效果则一般比较好。但即使是反通货膨胀，货币政策的作用也主要是用于治理需求拉上的通货膨胀，对于成本推进的通货膨胀，货币政策的效果就不好。

（四）其他因素的影响

货币政策的效果还受到其他因素的影响。如客观经济条件的变化、政治因素、货币流通速度的变化也会影响货币政策的效果。

三、货币政策的执行原则

凯恩斯学派主张，货币政策应当“相机抉择”，逆经济风向行事。在经济过热时，相机采取紧缩性政策；在经济萧条时，相机采取扩张性政策。即通过反周期货币政策去稳定经济。

现代货币学派认为，因为时滞的存在及其他因素，相机抉择的货币政策并不能稳定经济，反而会使经济波动更大，因而他们主张应当实行“单一规则”的货币政策，即中央银行应使货币供给增长率保持稳定。货币学派的这种主张也受到供给学派、理性预期学派等经济学派的支持。

四、货币政策与财政政策的配合

货币政策和财政政策是国家实现宏观经济管理目标的重要手段，这两种政策都是以货币为载体和操作对象，通过对社会总需求的调控来影响产出。

货币政策与财政政策有不同的地方：

（1）政策工具不同。货币政策工具主要是存款准备率、现贴现率、公开市场业务、中央银行贷款等。财政政策工具主要是税种、税率、预算收支、国债、补贴、贴息等。

（2）政策时滞不同。货币政策的内部时滞较短，而财政政策则长些。相反，货币政策的外部时滞较长，财政政策的外部时滞较短。

（3）侧重点不同。财政政策在结构调节上占有较大的优势。而货币政策在调节需求量方面具有更大的功效。

（4）在扩张和紧缩需求方面的作用不同。财政政策具有强制性，在经济萧条时促进需求扩张较为有效。而货币政策比较灵活，在促进需求紧缩方面效果更好。

为了增强货币政策与财政政策调控的合力，需要两者之间协调配合。其配合主要有四种选择：（1）双松政策。（2）双紧政策。（3）松的货币政策与紧的财政政策。（4）紧的货币政策与松的财政政策。

☞知识拓展

货币政策在三重目标和矛盾追求平衡。当前经济面临着三重矛盾：经济发展方式的转型与经济短期下行压力加大的矛盾、长期债务积累和短期去杠杆阵痛的矛盾，以及内部经济下行需要的宽松环境与全球政策紧缩周期直接的分化的内外部矛盾。与之相对应，货币政策面临着宽信用以稳增长、债务处置过程中的防风险、人民币汇率稳定的三个目标。一直以来，我国货币政策在宏观调控占据主角地位，并非单一目标和单一规则制，2019 年则需在三重目标和矛盾中寻求平衡。对此你有何见解？

☞**练习题**

一、填空题

1. 货币政策一般有五个方面的内容，即________、________、________、________和________。

2. 一般来说，中央银行货币政策目标有四个，即________、________、________和________。

3. 货币政策工具分为四类，即________、________、________和________。

4. 货币政策的目标体系构成为________、________和________。

5. 一般性货币政策工具包括________、________和________。

6. 目前，我国货币政策工具主要有________、________、________和________。

7. 各国中央银行选择的操作目标通常有________和________。

8. 根据菲利普斯曲线分析，________和________之间存在一种此消彼长的替代关系。

9. 各国中央银行选用的中间目标通常有________和________。

10. 货币政策中介指标选择的标准有四个：（1）__________；（2）；__________；（3）__________；（4）__________。

11. 货币政策时滞由________和________两个部分构成。

12. 货币政策与财政政策不同之处是：（1）________；（2）________；（3）________；（4）________。

13. 西方国家 20 世纪 70 年代中期之后把货币政策的主要目标放到了________上面。

14. 间接信用指导的货币政策工具有________和________。

15. 以利率作为传导机制的货币政策传导机制理论是________的观点。

16. ________的货币政策传导机制理论被认为货币供应量是通过“黑匣子”操作的。

17. 直接信用控制是中央银行以行政命令等方式，从质和量两个方面，直接对金融机构的信用活动所进行的控制，包括________、________、________和________。

18. 在一般性货币政策工具中，________不仅可以影响到利率水平，同时也可以影响到利率结构。

19. 根据货币政策中介指标对货币政策工具反应的先后和作用于最终目标的过程，可以将其分为两类：一类是________，又称________；另一类是________，又称________。

20. 作为传统货币政策工具“三大法宝”之一的再贴现政策有着某些局限性，一是________；二是________。

二、单项选择题

1. 在货币政策目标中，相互之间关系一致的是（　　）。
A. 经济增长与充分就业　　B. 物价稳定与充分就业
C. 物价稳定与经济增长　　D. 物价稳定与国际收支平衡

2. 在现代市场经济的条件下，最灵活最重要的货币政策工具是（　　）。
A. 法定存款准备率　　B. 再贴现率
C. 道义劝告　　D. 公开市场业务

3. 最猛烈的、具有强制性的货币政策工具是（　　）。
A. 法定存款准备率　　B. 再贴现率
C. 公开市场业务　　D. 窗口指导

4. 目前凡是实行中央银行制度的国家，一般都实行（　　）。
A. 存款准备金政策　　B. 再贴现政策
C. 公开市场业务　　D. 证券信用管理

5. 中央银行最早启用的货币政策工具是（　　）。
A. 法定存款准备金政策　　B. 再贴现政策
C. 公开市场业务　　D. 窗口指导

6. 在调节货币和信用时，中央银行处于被动地位的工具是（　　）。
A. 公开市场业务　　B. 再贴现政策
C. 法定存款准备金政策　　D. 消费信用管理

7. 将存款准备金集中于中央银行，最初出现于（　　）。
A. 美国　　B. 英国
C. 法国　　D. 荷兰

8. 凯恩斯学派强调货币政策传导过程中的主要环节或机制是（　　）。
A. 货币供应量　　B. 超额准备金
C. 利率　　D. 基础货币

9. 认为货币政策最重要、提倡“单一规则”的简单货币政策是（　　）。
A. 凯恩斯　　B. 费雪
C. 弗里德曼　　D. 剑桥学派

10. 在一般性货币政策工具中，（　　）既可以调节利率水平，又可以调节利率结构。
A. 再贴现政策　　B. 法定存款准备金政策
C. 公开市场操作　　D. 再贷款政策

11. 在中央银行下列行为中，（　　）可以导致基础货币的减少。
A. 在公开市场上卖出政府债券　　B. 在公开市场上买进政府债券
C. 在黄金市场上购买黄金　　D. 在外汇市场上购买外汇

12. 一般来说严重通货膨胀时，财政政策与货币政策的最优搭配是（　　）。
A. 财政与货币双紧　　B. 财政与货币双松
C. 财政紧货币松　　D. 财政紧货币松

13. 中央银行提高存款准备金率，将导致商业银行信用创造能力（　　）。

A. 上升　　B. 下降
C. 不变　　D. 不确定

14. 中央银行在公开市场上大量地买入有价证券，意味着货币政策（　　）。
A. 放松　　B. 紧缩
C. 不一定　　D. 不变

15. 菲利普斯曲线反映（　　）之间此消彼长的关系。
A. 通货膨胀率与失业率　　B. 经济增长与失业率
C. 通货紧缩与经济增长　　D. 通货膨胀与经济增长

16. 1995 年我国以法律形式确定我国中央银行的最终目标是（　　）。
A. 以经济增长为首要目标
B. 以币值稳定为主要目标
C. 稳定货币、发展经济
D. 保持货币币值的稳定，并以此促进经济增长

17. 在理论中强调恒久收入变量重要性的是（　　）。
A. 凯恩斯学派　　B. 理性预期学派
C. 供给学派　　D. 现代货币学派

18. 愿意接受现行的工资水平和工作条件，但仍然找不到工作的是（　　）。
A. 充分就业　　B. 非自愿失业
C. 自愿失业　　D. 摩擦性失业

19. 下列（　　）不是货币政策的最终目标。
A. 充分就业　　B. 经济增长
C. 物价稳定　　D. 国际收支顺差

20. 下列货币政策操作中，引起货币供应量增加的是（　　）。
A. 提高法定存款准备率　　B. 提高再贴现率
C. 降低再贴现率　　D. 中央银行卖出债券

21. 目前，我国货币政策的中介目标是（　）。
A. 利率　　B. 货币供应量
C. 基础货币　　D. 贷款限额

22. 中央银行降低法定存款准备金率时，则商业银行（　　）。
A. 可贷资金量减少　　B. 可贷资金量增加
C. 可贷资金量不受影响　　D. 可贷资金量不确定

23. 不是通过影响基础货币变动实现调控的货币政策工具是（　　）。
A. 法定存款准备金政策　　B. 公开市场业务
C. 再贴现政策　　D. 都不是

三、多项选择题

1. 货币政策目标之间相互矛盾的有（　　）。
A. 稳定物价与充分就业　　B. 经济增长与充分就业
C. 稳定物价与经济增长　　D. 稳定物价与国际收支平衡

E. 经济增长与国际收支平衡

2. 我国的货币政策工具与西方国家货币政策工具不同的有（　　）。

A. 法定存款准备率　　B. 再贷款政策

C. 再贴现率　　D. 公开市场业务

E. 利率政策

3. 提高法定存款准备率的政策效果有（　　）。

A. 增加了商业银行的超额准备金　　B. 加大了货币乘数

C. 减少了商业银行的超额准备金　　D. 减小了货币乘数

E. 增加了基础货币

4. 选取货币政策中介指标的最基本要求有（　　）。

A. 抗干扰性　　B. 可测性

C. 相关性　　D. 可控性

E. 适应性

5. 中央银行创立存款准备金制度的目的在于（　　）。

A. 保证商业银行的清偿能力　　B. 控制商业银行的信用创造

C. 影响商业银行的资金成本　　D. 影响利率

E. 增加中央银行负债

6. 要增加流通中的货币量，中央银行可以（　　）。

A. 向商业银行提供贷款　　B. 减少向商业银行的贷款

C. 调低法定存款准备率　　D. 调高法定存款准备率

E. 调高再贴现率

7. 下列货币政策工具中，属于选择性货币政策工具的有（　　）。

A. 证券市场信用控制　　B. 消费者信用控制

C. 不动产信用控制　　D. 优惠利率

E. 窗口指导

8. 降低再贴现率的政策效果有（　　）。

A. 增加了商业银行的超额准备金　　B. 减少了商业银行的超额准备金

C. 提高了商业银行的资金成本　　D. 降低了商业银行的资金成本

E. 减小了货币乘数

9. 下列各项中，属于货币政策操作指标的有（　　）。

A. 货币供应量　　B. 基础货币

C. 利率　　D. 超额准备金

E. 税率

10. 公开市场业务的优点有（　　）。

A. 调控效果猛烈　　B. 主动性强

C. 灵活性高　　D. 影响范围广

E. 容易对经济产生副作用

11. 对货币供应量和贷款起作用的货币政策工具有（　　）。

A. 法定存款准备率　　B. 再贴现率

C. 公开市场业务　　D. 消费者信用控制
E. 道义劝告

12. 货币政策的外部时滞包括（　　）。
A. 认识时滞　　B. 行动时滞
C. 转向时滞　　D. 生产时滞
E. 决策时滞

13. 货币政策时滞中的内部时滞可分为（　　）。
A. 决策时滞　　B. 认识时滞
C. 行动时滞　　D. 作用时滞
E. 控制时滞

14. 货币政策的最终目标有（　　）。
A. 稳定物价　　B. 充分就业
C. 经济增长　　D. 房地产稳定
E. 国际收支平衡

15. 货币政策工具包括（　　）。
A. 一般性的控制工具　　B. 选择性的控制工具
C. 直接信用管理工具　　D. 道义劝告
E. 窗口指导

16. 影响货币政策效应的主要因素有（　　）。
A. 货币政策时滞　　B. 货币流通速度
C. 政治经济体制　　D. 微观主体预期
E. 信贷管理模式

17. 在一般性货币政策工具中，缺乏弹性或灵活性的货币政策工具有（　　）。
A. 公开市场操作　　B. 利率政策
C. 再贴现政策　　D. 直接信用控制
E. 法定存款准备率

18. 基础货币包括（　　）。
A. 流通中现金　　B. 法定准备金
C. 超额准备金　　D. 中央银行发行的债券
E. 中央银行自有资本

19. 紧缩的货币政策实施的手段主要包括（　　）。
A. 提高法定存款准备金率　　B. 提高存贷款利率
C. 提高再贴现率　　D. 央行出售政府债券
E. 增加公开市场的货币投放

20. 宽松的货币政策主要包括（　　）。
A. 提高存款准备金率　　B. 降低存款准备金率
C. 降低贴现率　　D. 中央银行在公开市场上卖出证券
E. 中央银行在公开市场上买入证券

四、重要概念

1. 货币政策 2. 货币政策目标 3. 货币政策工具 4. 公开市场业务 5. 再贴现率政策 6. 法定存款准备金政策 7. 货币政策的传导机制 8. 货币政策中介指标 9. 货币政策时滞 10. 菲利普斯曲线 11. 充分就业 12. 直接信用控制 13. 间接信用指导 14. 货币政策效果 15. "相机抉择" 16. "单一规则" 17. 道义劝告 18. 基础货币

五、简答题

1. 怎样理解货币政策各项目标的内涵?
2. 如何认识货币政策各项目标间的关系?
3. 中央银行货币政策工具有哪些?
4. 我国的货币政策工具有哪些?
5. 货币政策中介指标的选择标准是什么?通常有哪些变量作为中介指标?
6. 影响扩张性货币政策和紧缩性货币政策实际效果的主要因素是什么?
7. 货币政策与财政政策有何特点,如何配合使用?

六、论述题

1. 试述一般性货币政策工具及其作用机制。
2. 什么是货币政策传导机制?试概述凯恩斯学派和货币学派关于货币政策传导机制的理论。
3. 试述影响货币政策效果的因素。

七、深度思考题

要使我国货币政策传导机制通畅,你认为需要进行哪些改革?

☞参考答案

一、填空题

1. 货币政策目标 货币政策工具 货币政策传导机制 货币政策中介指标 货币政策效果
2. 稳定物价 充分就业 经济增长 国际收支平衡
3. 一般性货币政策工具 选择性货币政策工具 直接信用控制 间接信用指导
4. 货币政策最终目标 货币政策中介目标 货币政策操作目标
5. 法定存款准备金政策 再贴现政策 公开市场业务
6. 存款准备金制度 利率政策 再贷款和再贴现 公开市场业务
7. 超额准备金 基础货币
8. 物价上涨率 失业率
9. 利率 货币供应量

10. 可测性　可控性　相关性　抗干扰性
11. 内部时滞　外部时滞
12. 政策工具不同　政策时滞不同　侧重点不同　在扩张和紧缩需求方面的作用不同
13. 稳定币值
14. 道义劝告　窗口指导
15. 凯恩斯学派
16. 货币学派
17. 信用配额管理　规定利率最高限　规定流动性比率　直接干预
18. 公开市场业务
19. 近期指标　操作目标　远期指标　中间目标
20. 中央银行缺乏主动性　政策缺乏弹性

二、单项选择题

1. A　2. D　3. A　4. A　5. B　6. B　7. B　8. C　9. C　10. C　11. A　12. A　13. B　14. A　15. A　16. D　17. D　18. B　19. D　20. C　21. B　22. B　23. A

三、多项选择题

1. ACDE　2. BE　3. CD　4. ABCD　5. AB　6. AC　7. ABCD　8. AD　9. BD　10. BCD　11. ABCDE　12. CD　13. BC　14. ABCE　15. ABCDE　16. ABCD　17. CE　18. ABC　19. ABCD　20. BCE

四、重要概念

1. 货币政策：是指中央银行为实现一定的经济目标，运用各种工具调节和控制货币供应量、利率，进而影响宏观经济的方针和措施的总和。

2. 货币政策目标：是指中央银行调节货币供应量所要达到的目的。

3. 货币政策工具：是指中央银行为实现货币政策目标所运用的各种手段。

4. 公开市场业务：是指中央银行在金融市场上公开买进或卖出有价证券以调节货币供应量和利率的活动。

5. 再贴现率政策：是指中央银行通过调整再贴现利率，来影响商业银行从中央银行获得再贴现贷款的数量，从而调节市场货币供应量和利率水平的一种货币政策工具。

6. 法定存款准备金政策：是指中央银行对商业银行等存款金融机构的存款规定存款准备率，强制性地要求其按照规定的比率上缴存款准备金，控制商业银行的信用创造能力，间接地影响货币供应量。

7. 货币政策的传导机制：是指中央银行通过各种货币政策工具的运用，到最终实现货币政策目标，所经过的各种中间环节间的有机联系及其因果关系。

8. 货币政策中介指标：是指能为中央银行的货币政策工具所左右，又与货币政策最终目标紧密相关，能够有效地传导货币政策的金融变量。

9. 货币政策时滞：是指根据现实经济情况，客观上需要制定某项货币政策，到这项政策对经济活动的影响充分显示出来所需要的时间。

10. 菲利普斯曲线：是英国经济学家菲利普斯描述失业率与物价上涨率（通货膨胀）之间此消彼长相互替代关系的曲线。

11. 充分就业：是指有能力并且愿意工作者都能在合理的条件下找到适当的工作。

12. 直接信用控制：是指中央银行以行政命令等方式，从质和量两个方面，直接对商业银行及其他金融机构的信用活动所进行的控制。

13. 间接信用指导：是指中央银行利用各种间接的措施对商业银行的信用活动施加影响。

14. 货币政策效果：是指中央银行推行一定的货币政策之后，社会经济运行所做出的现实反映。

15. “相机抉择”：凯恩斯学派主张，货币政策应当“相机抉择”，逆经济风向行事。在经济过热时，相机采取紧缩性政策；在经济萧条时，相机采取扩张性政策。即通过反周期货币政策去稳定经济。

16. “单一规则”：以弗里德曼为代表的现代货币学派认为，因为时滞的存在及其他因素，相机抉择的货币政策并不能稳定经济，反而会使经济波动更大，因而他们主张应当实行“单一规则”的货币政策，即中央银行应使货币供给增长率保持稳定。

17. 道义劝告：是指中央银行利用其特殊的地位和声望，采取书面或口头方式，说服商业银行执行中央银行所要求的信贷政策和投资方向。

18. 基础货币：流通中的现金和商业银行的准备金之和，是中央银行的主要负债。基础货币是良好的货币政策中介指标。

五、简答题

1. 怎样理解货币政策各项目标的内涵？

货币政策目标又称最终目标，是指货币政策制定者所期望达到的最终目的。当今西方各国的货币政策目标一般有四个，即稳定物价、充分就业、经济增长、国际收支平衡。

（1）稳定物价，就是使一般物价水平在短期内没有显著的波动。这里所指的物价是物价总水平，而不是个别商品的价格。物价稳定是相对的，并不是物价固定不变。

（2）充分就业，是指有能力并且愿意工作者都能在合理的条件下找到适当的工作。一般以劳动力的就业指标作为替代指标，即失业率。失业率是指社会的失业人数与愿意就业的劳动力的比率。失业率越低，则就业程度越高。因为存在摩擦性失业和自愿失业，所以充分就业并不要求失业率等于零。

（3）经济增长，是指国民生产总值的增长必须保持合理的、较高的速度。目前各国衡量经济增长的指标一般是采用实际国民生产总值年增长率（或人均实际国民生产总值年增长率）。

（4）国际收支平衡，是指一国对其他国家的全部货币收入和货币支出持平或略有差额（顺差或逆差）。

2. 如何认识货币政策各项目标间的关系？

各国的货币政策目标一般来说有四个，即稳定物价、充分就业、经济增长、国际收支平衡。它们之间的关系是，充分就业与经济增长是一致的，稳定物价与充分就业是矛盾的，稳定物价与经济增长是矛盾的，经济增长与国际收支平衡是矛盾的，稳定物价与国际收支平衡也是矛盾的。

3. 中央银行货币政策工具有哪些？

（1）一般性货币政策工具，也即传统的政策工具，是对货币信用总量进行调节和控制。包括法定存款准备金政策、再贴现政策、公开市场业务，俗称“三大法宝”。

（2）选择性货币政策工具，是中央银行对信用进行结构性调节和控制的措施。主要有证券市场信用控制、消费者信用控制、不动信用控制、优惠利率等。

（3）直接信用控制，是中央银行以行政命令等方式，直接对商业银行及其他金融机构的信用活动所进行的控制。这些手段包括信用配额管理、规定利率最高限、规定流动性比率、直接干预等。

（4）间接信用指导，是指中央银行利用各种间接的措施对商业银行的信用活动施加影响。主要措施有道义劝告、窗口指导。

4. 我国的货币政策工具有哪些？

法定存款准备率，再贷款政策，再贴现率，公开市场业务，利率政策。

5. 货币政策中介指标的选择标准是什么？通常有哪些变量作为中介指标？

货币政策中介指标选择的标准是：

（1）相关性，即中央银行选择的中介指标必须与货币政策最终目标密切相关。

（2）可控性，是指中央银行能够运用货币政策工具对该指标进行有效的控制和调节。

（3）可测性，中央银行选择的中介指标必须能够数量化，且数字资料容易获得，便于中央银行进行定量分析。

（4）抗干扰性，是指中央银行选择的中介指标，应当尽量不受或少受非货币政策性因素的干扰。

货币政策中介指标体系包括：（近期指标）超额准备金和基础货币；（远期指标）货币供应量和利率。

6. 影响扩张性货币政策和紧缩性货币政策实际效果的主要因素是什么？

在经济衰退的环境中，一般应实行扩张的货币政策。但扩张性货币政策效果的大小要取决于两个因素：一是货币需求的利率弹性，二是投资需求的利率弹性。在经济衰退时期，货币需求利率弹性很大，投资需求利率弹性很小，此时，增加货币供给，利率不会有多少下降，投资者对经济前景预期暗淡，也不肯增加投资。这样，货币政策作为反衰退的措施，效果就比较微弱。而在通货膨胀的环境中，实行紧缩的货币政策，效果则一般比较好。但即使是反通货膨胀，货币政策的作用也主要是用于反对需求拉上的通货膨胀，对于成本推进的通货膨胀，货币政策的效果就不好。因为这种物价的上升是成本提高造成的，实行紧缩的货币政策只能使生产下降、失业增加，而难以抑制物价。

7. 货币政策与财政政策有何特点，如何配合使用？

财政政策与货币政策有各自不同的特点，财政是无偿性收支，对经济的影响是直接的，政策实施以后见效快、时滞短，扩张性政策效果好，紧缩性政策有副作用，可能会引起经济的衰退。货币政策对经济的影响是间接的，政策实施以后见效慢、时滞长，扩张性政策效果较差，紧缩性政策效果较好，因此两者要配合使用。财政政策与货币政策如何配合使用，要视经济情况而定，在严重的通货膨胀时，要采取双紧的政策，但有可能导致经济衰退；在通货紧缩时，要采取双松的政策，但有可能导致通货膨胀；通常较好的搭配是财政政策较宽松，货币政策稳健。

六、论述题

1. 试述一般性货币政策工具及其作用机制。

（1）法定存款准备率，中央银行通过调整法定存款准备率，来调节货币供应量。如果中央银行提高法定存款准备率，一方面商业银行的超额准备金减少，另一方面货币乘数缩小，这样减少了信贷规模和信用扩张能力从而减少了货币供应量。反之，降低法定存款准备率，则增加了货币供应量。同时，法定存款准备率的变动还具有告示效应，告诉人们今后货币供应量的变化，使人们调节自己的行为，以符合货币政策的要求。

（2）再贴现率，就是中央银行通过调整再贴现率，来调节货币供应量。如果中央银行提高再贴现率，一方面减少了商业银行获得的再贴现资金，另一方面加大了商业银行再贴现的成本，抑制了再贴现的规模，从而抑制了信贷规模，减少了货币供应量。反之，如果中央银行降低再贴现率，则增加了货币供应量。同样再贴现率也有告示效应。

（3）公开市场业务，即中央银行通过在金融市上买卖有价证券来调节货币供应量。如果中央银行买进有价证券，则市场的货币供应量增加，反之卖出有价证券，则市场货币供应量减少。在市场经济的条件下，公开市场业务是中央银行运用得比较多的工具。

2. 什么是货币政策传导机制？试概述凯恩斯学派和货币学派关于货币政策传导机制的理论。

货币政策的传导机制，是指中央银行通过各种货币政策工具的运用，到最终实现货币政策目标，所经过的各种中间环节间的有机联系及其因果关系。关于传导机制的观点，往往构成货币政策中介指标选择的理论基础。

关于货币政策传导机制的分析，在西方，早期主要有凯恩斯学派的传导机制理论和货币学派的传导机制理论。

凯恩斯学派的货币政策传导机制理论，思路可以简单归结为：通过货币供给 M 的增减影响利率 r，利率的变化通过资本边际效率的影响使投资 I 以乘数方式增减，而投资的增减会进而影响总支出 E 和总收入 Y。用符号可表示为：

$M \longrightarrow r \longrightarrow I \longrightarrow E \longrightarrow Y$

在这个传导机制发挥作用的过程中，主要环节是利率：货币供应量的调整首先影响利率的升降，然后才能使投资乃至总支出发生变化。根据这个传导机制，货币政策对收入影响的大小，取决于货币供给量的变化对利率的影响、利率变化对投资的影响和投资对收入的影响。只要有一个环节出现阻塞或障碍，都会导致货币政策效果减弱或无效。

货币学派认为利率在货币政策传导机制中不起主要作用，而更强调货币供应量在整个传导机制上的直接效果。这种主张认为货币政策的传导机制主要不是通过利率间接地影响投资和收入，而是通过货币实际余额的变动直接影响支出和收入。用符号可以表示为：

$M \longrightarrow E \longrightarrow Y$

在这个传导机制中，主要环节是货币供应量，货币供应量变动直接影响支出，进而影响名义收入。

3. 试述影响货币政策效果的因素。

（1）货币政策时滞的影响。货币政策时滞，是指根据现实经济情况，客观上需要制定某项货币政策，到这项政策对经济活动的影响充分显示出来所需要的时间。时滞是影响货币政策效果的重要因素。时滞由内部时滞和外部时滞两部分构成。

内部时滞，是指从经济和金融形势发生变化需要中央银行采取政策行动，到中央银行实际采取行动的这段过程。它又可分为两部分：（1）认识时滞。（2）行动时滞。

外部时滞，是指从中央银行采取货币政策行动之日起，到对经济活动发生充分影响时止的这段过程。它也可分两部分：（1）转向时滞。（2）生产时滞。

一般认为，货币政策生效少则需要六个月，长则需要两年。

（2）微观主体预期的影响。当一项货币政策推出后，各经济主体会根据所获得的各种信息来预测政策的后果，并很快做出对策。货币政策的作用可能被这种对策所抵消。

（3）经济环境的影响。不同的经济环境中，货币政策的效果也有差别。在经济衰退的环境中，一般应实行扩张的货币政策。但扩张性货币政策效果的大小要取决于两个因素：一是货币需求的利率弹性，二是投资需求的利率弹性。在经济衰退时期，货币需求利率弹性很大，投资需求利率弹性很小，此时，增加货币供给，利率不能进一步下降，企业对经济前景预期暗淡，也不肯增加投资。这样，货币政策作为反衰退的措施，效果就比较弱。而在通货膨胀的环境中，实行紧缩的货币政策，效果则一般比较好。但即使是反通货膨胀，货币政策的作用也主要是用于治理需求拉上的通货膨胀，对于成本推进的通货膨胀，货币政策的效果就不好。

（4）其他因素的影响。货币政策的效果还受到其他因素的影响。如客观经济条件的变化、政治因素，货币流通速度的变化也会影响货币政策的效果。

第十六章

金融风险

☞学习目的和要求

通过本章的学习，掌握金融风险的含义和分类，金融风险的效应和金融风险管理的策略，了解金融风险的产生背景和原因。

☞要点提示

第一节 金融风险的含义与种类

一、金融风险的含义

金融风险是在金融活动中，由于多种因素发生不确定的变化，从而导致行为人蒙受损失的可能性。

对金融风险的含义可以从以下几方面加以理解：(1) 金融风险是金融活动的内在属性。(2) 金融风险的承受者不仅仅是金融机构，还包括参与金融活动的个人、企业、政府及其他主体。(3) 金融风险可能导致的损失不仅指本金的损失，还要考虑资本收益的损失。(4) 金融风险的暴露是指金融活动中存在金融风险的部位以及受金融风险影响的程度。

二、金融风险种类

按金融风险的形态划分，金融风险可以分为以下10种：

(1) 信用风险，指债务人不能或不愿履行债务而给债权人造成损失的可能性，或是交易一方不履行义务而给交易对方带来损失的可能性。

(2) 流动性风险，指由于流动性不足给经济主体造成损失的可能性。

(3) 利率风险，指利率变动给经济主体造成损失的可能性。

(4) 汇率风险，指汇率的变化可能给当事人带来的不利影响。

（5）操作风险，指由于企业或金融机构内部控制不健全或失效、操作失误等原因导致的风险。

（6）法律风险，指金融机构或其他经济主体在金融活动中因法律方面的问题而引致的风险。

（7）通货膨胀风险，指通货膨胀可能使经济主体的实际收益率下降，或使其筹资成本提高。

（8）环境风险，指金融活动的参与者面临的自然的、政治的和社会的环境的变化而带来的风险。

（9）政策风险，指因国家政策变化而给金融活动参与者带来的风险。

（10）国家风险，指由于国家政治、经济、社会等方面的重大变化而给经济主体造成损失的可能性。

第二节 金融风险的产生与效应

一、金融风险的产生

1. 经济体制与金融风险

市场经济越发达，金融的地位越重要，金融风险也就越突出。

2. 金融监管与金融风险

金融监管与金融风险是此消彼长的关系。

3. 金融内控与金融风险

健全的内部控制机制和良好的公司治理结构有利于防范金融风险。

4. 金融创新与金融风险

一方面，许多金融创新工具具有风险管理的功能，另一方面，每一种金融创新本身都存在风险，金融创新在一定程度上加剧了金融风险，增大了金融体系的不稳定性。

5. 金融投机与金融风险

金融投机可以引发、加剧金融风险，严重时可以引致金融危机。

6. 金融环境与金融风险

金融风险与金融环境密切相关，金融环境的改变可能加大金融风险甚至引发金融危机，也可能降低金融风险，提高金融体系的稳定性。

二、金融风险的效应

1. 金融风险的经济效应

（1）金融风险的微观经济效应。

①给经济主体造成经济损失，甚至威胁其生存与发展。②影响投资者或存款人的信心和预期。③增大金融交易成本。④降低资金利用率。

（2）金融风险的宏观经济效应。

①导致社会投资水平下降，致使经济增长速度放慢甚至出现负增长。②不利于动员国内外储蓄，容易造成财政政策和货币政策的扭曲。③破坏经济运行基础，造成产业结构畸形发展。④影响一国的国际收支，危及国家经济安全。

2. 金融风险的政治效应

金融风险直接威胁到一国的政治安全和政局稳定。

3. 金融风险的社会效应

金融风险会造成整个社会经济秩序的混乱。

第三节 金融风险管理的策略

金融风险管理策略是指受险主体在特定的风险环境下所采取的管理风险措施。

一、金融风险的预防策略

金融风险的预防策略是指在风险尚未导致损失之前，经济主体采用一定的防范性措施，以防止损失实际发生或将损失控制在可承受的范围以内的策略。

二、金融风险的规避策略

金融风险的规避策略是指经济主体根据一定原则，采取一定措施避开金融风险，以减少或避免由于风险引起的损失。

三、金融风险的分散策略

金融风险的分散策略是指通过多样化的投资组合来分散风险。

四、金融风险的转嫁策略

风险转嫁是指经济主体通过各种合法手段将其承受的风险转移给其他经济主体。

五、金融风险的对冲策略

金融风险的对冲策略是指经济主体可以通过进行一定的金融交易，来对冲其面临的某种金融风险。

六、金融风险的补偿策略

风险补偿具有双重含义，一重含义是指经济主体在风险损失发生前，通过金融交易的价格补偿，获得风险回报；另一重含义是指经济主体在风险损失发生后，通过抵押、质押、保证、保险等获得补偿。

☞知识拓展

由西南财经大学与中国社科院世经政所联合举办，西南财经大学中国金融研究中心、金融安全协同创新中心等承办的《第一届中国金融安全论坛》2018 年底在北京举行。会议提出的《中国金融安全报告 2018》认为，2018 年虽然金融机构和经济运行风险上升，金融安全有所承压，但风险总体可控。相对于 2016 年、2017 年我国金融机构、金融市场、房地产市场、金融风险传染、全球主要经济体溢出等指标均有所好转。金融机构的稳健性是我国金融安全可控的核心保障，2018 年以来金融机构整体风险上升，商业银行风险尤其值得关注，国有银行和区域性银行的风险更为突出。2018 年以来我国金融市场整体风险仍较为稳定，但外汇市场和房地产市场风险相对上升。会议提出的《2018—2019 年全球系统性风险报告》认为，2018 年全球系统性风险显著上升，2019 年这一上升趋势仍将继续，并且存在再次演变为局部或全球系统性危机的可能。风险源于美元升值周期和美国全球转嫁危机的影响：美联储加息引导美元升值和全球资金回流，美国经济可能见顶，美国股市泡沫即将破裂，并将波及发达国家；美元升值将导致其他国家资产泡沫破裂和资金外流，可能导致货币贬值和金融危机，而依赖商品出口的国家将深受价格大幅下跌的影响。

通过相关资料的阅读，你对我国目前金融风险的状况有何认识？

☞练习题

一、填空题

1. 因________的波动而造成的风险叫汇率风险。
2. 由于操作失误或雇员行为不轨而造成的风险叫____________风险。
3. 流动性风险是指由于________给经济主体造成损失的可能性。

二、单项选择题

1. 金融机构的财务状况在利率出现不利的波动时面对的风险是（　　）。

A. 利率风险　　B. 汇率风险
C. 政策风险　　D. 信用风险

2. 由于金融产品的市场价格（如证券价格、金融衍生产品价格）的变动，而使金融机构面临损失的风险是（　　）。

A. 利率风险　　B. 汇率风险
C. 市场风险　　D. 价格风险

3. 世界上正式建立存款保险制度最早的国家是（　　）。

A. 英国　　B. 德国
C. 美国　　D. 法国

三、多项选择题

金融机构在经营活动中常见的风险有：（　　）。

A. 信用风险　　B. 流动性风险
C. 利率风险　　D. 汇率风险
E. 市场风险

四、名词解释

1. 金融风险　2. 信用风险　3. 流动性风险　4. 操作风险　5. 利率风险　6. 汇率风险　7. 通货膨胀风险

五、简答题

1. 如何理解金融风险的含义？
2. 经济体制与金融风险的关系如何？
3. 金融监管与金融风险有何关系？

六、论述题

1. 试述金融风险的微观经济效应。
2. 试述金融风险的宏观经济效应。
3. 简述如何应对金融风险。

七、深度思考题

金融风险的发生在现实中有哪些具体表现？如何应对？

☞参考答案

一、填空题

1. 汇率　　2. 操作　　3. 流动性不足

二、单项选择题

1. A　　2. C　　3. C

三、多项选择题

ABCDE

四、名词解释

1. 金融风险。金融风险是在金融活动中，由于多种因素发生不确定的变化，从而导致行为人蒙受损失的可能性。

2. 信用风险。是指交易对手不愿或者不能履行合同而造成的风险。信用风险是金融机构面临的一个主要风险，这种风险不仅存在于贷款业务中，也存在于其他业务中，如担保、承兑、证券投资等。

3. 流动性风险。是指金融机构无力为负债的减少或资产的增加提供融资，即当流动性不足时，它无法以合理的成本迅速获得足够的现金，从而影响其支付能力。

4. 操作风险。是指由于企业或金融机构内部控制不健全或失效、操作失误等原因导致的风险。

5. 利率风险。是指利率变动给经济主体造成损失的可能性。

6. 汇率风险。是指汇率的变化可能给当事人带来的不利影响。

7. 通货膨胀风险。是指通货膨胀可能使经济主体的实际收益率下降，或使其筹资成本提高。

五、简答题

1. 如何理解金融风险的含义？

金融风险是在金融活动中，由于多种因素发生不确定的变化，从而导致行为人蒙受损失的可能性。

对金融风险的含义可以从以下几方面加以理解：（1）金融风险是金融活动的内在属性。（2）金融风险的承受者不仅仅是金融机构，还包括参与金融活动的个人、企业、政府及其他主体。（3）金融风险可能导致的损失不仅指本金的损失，还要考虑资本收益的损失。（4）金融风险的暴露是指金融活动中存在金融风险的部位以及受金融风险影响的程度。

2. 经济体制与金融风险的关系如何？

金融风险的产生与经济体制密切相关。在高度集中的计划经济体制下，金融的地位不重要，金融活动也不频繁，虽然也存在着金融风险，但并不严重，因此也不被重视，或者说没有必要重视它。市场经济是一种风险经济，在市场经济体制下，金融风险无处不在，无时不有。市场经济越发达，金融的地位越重要，金融风险也就越突出。

改革开放以来，我国开始向市场经济转轨，目前仍在转轨过程当中。目前我国面临的金融风险是在经济体制转轨过程中长期积累起来的，既具有市场经济体制下金融风险的特点，也有不同于市场经济体制的地方。换句话说，经济体制转轨时期存在一些特定的金融风险，有些风险如道德风险在转轨时期表现得尤为突出，我国经济体制转轨的过程也就是我国金融风险不断积累并逐步显现的过程。

3. 金融监管与金融风险有何关系？

金融监管与金融风险是此消彼长的关系。一方面，放松监管或监管不力必然产生、加大金融风险，另一方面，金融风险的大量出现又加大了金融监管的难度，使金融监管当局难于应付。从国外来看，20 世纪 70 年代开始，工业化国家放松金融管制，许多发展中国家则加快了金融自由化的步伐，放松管制和金融自由化鼓励了金融创新，促进了金融深化和金融发展，同时也催生了大量的金融风险，甚至成为引发金融危机的重要因素。

要防范和化解金融风险，必须加强金融监管，加大对金融风险的监管力度。我们认为，金融监管的最主要目的就是防范和化解金融风险，防范和化解金融风险应成为金融监管的最主要内容。为此，必须完善金融监管体制，强化金融监管职能，加强金融法制建设，构筑金融安全网，建立和完善金融风险的监测与预警体系。

六、论述题

1. 试述金融风险的微观经济效应。

（1）给经济主体造成经济损失，甚至威胁其生存与发展。

（2）影响投资者或存款人的信心和预期。

（3）增大金融交易成本。

（4）降低资金利用率。

2. 试述金融风险的宏观经济效应。

（1）导致社会投资水平下降，致使经济增长速度放慢甚至出现负增长。

（2）利于动员国内外储蓄，容易造成财政政策和货币政策的扭曲。

（3）破坏经济运行基础，造成产业结构畸形发展。

（4）影响一国的国际收支，危及国家经济安全。

3. 简述如何应对金融风险？

（1）金融风险的预防策略。金融风险的预防策略是指在风险尚未导致损失之前，经济主体采用一定的防范性措施，以防止损失实际发生或将损失控制在可承受的范围以内的策略。

（2）金融风险的规避策略。金融风险的规避策略是指经济主体根据一定原则，采取一定措施避开金融风险，以减少或避免由于风险引起的损失。

（3）金融风险的分散策略。金融风险的分散策略是指通过多样化的投资组合来分散风险。

（4）金融风险的转嫁策略。风险转嫁是指经济主体通过各种合法手段将其承受的风险转移给其他经济主体。

（5）金融风险的对冲策略。金融风险的对冲策略是指经济主体可以通过进行一定的金融交易，来对冲其面临的某种金融风险。

（6）金融风险的补偿策略。风险补偿具有双重含义，一重含义是指经济主体在风险损失发生前，通过金融交易的价格补偿，获得风险回报；另一重含义是指经济主体在风险损失发生后，通过抵押、质押、保证、保险等获得补偿。

第十七章

金融监管

☞**学习目的和要求**

通过本章的学习，掌握金融监管的原则、目标、内容、手段和方式，了解金融监管体制及类型、金融监管的国际协调以及《巴塞尔协议》和《有效银行监管的核心原则》的主要内容。

☞**要点提示**

第一节　金融监管概述

一、金融监管的含义与原则

（一）金融监管的含义

金融监管有狭义和广义之分。狭义的金融监管是指金融监管当局依据国家法律法规的授权对整个金融业（包括金融机构以及金融机构在金融市场上所有的业务活动）实施的监督管理。

广义的金融监管是在上述监管之外，还包括了金融机构内部控制与稽核的自律性监管、同业组织的互律性监管、社会中介组织和舆论的社会性监管等。各国的金融监管体系通常在广义的范畴下架构。

（二）金融监管的原则

（1）依法管理原则。

（2）合理与适度竞争原则。

（3）自我约束和外部强制相结合的原则。

（4）安全稳定与经济效率相结合的原则。

（5）母国与东道国共同监管原则。

此外，金融监管还要注意顺应变化了的市场环境，对过时的监管内容、方式、手段等及时进行调整。监管力度的松紧搭配，管理需要审慎、强化等，已经上升为基本原则的一个重要延伸部分。

二、金融监管的必要性

（一）市场经济的内在要求

金融监管的理论依据源于一般管制理论。该理论认为，在现实经济运作中，由于存在垄断、价格黏性、市场信息不对称、外部负效应等情况，从而导致经常性的市场失效。因此，完全地自由放任并不能使市场运行实现规范合理和效率最优，需要借助政府的力量，通过法令、政策和各种措施对市场主体及其行为进行必要的管制，以弥补市场缺陷。由于金融业在市场经济中的特殊地位，更需要通过外部监管来克服市场缺陷。所以，为了控制金融机构的经营风险，避免发生“多米诺骨牌效应”，需要国家对金融业实施严格的金融监管，保持市场经济的稳健运行。

（二）金融业的特殊性

从金融业本身的特殊性来看，金融监管的必要性主要体现在以下三方面：

（1）金融业在国民经济中的特殊重要地位和作用。金融业的稳定与效率直接影响国民经济的运作与发展，甚至社会的安定，由此决定了必须对金融业严加监管，保证金融体系的安全和有效运行。

（2）金融业的内在风险。与其他行业相比，金融业是一个特殊的高风险行业。金融业特殊的高风险首先表现在所经营对象的特殊性上；其次，金融业具有很高的负债比率，自有资本少，营运主要依靠外部资金来源，银行的生存在很大程度上依赖于公众的信任。但由于在经营过程中金融机构的管理人员因涉及自身利益或能力所限，往往不能充分评估和处理经营中存在的问题和风险，因此需要金融当局从外部对其进行以风险管理为重点的监管，帮助管理者将风险控制在一定范围之内，保证金融体系的安全与稳健营运，从而保证国民经济的健康发展。

（3）金融业的公共性。保护投资者利益，对整个金融体系的健康发展至关重要。但由于金融业具有相对垄断性，金融机构有可能做出不利于债权人或债务人的安排，或向客户提供不公平的歧视性服务，这就提出了这样的监管要求，即对信息优势方（主要是金融机构及其相关管理人员）的行为加以规范和约束，以为投资者创造公平、公正的投资环境；需要通过金融监管，维护金融业的公共秩序，提高金融效率。

三、金融监管的演变历程

（1）19 世纪中期至 20 世纪 30 年代前：相对宽松阶段；

（2）20 世纪 30 ~70 年代：严格管制阶段；

（3）20 世纪 70 年代初至今：放松管制与完善强化阶段。

第二节　金融监管体系的一般构成

一、金融监管的目标

金融监管目标是实现金融有效监管的前提和监管当局采取监管行动的依据。金融监管的目标可分为一般目标和具体目标。

我国现阶段的金融监管目标可概括为：

（1）一般目标：防范和化解金融风险，维护金融体系的稳定与安全，保护公平竞争和金融效率的提高，保证中国金融业的稳健运行和货币政策的有效实施。

（2）具体目标：经营的安全性、竞争的公平性和政策的一致性。经营的安全性包括两个方面：①保护存款人和其他债权人的合法权益；②规范金融机构的行为，提高信贷资产质量。竞争的公平性是指通过中央银行的监管，创造一个平等合作、有序竞争的金融环境，鼓励金融机构在公平竞争的基础上，增强经营活力，提高经营效率和生存发展能力。政策的一致性是指通过监管，使金融机构的经营行为与中央银行的货币政策目标保持一致。

二、金融监管的内容

（一）市场准入的监管

（二）市场运作过程的监管

各国对金融机构市场运作过程监管的具体内容并不完全相同，但一般都将监管的重点放在以下几个方面：

（1）金融机构业务经营的合规性。

（2）资本充足性。

（3）资产质量。

（4）流动性。

（5）盈利能力。

（6）管理水平和内部控制能力。

（三）市场退出的监管

金融机构市场退出的原因和方式可以分为两类：主动退出与被动退出。

各国对金融机构市场退出的监管都有很细致的技术性规定。一般有接管、解散、撤销、破产等几种形式。

三、金融监管的手段与方式

各国的金融监管主要依据法律、法规来进行，在具体监管过程中，主要运用金融稽核手段，采用“四结合”并用的全方位监管方法。

（一）依法实施金融监管

金融机构必须接受国家金融管理当局的监管，金融监管必须依法进行，这是金融监管的基本点。

(二) 运用金融稽核手段实施金融监管

金融稽核，是中央银行或监管当局根据国家规定的稽核职责，对金融业务活动进行的监督和检查。金融稽核、检查监督的主要内容包括：业务经营的合法性、资本金的充足性、资产质量、负债的清偿能力、盈利情况、经营管理状况等。

(三)“四结合”的监管方法

(1) 现场稽核与非现场稽核相结合。

(2) 定期检查与随机抽查相结合。

(3) 全面监管与重点监管相结合。

(4) 外部监管与内部自律相结合。

第三节 金融监管体制

一、金融监管体制及其类型

金融监管体制，指的是金融监管的制度安排，它包括金融监管当局对金融机构和金融市场施加影响的机制以及监管体系的组织结构。

按监管机构的设立划分，大致可区分为两类：一类是由中央银行独家行使金融监管职责的单一监管体制；另一类是由中央银行和其他金融监管机构共同承担监管职责的多元监管体制。

按监管机构的监管范围划分，又可分为集中监管体制和分业监管体制。

集中监管体制是指把金融业作为一个相互联系的整体统一进行监管，一般由一个金融监管机构承担监管的职责，绝大多数国家是由中央银行来承担。有时又称为“一元化”监管体制。

分业监管体制是根据金融业内不同的机构主体及其业务范围的划分而分别进行监管的体制。

我国目前采用分业监管的组织体制。

二、金融监管体制的相关制度安排

(一) 金融业自律

金融业自律是指金融业的从业者组织，基于共同利益，制定规则，自我约束，实现金融业内部的自我监管，以保护自身利益并促进金融业的发展。一般来说，金融业自律的组织形式主要为金融行业公会。

金融业自律组织主要有如下四个方面的功能：(1) 协调功能；(2) 服务功能；(3) 沟通职能；(4) 监督功能。

随着金融自由化的向前推进和金融创新的发展，各国都越来越重视发挥金融业管理的自律作用。

（二）金融机构的内部控制

这是指金融业微观主体通过内部控制，主动防范和规避风险，实现审慎管理和稳健经营制度安排。金融机构的内部控制在整个监管体系的设计中，具有基础性地位。它不仅对金融机构自身业务的健康发展，而且对整个金融体系的稳定都有着重要的影响。

（三）投资者保护制度

投资者保护制度的主要内容之一是建立金融服务赔偿体系。较为完善的金融服务赔偿体系一般由存款保险制度、证券投资者保护制度和保险保障制度三部分构成，其中存款保险制度是核心。

存款保险制度是指为从事存贷款业务的金融机构建立专门的保险机构，投保机构定期向保险机构缴纳保费，当投保机构面临危机或破产时，保险机构向其提供流动性资助或者代替破产机构在一定限度内对存款人予以赔付的制度。存款保险制度的核心在于为金融体系提供有效安全网。

证券投资者保护制度主要以组建公司或基金的形式，通过证券公司按一定比例缴纳会费和其他经费来源，筹集充足、适度的资金，对因证券经营机构破产而承受损失的投资者予以补偿。

保险保障制度又称为投保人保护制度。其主要内容是通过法律对寿险公司不能赔付情况下如何保护投保人的利益做出了相应规定，一旦寿险公司倒闭，公共部门就会出面促成并购，或者拿出资金补偿持有保单的普通居民，投保人的利益就能得到相应保障。

三、金融监管的国际协调

有效的国际金融监管协调将可能产生两个效应：一是继续推进金融的国际化和一体化进程，为金融机构的国际化努力创造良好的金融环境；二是提高全球金融市场监管的有效性，保持金融稳定。

（一）金融监管国际协调的主要形式

（1）双边的谅解备忘录。

（2）多边论坛。多边论坛一般就某一监管问题进行会谈，并签署监管声明或文件。

（3）以统一的监管标准为基础的协调。各国或国际监管组织通过彼此的协调和交流，制定统一的监管标准，这些监管标准为各成员国监管当局所接受，并为各国监管当局所必须遵守。

（4）统一监管。也就是说由一个统一的监管机构来负责跨国的金融监管。

（二）金融监管的国际协调组织

根据协调能力，现有的金融监管国际协调组织基本上可以分为两类。一类是对成员国没有法律约束力的国际监管组织，包括巴塞尔委员会、国际证券委员会组织、国际保险监管官联合会等。另一类是以国际法或区域法为基础的监管组织。它们所通过的监管规则对成员国具有法律约束力，可以在一定程度上统一实施对成员国的金融监管。

在国际监管组织中，巴塞尔委员会的影响突出。

四、金融监管的国际协调的主要内容①

1988 年《巴塞尔协议》的主要内容有：第一，关于资本的组成。把银行资本划分为核心资本和附属资本两档：第一档核心资本，包括股本和公开准备金，这部分至少占全部资本的 50%；第二档附属资本，包括未公开的准备金、资产重估准备金、普通准备金或呆账准备金。

第二，关于风险加权的计算。协议订出对资产负债表上各种资产和各项表外科目的风险度量标准，并将资本与加权计算出来的风险挂钩，以评估银行资本所应具有的适当规模。

第三，关于标准比率的目标。协议要求银行资本对风险加权化资产的标准比率为 8%，其中，核心资本比率至少为 4%。

1997 年，巴塞尔银行监管委员会正式通过了《有效银行监管的核心原则》，为规范银行监管提出国际统一的准则。其主要内容概括有：（1）必须具有适当的银行监管法律、法规；监管机构要有明确的责任；目标和自主权等。（2）必须明确界定金融机构的业务范围，严格银行审批程序；对银行股权转让、重大收购及投资等，监管者有权审查、拒绝及订立相关标准。（3）重申《巴塞尔协议》关于资本充足率的规定；强调监管者应建立起对银行各种风险进行独立评估、监测、管理等一系列政策和程序，并必须要求银行建立起风险防范及全面风险管理体系和程序，以及要求银行规范内部控制等。（4）必须建立和完善持续监控手段，监管者有权在银行未能满足审慎要求或存款人安全受到威胁时采取及时的纠正措施，直至撤销银行执照。（5）对跨国银行业的监管，母国监管当局与东道国监管当局必须建立联系，交换信息，密切配合；东道国监管者应确保外国银行按其国内机构所同样遵循的高标准从事当地业务。

巴塞尔委员会认为，核心原则只是最低要求，各国需要针对其金融体系的具体情况与风险加以强化或补充。

2004 年 6 月 26 日，巴塞尔银行监管委员会正式公布了《新巴塞尔资本协议》。新资本协议包括互为补充的“三大支柱”，即最低资本要求、监管当局的监管和市场纪律，并试图通过三大支柱的建设，来强化商业银行的风险管理。

《新巴塞尔资本协议》的主要内容有：（1）最低资本要求。最低资本充足率要求仍然是新资本协议的重点。该部分涉及与信用风险、市场风险以及操作风险有关的最低总资本要求的计算问题。（2）监管当局的监管。监管当局的监管是为了确保各银行建立起合理有效的内部评估程序，用于判断其面临的风险状况，并以此为基础对其资本是否充足做出评估。（3）市场纪律。市场纪律的核心是信息披露。市场约束的有效性，直接取决于信息披露制度的健全程度。只有建立健全的银行业信息披露制度，各市场参与者才可能估计银行的风险管理状况和清偿能力。

新协议指出，市场纪律具有强化资本监管、提高金融体系安全性和稳定性的潜在作用，并在应用范围、资本构成、风险披露的评估和管理过程以及资本充足率等四个方面提出了定性和定量的信息披露要求。为了提高市场纪律的有效性，巴塞尔委员会致力于推出标准统一

① 本部分内容教材中作为阅读专栏处理，但该部分内容对了解金融监管的国际化效果非常重要，特作为要点提示处理，希望引起学习者的注意。

的信息披露框架。

☞知识拓展

中国银行保险监督管理委员会的主要职责：

（一）依法依规对全国银行业和保险业实行统一监督管理，维护银行业和保险业合法、稳健运行，对派出机构实行垂直领导。

（二）对银行业和保险业改革开放和监管有效性开展系统性研究。参与拟订金融业改革发展战略规划，参与起草银行业和保险业重要法律法规草案以及审慎监管和金融消费者保护基本制度。起草银行业和保险业其他法律法规草案，提出制定和修改建议。

（三）依据审慎监管和金融消费者保护基本制度，制定银行业和保险业审慎监管与行为监管规则。制定小额贷款公司、融资性担保公司、典当行、融资租赁公司、商业保理公司、地方资产管理公司等其他类型机构的经营规则和监管规则。制定网络借贷信息中介机构业务活动的监管制度。

（四）依法依规对银行业和保险业机构及其业务范围实行准入管理，审查高级管理人员任职资格。制定银行业和保险业从业人员行为管理规范。

（五）对银行业和保险业机构的公司治理、风险管理、内部控制、资本充足状况、偿付能力、经营行为和信息披露等实施监管。

（六）对银行业和保险业机构实行现场检查与非现场监管，开展风险与合规评估，保护金融消费者合法权益，依法查处违法违规行为。

（七）负责统一编制全国银行业和保险业监管数据报表，按照国家有关规定予以发布，履行金融业综合统计相关工作职责。

（八）建立银行业和保险业风险监控、评价和预警体系，跟踪分析、监测、预测银行业和保险业运行状况。

（九）会同有关部门提出存款类金融机构和保险业机构紧急风险处置的意见和建议并组织实施。

（十）依法依规打击非法金融活动，负责非法集资的认定、查处和取缔以及相关组织协调工作。

（十一）根据职责分工，负责指导和监督地方金融监管部门相关业务工作。

（十二）参加银行业和保险业国际组织与国际监管规则制定，开展银行业和保险业的对外交流与国际合作事务。

（十三）负责国有重点银行业金融机构监事会的日常管理工作。

（十四）完成党中央、国务院交办的其他任务。

☞练习题

一、填空题

1. 金融是现代经济的________。

2. 实现金融有效监管的前提和监管当局采取监管行动的依据是________。

3. 金融市场监管有两层含义：外部管理和________。

4. 金融监管的目标，一般是出于维护________、________、________三方面的考虑。

5. 我国对商业银行的监管是由________负责，对证券市场和期货市场的监管是由________负责，对保险市场的监管是由________负责。

6. 对商业银行监管的内容通常分为两类，一类是________管理措施，另一类是________管理措施。

7. 金融监管保护性管理一般包括________和________两个方面。

8. 金融监管当局进行稽核、检查的形式主要有________和________两种。

9. 《巴塞尔协议》规定银行资本应分为________资本和________资本两部分。

10. 《巴塞尔协议》要求，银行资本对加权风险资产的目标比率应为________，其中核心资本比率至少为________。

11. 在市场经济中金融监管的三个基本特征是：________、________、________。

12. 从市场经济的内在要求看，金融监管的理论依据源于________。

13. 金融监管的具体监管内容主要有三个方面，即市场准入的监管、____________、市场退出的监管。

14. 我国1995年颁布实施的《商业银行法》对业务经营范围进行了具体规定，我国目前商业银行实行______________。

15. 对金融市场监管的内容主要有三个方面：对金融工具________的监管，对金融工具________的监管，对证券市场________的监管。

16. 证券交易所和金融系统内各类行业性协会组织属于金融市场中________的监管机构。

17. 狭义的金融监管是指金融监管当局依据________的授权对整个金融业实施的监管。

二、单项选择题

1. 金融机构的财务状况在利率出现不利的波动时面对的风险是（　　）。

A. 利率风险　　B. 汇率风险

C. 政策风险　　D. 信用风险

2. 由于金融产品的市场价格（如证券价格、金融衍生产品价格）的变动，而使金融机构面临损失的风险是（　　）。

A. 利率风险　　B. 汇率风险

C. 市场风险　　D. 价格风险

3. 世界上正式建立存款保险制度最早的国家是（　　）。

A. 英国　　B. 德国

C. 美国　　D. 法国

4. 下列说法正确的是（　　）。

A. 只要符合条件就可以设立银行　　B. 我国商业银行可以从事信托投资和股票业务

C. 银行不得向关系人发放信用贷款　　D. 商业银行资本充足率不得小于4%

5. 对金融机构最严厉的行政制裁措施是（　　）。

A. 罚款　　B. 撤换高级管理人员

C. 发出停业整顿命令　　D. 吊销营业执照

6. 金融监管的最基本出发点是（　　）。

A. 维护国家阶级利益　　B. 维护社会公众利益

C. 控制金融机构经营风险　　D. 维护金融秩序

7. 1863 年美国联邦会通过的（　　），意味着现代意义上金融监管的形式，对各国产生了重要影响。

A. 《公司法》　　B. 《巴塞尔协议》

C. 《信托契约法》　　D. 《国民银行法》

8. 2003 年 9 月 21 日我国商业银行规定的法定存款准备金提取比率上调至（　　）。

A. 6%　　B. 7%

C. 8%　　D. 9%

9. 我国现阶段的金融监管的具体目标是（　　）。

A. 经营的安全性，竞争的公平性，政策的一致性

B. 维护金融业安全与稳定

C. 保护公众利益

D. 维护金融业的运作秩序和公平竞争

10. 我国目前规定商业银行资产流动性比率，即流动性资产平均余额与流动性负债平均余额之比不得低于（　　）。

A. 15%　　B. 20%

C. 25%　　D. 30%

11. （　　）是金融监管的基本点，金融机构必须接受国家金融管理当局的监管，保证监管的权威性、严厉性、强制性、一贯性，从而保证有效性。

A. 运用经济行政处罚手段　　B. 依法实施金融监管

C. 运用金融稽核手段　　D. “四结合”并用的全方位监管方法

12. 我国目前采用的金融监管体制是（　　）。

A. 分业监管　　B. 集中监管

C. 混合监管　　D. 交叉监管

13. 我国的下列金融市场监管机构中属于外部监管机构的是（　　）。

A. 深圳证券交易所　　B. 上海证券交易所

C. 中国证券业协会　　D. 证监会

14. 金融业存在发展的终极目的是（　　）。

A. 安全稳健　　B. 风险预防

C. 风险监测和管理　　D. 满足社会经济需要

15. 1988 年 7 月，巴塞尔委员会正式颁布了最重要、影响力最大的文件《巴塞尔协议》，该协议的核心内容是（　　）。

A. 资产风险　　B. 资本分类

C. 市场纪律　　D. 监督检查

三、多项选择题

1. 金融机构在经营活动中常见的风险有（　　）。
A. 信用风险　　B. 流动性风险
C. 利率风险　　D. 汇率风险
E. 市场风险
2. 我国现行的金融监管主体有三家，它们是（　　）。
A. 财政部　　B. 中国人民银行
C. 中国银监会　　D. 中国证监会
E. 中国保监会
3. 我国设立商业银行的条件有（　　）。
A. 有符合商业银行法和公司法规定的章程
B. 有符合商业银行法规定的注册资本最低限额
C. 有具备任职专业知识和业务工作经验的高级管理人员
D. 有健全的组织机构和管理制度
E. 有符合要求的营业场所、安全防范措施和与业务有关的其他设施
4. 一家银行出现清偿能力危机时，紧急救援的方式有（　　）。
A. 提供贷款以解决支付能力问题　　B. 兼并
C. 担保　　D. 关闭
E. 接管
5. 下列属于银行监管预防性管理的有（　　）。
A. 市场准入管理　　B. 资本充足性管理
C. 流动性管理　　D. 业务范围管理
E. 自律性管理
6. 下列说法正确的有（　　）。
A. 新设立金融机构必须经有关主管当局审批
B. 我国目前对金融机构实行分业经营、分业管理政策
C. 商业银行资本充足率不得小于8%
D. 商业银行贷款应当与借款人订立书面合同
E. 商业银行对关系人发放担保贷款的条件可以优于其他借款人
7. 在下面各选项中可能导致经常性的市场失效，影响竞争有效发挥作用的有（　　）。
A. 垄断　　B. 价格黏性
C. 市场信息不对称　　D. 自由放任
E. 外部负效应
8. 1999年6月，巴塞尔委员会提出的新协议草案，其三大要素是（　　）。
A. 风险防范　　B. 资本充足率
C. 监管部门的监管检查　　D. 事后救援
E. 市场纪律
9. 按监管机构的监管范围可把金融监管体制分为（　　）。

A. 单一监管体制　　B. 多元监管体制
C. 集中监管体制　　D. 分业监管体制
E. 混合监管体制

10. 世界各国金融监管的一般目标是（　　）。
A. 建立和维护一个稳定、健全和高效的金融体系
B. 保证金融机构和金融市场健康的发展
C. 保护金融活动各方特别是存款人利益
D. 维护经济和金融发展
E. 促进各国银行法或证券法等金融法规的趋同性

11. 金融监管的基本原则有（　　）。
A. 监管主体的独立性原则　　B. 依法监管原则
C. “内控”与“外控”相结合的原则　　D. 稳健运行与风险预防原则
E. 母国与东道国共同监管原则

12. 下面属于对市场运作过程监管的有（　　）。
A. 规定最低资本金要求　　B. 对资本质量监管
C. 对流动性监管　　D. 对盈利能力监管
E. 依法关闭金融机构

13. 银监会的设立是中国银行业监管体制改革的一个重要的里程碑。“银监会”的设立对中国银行业的影响有：银监会的成立，（　　）。
A. 将促进央行的独立决策和银行业监管的进一步专业化
B. 有助于加强对外资银行的监管
C. 有利于提高货币决策和银行监管的透明度
D. 有助于促进保监会的建立
E. 有利于金融市场稳定发展

14. 各国对金融市场的监管一般有（　　）三条原则。
A. 公开、公正、公平原则　　B. 制止背信的原则
C. 制定存款业务的原则　　D. 禁止欺诈、操纵市场的原则
E. 风险监控原则

15. 各市场经济国家的金融监管大致经历了（　　）三个阶段演变。
A. 完全管制阶段　　B. 相对宽松阶段
C. 严格管制阶段　　D. 完善强化阶段
E. 成熟阶段

四、重要概念

1. 金融监管　2. 金融风险　3. 信用风险　4. 流动性风险　5. 资本充足率　6. 存款保险制度　7. 系统风险　8. 非系统风险　9. 主动退出　10. 被动退出　11. 金融监管目标　12. 金融市场监管　13. 金融监管体制　14. 金融业自律　15. 金融监管的国际协调　16. 巴塞尔协议　17. 新巴塞尔资本协议　18. 集中监管体制　19. 分业监管体制　20. 投资者保护制度

五、简答题

1. 金融监管需要遵循哪些原则？
2. 简述金融监管的内容。
3. 简述金融监管的手段与方式。
4. 金融监管体制的类型有哪些？

六、论述题

论述金融监管的必要性。

七、深度思考题

监管模式一般有两种，一是合规性监管，二是违规性监管，你认为哪一种模式比较好？

☞参考答案

一、填空题

1. 核心 2. 金融监管目标 3. 内部自律 4. 经营安全性 竞争平等性 政策一致性
5. 中国银监会 中国证监会 中国保监会 6. 预防性 保护性
7. 存款保险制度 紧急救援
8. 非现场检查 现场检查
9. 核心 附属 10. 8% 4% 11. 法制性 系统性 社会性 12. 一般管制理论
13. 市场运作过程的监管 14. 分业经营分业管理 15. 发行 转让交易 参与者
16. 自律性 17. 国家法律法规

二、单项选择题

1. A 2. C 3. C 4. C 5. D 6. B 7. D 8. B 9. A 10. C 11. B 12. A 13. D 14. D 15. B

三、多项选择题

1. ABCDE 2. CDE 3. ABCDE 4. ABCE 5. ABCD 6. ABCD 7. ABCE 8. BCE 9. CD 10. ABCD 11. ABCDE 12. BCD 13. ABC 14. ABD 15. BCD

四、名词解释

1. 金融监管。是指金融监管当局根据金融法规对各类金融机构及其金融活动实施监督与管理，以保证金融体系的安全、稳定，保证公众利益。

2. 金融风险。是金融机构在经营过程中，由于决策失误、客观情况变化或其他原因使资金、财产、声誉受到损失的可能性。

3. 信用风险。是指交易对手不愿或者不能履行合同而造成的风险。信用风险是金融机构面临的一个主要风险，这种风险不仅存在于贷款业务中，也存在于其他业务中，如担保、承兑、证券投资等。

4. 流动性风险。是指金融机构无力为负债的减少或资产的增加提供融资，即当流动性不足时，它无法以合理的成本迅速获得足够的现金，从而影响其支付能力。

5. 资本充足率。是指银行资本对其经加权计算的风险资产的比率。规定资本充足率的目的是促进银行体系的健康发展，保证银行有充足的资本抵消风险损失，提高银行经营的安全性和公众对银行业的信心。

6. 存款保险制度。是国家通过建立存款保险机构对银行存款进行保险，以免在银行破产时存款人遭受损失的制度。这一制度的基本功能，一是保护存款人利益；二是维持信用秩序，促进金融体系的稳定。

7. 系统风险。由经济个体无法控制的外部环境不确定性（经济周期变化、资金市场供求状况、通货膨胀、国家宏观经济政策、国内国际政治局势等）导致的风险。投资者无法通过投资分散化抵消系统风险。

8. 非系统风险。由某家企业或行业的特殊因素（如企业经营管理能力、竞争能力、信用品质、人事任命等因素及行业生命周期、景气情况的变化）导致的风险。通过充分有效的分散投资，可以降低甚至消除非系统风险。

9. 主动退出。是指金融机构因分立、合并或者出现公司章程规定的事由需要解散，因此而退出市场的，其主要特点是“主动地自行要求解散”。

10. 被动退出。是指由于法定的理由，如由法院宣布破产或因严重违规、资不抵债等原因而遭关闭，监管当局将依法关闭金融机构，取消其经营金融业务的资格，金融机构因此而退出市场。

11. 金融监管目标。是实现金融有效监管的前提和监管当局采取监管行动的依据。金融监管的目标可分为一般目标和具体目标。一般目标：防范和化解金融风险，维护金融体系的稳定与安全，保护公平竞争和金融效率的提高，保证中国金融业的稳健运行和货币政策的有效实施。具体目标：经营的安全性、竞争的公平性和政策的一致性。

12. 金融市场监管。是指国家（政府）金融管理当局和有关自律性组织（机构）对金融市场的各类参与者及他们的融资、交易活动所做的各种规定以及对市场运行的组织、协调和监督措施及方法。

13. 金融监管体制。是金融监管的制度安排，它包括金融监管当局对金融机构和金融市场施加影响的机制以及监管体系的组织结构。

14. 金融业自律。是指金融业的从业者组织，基于共同利益，制定规则，自我约束，实现金融业内部的自我监管，以保护自身利益并促进金融业的发展。一般来说，金融业自律的组织形式主要为金融行业公会。

15. 金融监管的国际协调。是指两国或多国就金融监管某一领域的问题进行探讨，并取得共识，通过签订协议来明确双方在这一领域的责任和义务。金融监管的国际协调是解决国际范围内监管失效的最有力、最现实的方法。有效的国际金融监管协调将可能产生两个效应：一是继续推进金融的国际化和一体化进程，为金融机构的国际化努力创造良好的金融环境；二是提高全球金融市场监管的有效性，保持金融稳定。

16. 巴塞尔协议。1987 年 12 月国际清算银行召开中央银行行长会议通过“巴塞尔提议”。在“提议”的基础上，于 1988 年 7 月由巴塞尔银行监管委员会通过《关于统一国际银行的资本计算和资本标准的协议》（简称《巴塞尔协议》）。《巴塞尔协议》的主要内容有：第一，关于资本的组成。第二，关于风险加权的计算。第三，关于标准比率的目标。

17. 新巴塞尔资本协议。2004 年 6 月 26 日，巴塞尔银行监管委员会正式公布了《新巴塞尔资本协议》。新资本协议包括互为补充的“三大支柱”，即最低资本要求、监管当局的监管和市场纪律，并试图通过三大支柱的建设，来强化商业银行的风险管理。

18. 集中监管体制。是指把金融业作为一个相互联系的整体统一进行监管，一般由一个金融监管机构承担监管的职责，绝大多数国家是由中央银行来承担。

19. 分业监管体制。是根据金融业内不同的机构主体及其业务范围的划分而分别进行监管的体制。各国的分业监管体制通常由多个金融监管机构共同承担监管责任，一般银行业由中央银行负责监管；证券业由证券监督管理委员会负责监管；保险业由保险监督管理委员会负责监管，各监管机构既分工负责，又协调配合，共同组成一个国家的金融监管组织体制。

20. 投资者保护制度。投资者保护制度主要内容之一是建立金融服务赔偿体系。较为完善的金融服务赔偿体系一般由存款保险制度、证券投资者保护制度和保险保障制度三部分构成，其中存款保险制度是核心。

五、简答题

1. 金融监管需要遵循哪些原则？

（1）依法管理原则包括：一是对金融机构进行监督管理，必须有法律、法规为依据；二是金融机构对法律、法规所规定的监管要求必须接受，不能有例外；三是金融管理当局实施监管必须依法行事。

（2）合理与适度竞争原则，金融监管当局的监管重心应放在保护、维持、培育、创造一个公平、高效、适度、有序的竞争环境上。

（3）自律与他律相结合的原则。外部强制管理再缜密严格，其作用也是相对有限的。如果管理对象不配合、不愿自我约束，而是千方百计逃避、应付甚至是对抗，那么外部强制监管也难以收到预期效果。反之，则不可能有效避免种种不负责任的冒险经营行为与道德风险的发生。

（4）稳定与效率相结合的原则，金融监管不是消极地单纯防范风险，而是积极地把防范风险同提高金融效率这个最基本的要求协调起来。

（5）母国与东道国共同监管原则，为了维护国际金融业的平稳营运与公平竞争，保护国际投资者的利益，各国开始联手进行金融监管。国际性金融机构的母国与东道国建立联系、交换信息，共同完成对跨国金融机构和金融业务的监管，逐步实现金融监管的国际化。

2. 简述金融监管的内容。

（1）市场准入的监管。

（2）市场运作过程的监管。对金融机构市场运作过程监管，一般都将监管的重点放在金融机构业务经营的合规性、资本充足性、资产质量、流动性、盈利能力、管理水平和内部控制能力几个方面。

（3）市场退出的监管。金融机构市场退出的原因和方式可以分为两类：主动退出与被动退出。各国对金融机构市场退出的监管都有很细致的技术性规定。一般有接管、解散、撤销、破产等几种形式。

3. 简述金融监管的手段与方式。

（1）依法实施金融监管。金融机构必须接受国家金融管理当局的监管，金融监管必须依法进行，这是金融监管的基本点。

（2）运用金融稽核手段实施金融监管。金融稽核，是中央银行或监管当局根据国家规定的稽核职责，对金融业务活动进行的监督和检查。金融稽核、检查监督的主要内容包括：业务经营的合法性、资本金的充足性、资产质量、负债的清偿能力、盈利情况、经营管理状况等。

（3）"四结合"的监管方法。

①现场稽核与非现场稽核相结合。

②定期检查与随机抽查相结合。

③全面监管与重点监管相结合。

④外部监管与内部自律相结合。

4. 金融监管体制的类型有哪些？

金融监管体制，指的是金融监管的制度安排，它包括金融监管当局对金融机构和金融市场施加影响的机制以及监管体系的组织结构。

按监管机构的设立划分，大致可区分为两类：一类是由中央银行独家行使金融监管职责的单一监管体制；另一类是由中央银行和其他金融监管机构共同承担监管职责的多元监管体制。

按监管机构的监管范围划分，又可分为集中监管体制和分业监管体制。

（1）集中监管体制，是指把金融业作为一个相互联系的整体统一进行监管，一般由一个金融监管机构承担监管的职责，绝大多数国家是由中央银行来承担。有时又称为"一元化"监管体制。

（2）分业监管体制，是根据金融业内不同的机构主体及其业务范围的划分而分别进行监管的体制。

六、论述题

试述金融监管的必要性。

（1）市场经济的内在要求。金融监管的理论依据源于一般管制理论。该理论认为，在现实经济运作中，由于存在垄断、价格黏性、市场信息不对称、外部负效应等情况，从而导致经常性的市场失效。因此，完全地自由放任并不能使市场运行实现规范合理和效率最优，需要借助政府的力量，通过法令、政策和各种措施对市场主体及其行为进行必要的管制，以弥补市场缺陷。由于金融业在市场经济中的特殊地位，更需要通过外部监管来克服市场缺陷。所以，为了控制金融机构的经营风险，避免发生"多米诺骨牌效应"，需要国家对金融业实施严格的金融监管，保持市场经济的稳健运行。

（2）金融业的特殊性。从金融业本身的特殊性看，金融监管的必要性主要体现在以下三点：

①金融业在国民经济中的特殊重要地位和作用。金融业的稳定与效率直接影响国民经济

的运作与发展，甚或社会的安定，由此决定了必须对金融业严加监管，保证金融体系的安全和有效运行。

②金融业的内在风险。与其他行业相比，金融业是一个特殊的高风险行业。金融业特殊的高风险首先表现在所经营对象的特殊性上；其次，金融业具有很高的负债比率，自有资本少，营运主要依靠外部资金来源，银行的生存在很大程度上依赖于公众的信任。但由于在经营过程中金融机构的管理人员因涉及自身利益或能力所限，往往不能充分评估和处理经营中存在的问题和风险，因此需要金融当局从外部对其进行以风险管理为重点的监管，帮助管理者将风险控制在一定范围之内，保证金融体系的安全与稳健营运，从而保证国民经济的健康发展。

③金融业的公共性。保护投资者利益，对整个金融体系的健康发展至关重要，是显而易见的。但由于金融业具有相对垄断性，金融机构有可能做出不利于债权人或债务人的安排，或向客户提供不公平的歧视性服务，这就提出了这样的监管要求，即对信息优势方（主要是金融机构及其相关管理人员）的行为加以规范和约束，以为投资者创造公平、公正的投资环境；需要通过金融监管，维护金融业的公共秩序，提高金融效率。

第十八章

金融创新

☞学习目的和要求

通过本章的学习，要求了解金融创新的内容，理解和掌握金融创新的概念、原因和影响，熟悉我国的金融创新。

☞要点提示

第一节　金融创新的基础理论

一、金融创新的定义

金融创新是指金融领域内部通过各种要素的重新组合和创造性变革所创造或引进的新事物。它包括金融业务、金融产品、金融市场、金融机构、金融制度等各个方面的变革。金融创新的主体是金融机构和金融管理当局；金融创新的根本目的是金融机构和金融管理当局出于对微观利益和宏观效益的考虑。

二、金融创新的原因

探究金融创新的直接原因，大致可以归纳为以下几点：

（1）规避风险；

（2）规避管制；

（3）竞争的需要；

（4）政府推动和管制的放松；

（5）技术进步的推动。

三、金融创新理论

西方金融创新理论的内容主要集中在探讨金融创新的动因方面。

（一）技术推进论

代表人物主要是韩农和麦道威。该理论认为，新技术的出现，特别是计算机、通信技术的发展及其在金融业的广泛应用，为金融创新提供了物质上和技术上的保证。新技术的采用是导致金融创新的主要因素。

（二）财富增长论

代表人物是格林包姆和海沃德。该理论认为，经济的高速发展所带来的财富的迅速增长是金融创新的主要原因。这是由于财富的增长加大了人们对金融资产和金融交易的需求，促发了金融创新以满足这种日益增长的金融需求。

（三）制度改革论

代表人物是制度学派的学者诺斯、戴维斯。该理论认为，金融创新是一种与经济制度相互影响、互为因果的制度改革，金融体系中任何因制度改革而引起的变动都可以视为金融创新。政府为稳定金融体系而采取的一些措施，如存款保险制度，也是金融创新。

（四）交易成本论

代表人物是希克斯与尼汉斯。这一理论把金融创新的成因归于降低交易成本的需求。认为降低交易成本是金融创新的首要动机，金融创新就是对科技进步导致的交易成本降低的反映。不断地降低交易成本就会刺激金融创新，改善金融服务。

（五）约束诱导论

代表人物是西尔柏。这一理论主要是从供给角度来探索金融创新的成因。西尔柏从寻求利润最大化的金融企业开始进行研究，由此归纳出金融创新就是微观金融组织为了寻求最大的利润、减轻内部和外部对它的金融约束而采取的“自卫”行为。

（六）规避管制论

代表人物是凯恩斯。该理论认为，金融创新主要是由于金融机构为了获取利润而规避政府的管制所引发的。各种形式的政府管制与控制，性质上等于隐含的税收，阻碍了金融机构从事已有的营利性活动和利用管制以外的利润机会。因此，金融机构会通过创新来规避政府管制。

（七）货币促成论

代表人物是货币学派的米尔顿·弗里德曼。该理论认为，金融创新的出现，主要是货币方面因素的变化所引致的。20 世纪 70 年代的通货膨胀、汇率和利率反复无常的波动，是金融创新的重要成因，金融创新是作为抵制通货膨胀、利率和汇率波动的产物而出现的。

第二节　金融创新的内容

一、金融业务与产品的创新

金融业务与产品是金融创新最重要的内容。

1. 规避风险的创新；
2. 运用高新技术的创新；
3. 规避金融管制的创新。

二、金融市场创新

（一）新型离岸金融市场创新

第二次世界大战以后，国际金融市场获得空前发展。出现了新型的国际金融市场——离岸金融市场，如欧洲货币市场、亚洲美元市场等。

（二）金融衍生市场创新

人们通过预测股价、利率、汇率等变量的行情走势，支付少量保证金签订远期合同，买卖选择权或互换不同金融商品，由此形成了期货、期权、互换等不同金融衍生市场。

三、金融组织机构创新

1. 银行和非银行金融机构的种类和规模迅速增加；
2. 各类金融机构的业务逐渐趋同；
3. 金融机构的组织形式不断创新；
4. 金融机构的经营管理频繁创新。

四、金融制度创新

1. 国际货币制度的创新；
2. 国际金融监管制度的创新。

第三节　金融创新的效应

一、金融创新对金融和经济发展的推动作用

（一）金融创新促进了金融机构运作效率的提高，增加了经营效益

1. 金融创新造成金融机构业务的多元化。传统的业务分工被打破，金融机构的服务功能、业务领域大大拓宽。另一方面，金融工具、金融业务及金融交易方式的创新使金融机构的渗透力大大增强。

2. 金融创新使消费者对金融机构提供服务的全面性和便捷性的满意程度提高。

（二）金融创新促进了金融市场运作效率的提高

1. 金融创新丰富了金融市场的交易品种。投资者选择的余地增大，很容易实现各类投资者满意的投资组合。

2. 金融创新促进了金融市场的一体化。提高了各国金融市场间信息传递速度和对价格的反应能力，为金融资源的全球配置提供了条件。

3. 金融创新增强了投资者的风险防范能力。

4. 金融创新加强了金融资产之间的替代性，降低了融资成本，促进企业通过金融市场融资从而推动经济发展。

（三）金融创新扩大了银行资金来源渠道，使银行摆脱了经营困境

（四）金融创新促进了金融改革，增强了金融产业的发展能力

（五）金融创新增强了金融对经济的作用力

金融作用力主要是指金融对整体经济运作和经济发展的作用能力，一般通过对总体经济活动和经济总量的影响及其作用程度体现出来。金融创新从总体上提高了金融作用力，极大地推动了经济发展。

二、加大了整个金融体系的风险

1. 为投机活动提供了新的手段和场所；

2. 增加了银行表外业务的风险；

3. 加剧了金融机构的竞争，银行传统的存贷利差缩小，增加了从事高风险业务的压力和冲动；

4. 推动了金融自由化、国际化，使各金融机构之间、国内金融与国际金融之间的相互依赖性增加，从而造成金融风险易于扩散。

三、金融创新对货币政策的影响

（一）金融创新使货币计量难度增大

1. 金融创新使货币定义变得困难与复杂。金融创新使新的金融工具不断涌现，金融资产之间的替代性不断加大，交易性货币和投资性金融资产越来越难以区分。

2. 金融创新使货币计量难度增大。中央银行根据金融资产的流动性把货币划分为 M_1、M_2、M_3等总量。金融创新后的金融资产往往兼有交易和投资的功能，在利率波动情况下，资金往往在支票账户和储蓄账户之间不断转移，这时要计算狭义货币和广义货币十分不易。一些流动性很强的，如股票、债券等金融资产不断在货币和非货币资产之间转换，使中央银行对货币的计量变得更加困难。

（二）金融创新削弱了中央银行的货币控制能力

1. 金融市场的创新与发展削弱了中央银行对本国货币的控制能力。

2. 金融业务的创新导致金融机构多元化和同质化，削弱了中央银行的货币控制能力。

3. 金融创新拓宽了银行的投融资渠道，削弱了中央银行对基础货币的控制能力。

（三）金融创新使货币需求的不确定性增强

1. 金融创新改变了货币需求结构，使货币需求的不稳性增强。

2. 金融创新使货币需求的利率弹性受到影响。

（四）金融创新使货币政策工具功效发生改变

1. 金融创新使传统的选择性政策工具失效。

2. 金融创新弱化了存款准备金制度的功能。

3. 金融创新使贴现率的作用下降。

4. 金融创新强化了公开市场业务的作用。

第四节 互联网金融

一、互联网金融的基本情况

1. 互联网金融的内涵。一般来说，互联网金融是互联网与金融的结合，是借助互联网和移动通信技术实现资金融通、支付和信息中介功能的新兴金融模式。广义的互联网金融既包括作为非金融机构的互联网企业从事的金融业务，也包括金融机构通过互联网开展的业务。狭义的互联网金融仅指互联网企业开展的、基于互联网技术的金融业务。

2. 互联网金融的主要特征。一是以大数据、云计算、社交网络和搜索引擎为基础，挖掘客户信息并管理信用风险。二是以点对点直接交易为基础进行金融资源配置。资金和金融产品的供需信息在互联网上发布并匹配，供需双方可以直接联系并达成交易，交易环境更加透明，交易成本显著降低，金融服务的边界进一步拓展。三是通过互联网实现以第三方支付为基础的资金转移，第三方支付机构的作用日益突出。

3. 我国互联网金融发展的三个阶段。第一个阶段是2005年以前，互联网与金融的结合主要体现为互联网为金融机构提供技术支持，帮助银行“把业务搬到网上”，还没有出现真正意义的互联网金融业态。第二个阶段是2005年后，网络借贷开始在我国萌芽，第三方支付机构逐渐成长起来，互联网与金融的结合开始从技术领域深入到金融业务领域。这一阶段的标志性事件是2011年人民银行开始发放第三方支付牌照，第三方支付机构进入了规范发展的轨道。第三个阶段从2012年开始。2013年被称为“互联网金融元年”，是互联网金融得到迅猛发展的一年。自此，P2P网络借贷平台快速发展，众筹融资平台开始起步，第一家专业网络保险公司获批，一些银行、券商也以互联网为依托，对业务模式进行重组改造，加速建设线上创新型平台，互联网金融的发展进入了新的阶段。

二、互联网金融发展的积极意义

1. 有助于发展普惠金融，弥补传统金融服务的不足。互联网金融的市场定位主要在“小微”层面，具有“海量交易笔数，小微单笔金额”的特征，这种小额、快捷、便利的特征，具有普惠金融的特点和促进包容性增长的功能，在小微金融领域具有突出的优势，一定程度上填补了传统金融覆盖面的空白。

2. 有利于发挥民间资本作用，引导民间金融走向规范化。我国民间借贷资本数额庞大，长期以来缺乏高效、合理的投资方式和渠道，游离于正规金融监管体系之外，客观上需要阳光化、规范化运作。通过规范发展P2P网贷、众筹融资等，引导民间资本投资于国家鼓励的领域和项目，遏制高利贷，盘活民间资金存量，使民间资本更好地服务实体经济。众筹股权融资也体现了多层次资本市场的客观要求。

3. 满足电子商务需求，扩大社会消费。2013年8月，国务院发布的《关于促进信息消费扩大内需的若干意见》提出，到2015年，电子商务交易额要超过18万亿元，网络零售交易额要突破3万亿元。电子商务对支付方便、快捷、安全性的要求，推动了互联网支付特别是移动支付的发展；电子商务所需的创业融资、周转融资需求和客户的消费融资需求，促进了网络小贷、众筹融资、P2P 网贷等互联网金融业态的发展。电子商务的发展催生了金融服务方式的变革，与此同时，互联网金融也推动了电子商务的发展。

4. 有助于降低成本，提升资金配置效率和金融服务质量。互联网金融利用电子商务、第三方支付、社交网络形成的庞大的数据库和数据挖掘技术，显著降低了交易成本。互联网金融企业不需要设立众多分支机构、雇佣大量人员，大幅降低了经营成本。互联网金融提供了有别于传统银行和证券市场的新融资渠道，以及全天候、全方位、一站式的金融服务，提升了资金配置效率和服务质量。

5. 有助于促进金融产品创新，满足客户的多样化需求。互联网金融的快速发展和理念创新，不断推动传统金融机构改变业务模式和服务方式，也密切了与传统金融之间的合作。互联网金融企业依靠大数据和云计算技术，能够动态了解客户的多样化需求，计量客户的资信状况，有助于改善传统金融的信息不对称问题，提升风险控制能力，推出个性化金融产品。

三、我国互联网金融的主要业态

1. 互联网支付。互联网支付是指通过计算机、手机等设备，依托互联网发起支付指令、转移资金的服务，其实质是新兴支付机构作为中介，利用互联网技术在付款人和收款人之间提供的资金划转服务。典型的互联网支付机构是支付宝。

2. P2P 网络借贷。P2P 网络借贷指的是个体和个体之间通过互联网平台实现的直接借贷。P2P 网络借贷平台为借贷双方提供信息流通交互、撮合、资信评估、投资咨询、法律手续办理等中介服务，有些平台还提供资金移转和结算、债务催收等服务。典型的 P2P 网贷平台机构是宜信和人人贷。

3. 非 P2P 的网络小额贷款。非 P2P 的网络小额贷款（以下简称“网络小贷”）是指互联网企业通过其控制的小额贷款公司，向旗下电子商务平台客户提供的小额信用贷款。典型代表如阿里金融旗下的小额贷款公司。

4. 众筹融资。众筹融资（Crowd Funding）是指通过网络平台为项目发起人筹集从事某项创业或活动的小额资金，并由项目发起人向投资人提供一定回报的融资模式。典型代表如“天使汇”和“点名时间”。

5. 金融机构创新型互联网平台。金融机构创新型互联网平台可分为以下两类：一是传统金融机构为客户搭建的电子商务和金融服务综合平台，客户可以在平台上进行销售、转账、融资等活动。平台不赚取商品、服务的销售差价，而是通过提供支付结算、企业和个人融资、担保、信用卡分期等金融服务来获取利润。目前这类平台有建设银行“善融商务”、交通银行“交博汇”、招商银行“非常 e 购”以及华夏银行“电商快线”等。二是不设立实体分支机构，完全通过互联网开展业务的专业网络金融机构。如众安在线财产保险公司仅从事互联网相关业务，通过自建网站和第三方电商平台销售保险产品。

6. 基于互联网的基金销售。按照网络销售平台的不同，基于互联网的基金销售可以分为两类：一是基于自有网络平台的基金销售，实质是传统基金销售渠道的互联网化，即基金公司等基金销售机构通过互联网平台为投资人提供基金销售服务。二是基于非自有网络平台的基金销售，实质是基金销售机构借助其他互联网机构平台开展的基金销售行为，包括在第三方电子商务平台开设“网店”销售基金、基于第三方支付平台的基金销售等多种模式。其中，基金公司基于第三方支付平台的基金销售本质是基金公司通过第三方支付平台的直销行为，使客户可以方便地通过网络支付平台购买和赎回基金。

四、我国互联网金融监管应遵循五大原则

1. 互联网金融创新必须坚持金融服务实体经济的本质要求，合理把握创新的界限和力度。包括互联网金融在内的金融创新必须以市场为导向，以提高金融服务能力和效率、更好地服务实体经济为根本目的，不能脱离金融监管、脱离服务实体经济抽象地谈金融创新。互联网金融中的网络支付应始终坚持为电子商务发展服务和为社会提供小额、快捷、便民的小微支付服务的宗旨；P2P 和众筹融资要坚持平台功能，不得变相搞资金池，不得以互联网金融名义进行非法吸收存款、非法集资、非法从事证券业务等非法金融活动。

2. 互联网金融创新应服从宏观调控和金融稳定的总体要求。包括互联网金融在内的一切金融创新，均应有利于提高资源配置效率，有利于维护金融稳定，有利于稳步推进利率市场化改革，有利于央行对流动性的调控，避免因某种金融业务创新导致金融市场价格剧烈波动，增加实体经济融资成本，也不能因此影响银行体系流动性转化，进而降低银行体系对实体经济的信贷支持能力。

3. 要切实维护消费者的合法权益。互联网金融企业开办各项业务，应有充分的信息披露和风险揭示，任何机构不得以直接或间接的方式承诺收益，误导消费者。开办任何业务，均应对消费者权益保护作出详细的制度安排。

4. 要维护公平竞争的市场秩序。在市场经济条件下，公平竞争是保证市场对资源配置起决定性作用的必然要求。在线上开展线下的金融业务，必须遵守线下现有的法律法规，必须遵守资本约束。不允许存在提前支取存款或提前终止服务而仍按原约定期限利率计息或收费标准收费等不合理的合同条款。任何竞争者均应遵守反不正当竞争法的要求，不得利用任何方式诋毁其他竞争方。

5. 要处理好政府监管和自律管理的关系，充分发挥行业自律的作用。抓紧推进“中国互联网金融协会”的成立，充分发挥协会的自律管理作用，推动形成统一的行业服务标准和规则，引导互联网金融企业履行社会责任。互联网金融行业的大型机构在建立行业标准、服务实体经济、服务社会公众等方面，应起到排头兵和模范引领作用。

☞知识拓展

具体的互联网金融风险主要有流动性风险、信用风险、声誉风险、信息泄露风险、技术安全风险等。

第一是流动性风险。“第三方支付加基金类”的产品当中也蕴藏着期限错配的风险，也蕴藏着货币市场波动、出现投资者大量赎回的风险。

第二是信用风险。网络数据的真实性、可靠性，风险计量模型的科学性都会影响到信用评判。

第三是声誉风险。部分互联网机构用所谓的“预期高收益”来吸引消费者，推出高收益、实则也有风险的产品，但却不如实揭露风险，甚至误导消费者。

第四是信息泄露风险。互联网金融对客户信息和交易记录的保护提出了巨大的挑战。一些交易平台并未建立保护客户信息的完善机制。

第五是技术安全风险，即 IT 系统安全风险。由于互联网金融依托的是计算机网络，网络系统自身的缺陷、管理漏洞、计算机病毒、黑客攻击等都会引起技术安全风险。

☞练习题

一、填空题

1. 金融创新是指在金融领域内各种________的重新组合和创造性变革所创造或引进的新事物。

2. 金融创新的主体是________和________。

3. 金融创新的根本目的是金融机构和金融管理当局出于对________和________的考虑。

4. 金融创新的内容大体包括________________、________________、________________、________。

5. 金融创新的原因主要是________________、________________、________________、________________、________________。

6. 浮动利率这种金融创新的直接原因是____________。

7. 金融期权交易这种金融创新的直接原因是____________。

8. 金融创新与金融管制是一对矛盾。金融管制是金融创新的__________，也是金融创新的________________。

9. 金融创新在推动金融同质化、自由化和国际化的同时，也使金融风险传递，这叫作________________。

10. 金融机构的创新促使金融机构从“专业化”向____________方向发展。

11. 金融市场的创新包括________________创新和________________创新。

二、单项选择题

1. 在金融创新中，最突出、最直接的表现是（　　）创新。

A. 金融制度　　B. 金融观念
C. 金融工具　　D. 金融机构

2. 浮动利率这种金融创新的直接原因是（　　）。

A. 规避风险　　B. 规避管制
C. 竞争的需要　　D. 技术进步的推动

3. 金融期货交易这种金融创新的直接原因是（　　）。

A. 规避风险　　B. 规避管制
C. 竞争的需要　　D. 政府推动

4. 网络银行这种金融创新的直接原因是（　　）。

A. 规避风险　　B. 规避管制
C. 竞争的需要　　D. 政府推动

5. 二板市场这种金融创新的直接原因是（　　）。

A. 规避风险　　B. 竞争的需要

C. 政府推动和管制的放松　　D. 技术进步的推动

6. 一些人希望通过对市场某些特定走势的预测来对市场未来的变化进行赌博以获利的金融技术，称之为（　　）。

A. 互换　　B. 套利

C. 投机　　D. 投资

7. 一个已存在风险暴露的经济主体，力图通过持有一种或多种与原有风险头寸相反的金融工具来消除该风险的金融技术，称之为（　　）。

A. 投机　　B. 互换

C. 套利　　D. 套期保值

8. 下列说法不正确的是（　　）。

A. 金融创新与技术进步无关

B. 信贷资产证券化可以增强银行流动性

C. 金融创新增强了投资者的风险防范能力

D. 金融创新推动了经济发展

9. 一种能在未来某一特定时间以特定价格买进或卖出一定数量某种特定金融商品或金融期货的权利的交易合约，称之为（　　）。

A. 金融期权　　B. 金融期货

C. 远期外汇合约　　D. 远期利率协议

10. 商业银行业务的创新，彻底改变了商业银行传统的（　　）。

A. 资产结构　　B. 业务结构

C. 负债结构　　D. 资本结构

三、多项选择题

1. 下列哪些学说是西方经济学家的金融创新学说（　　）。

A. 约束诱导论　　B. 规避管制论

C. 交易成本论　　D. 费雪的交易方程式

E. 技术推进论

2. 20 世纪 60 年代后金融创新的内容是（　　）。

A. 活期存款　　B. 大额可转让定期存单

C. 贷款证券化　　D. 浮动利率债券

E. 网络银行

3. 按创新的动因来划分，金融创新可以分为（　　）等类型。

A. 逃避管制的金融创新　　B. 规避风险的金融创新

C. 追逐规模的金融创新　　D. 技术推动的金融创新

E. 政府推动的金融创新

4. 按创新的内容来划分，金融创新可以分为（　　）等类型。

A. 金融工具创新　　B. 金融市场创新

C. 金融业务创新
D. 金融制度创新
E. 金融机构创新
5. 下列说法正确的是（　　）。
A. 金融创新增加了各经济单位应付风险的能力
B. 金融创新加大了整个金融体系的风险
C. 金融创新增加了货币政策操作的复杂性
D. 金融创新促进了金融自由化
E. 金融创新使金融机构的经营风险增大
6. 金融创新的宏观效应主要有（　　）。
A. 对货币需求的影响
B. 对货币供给的影响
C. 对财政政策的影响
D. 对货币政策的影响
E. 对产业政策的影响
7. 金融创新对货币政策的影响在于（　　）。
A. 使货币定义变得困难与复杂
B. 降低货币供给稳定性
C. 使货币需求的不稳性增强
D. 削弱了中央银行的货币控制能力
E. 使货币政策工具功效发生改变
8. 金融创新的效应表现在（　　）。
A. 为金融机构拓展生存空间
B. 丰富了金融市场的交易品种
C. 使投资者增强抗风险的能力
D. 促进了金融改革
E. 增强了金融对经济的作用力

四、重要概念

1. 金融创新　2. 浮动利率债券　3. 离岸金融市场　4. 欧洲货币市场　5. 亚洲美元

五、简答题

1. 金融创新与金融管制的关系。
2. 金融创新对货币政策工具功效的影响。
3. 互联网金融监管的原则。

六、论述题

1. 试述金融创新的原因。
2. 试述金融创新与金融自由化、金融风险的关系。

七、深度思考题

互联网金融对传统的金融结构和业务带来哪些冲击？传统金融机构如何应对？

☞参考答案

一、填空题

1. 要素
2. 金融机构　金融管理当局
3. 微观利益　宏观效益
4. 金融业务与产品的创新　金融市场的创新　金融组织机构的创新　金融制度的创新
5. 规避风险　规避管制　竞争的需要　政府推动和管制的放松　技术进步的推动
6. 规避风险
7. 规避风险
8. 障碍　诱发原因
9. 伙伴风险
10. 混业经营
11. 新型离岸金融市场　金融衍生市场

二、单项选择题

1. C　2. A　3. A　4. C　5. C　6. C　7. D　8. A　9. A　10. B

三、多项选择题

1. ABCE　2. BCDE　3. ABDE　4. ABCDE　5. ABCDE　6. ABD　7. ACDE　8. ABCDE

四、重要概念

1. 金融创新。是指金融领域内部通过各种要素的重新组合和创造性变革所创造或引进的新事物。它包括金融业务、金融产品、金融市场、金融机构、金融制度等各个方面的变革。

2. 浮动利率债券。是指发行时规定债券利率随市场利率定期浮动的债券，也就是说，债券利率在偿还期内可以进行变动和调整。

3. 离岸金融市场。把某种货币的国际借贷和交易移到货币发行国境外进行，以摆脱该国国内的金融管制的国际金融市场。

4. 欧洲货币市场。是指集中存放在伦敦或其他欧洲金融中心的境外美元和其他境外欧洲货币，用于国际贷放的国际资本市场。

5. 亚洲美元。是指在新加坡营运的各国商业银行所吸收的亚洲和大洋洲地区的美元存款。

五、简答题

1. 金融创新与金融管制的关系。

金融创新与金融管制是一对矛盾，金融管制是金融创新的障碍，也是金融创新的诱发原因。而金融创新的不断发展，又促使金融管制的不断完善。

（1）金融管制对金融创新的诱发作用。国家为维护金融稳定而采取了一系列的管制办法，成为诱发金融创新的重要原因。而当金融创新危及金融稳定和货币政策时，政府会更加严厉地管制，其结果是管制—创新—管制，两者互为因果。

（2）金融创新对完善金融管制的作用。金融创新使早期的金融管制失去了效率，并推动金融自由化，但金融自由化和金融创新同时也增大了金融风险，使金融体系出现新的不稳定因素。因此，各国政府必然要进一步完善金融管制，维持金融秩序的稳定。

2. 金融创新对货币政策工具功效的影响。

（1）金融创新使传统的选择性政策工具失效。

（2）金融创新弱化了存款准备金制度的功能。

（3）金融创新使贴现率的作用下降。

（4）金融创新强化了公开市场业务的作用。

3. 互联网金融监管的原则。

（1）互联网金融创新必须坚持金融服务实体经济的本质要求，合理把握创新的界限和力度。互联网金融创新应服从宏观调控和金融稳定的总体要求。

（2）要切实维护消费者的合法权益。互联网金融企业开办各项业务，应有充分的信息披露和风险揭示，任何机构不得以直接或间接的方式承诺收益，误导消费者。开办任何业务，均应对消费者权益保护做出详细的制度安排。

（3）要维护公平竞争的市场秩序。在市场经济条件下，公平竞争是保证市场对资源配置起决定性作用的必然要求。在线上开展线下的金融业务，必须遵守线下现有的法律法规，必须遵守资本约束。

（4）要处理好政府监管和自律管理的关系，充分发挥行业自律的作用。

六、论述题

1. 试述金融创新的原因。

（1）规避风险。如浮动利率、金融期货交易、期权交易都是规避风险的手段。

（2）规避管制。政府出于金融稳定的考虑进行管制，但又在一定程度上束缚了金融机构的手脚，阻碍了它们获利的机会，追求利润最大化的金融企业会想办法摆脱这种不利局面，通过创新规避管制。

（3）竞争的需要。金融机构本质上是个企业，因此，在经营活动中充满着竞争。为了在竞争中获胜，取得更大利润，必须重视节约成本，争夺市场，为客户提供最优质的服务。所以一切有益于竞争的手段都可以被运用。例如，网络银行的发展就是竞争的产物。

（4）政府推动和管制的放松。政府推动金融创新是为了实现社会经济发展的宏观效益、风险投资和二板市场就是政府积极扶植的结果。另一方面，金融创新与政府管制的放松也不无关系。不少国家实行分业银行制，商业银行、投资银行、保险公司之间有严格的分工。单一的业务限制了金融机构的竞争能力，它们希望摆脱束缚，全面发展业务，并试图利用金融创新绕开管制，在这样的形势下，政府逐步放松了对金融业分工的限制，允许金融机构业务交叉的法案也应运而生，放松管制为金融创新带来了更为广阔的空间。

（5）技术的进步。以电子计算机及其网络为核心的信息技术为金融创新提供了物质基础。

2. 试述金融创新与金融自由化、金融风险的关系。

（1）金融创新与金融自由化。

金融自由化是指20世纪80年代西方国家普遍放松金融管制后的金融体系和金融市场充分经营、公平竞争的趋势。

金融创新与金融自由化之间相互促进、相互影响。金融创新产生了金融管制的松动效应，出现了金融自由化。金融创新使原有的金融管制措施失去了应有的效力，因而各国金融管理当局不得不取消管制措施。因此，可以说，金融自由化是金融创新的结果。而金融自由化又为金融创新的进一步发展提供更为宽松的环境，促进了金融创新的发展。

（2）金融创新与金融风险。

一方面，金融创新具有转移和分散金融风险的功能；另一方面，金融创新也带来了新的金融风险。

第一，金融创新使金融机构的经营风险增大。金融创新使金融机构同质化，加剧了金融机构的竞争，银行传统的存贷款利差缩小。金融机构不得不从事高风险的业务，这导致金融机构经营风险的增加，信用等级下降。

第二，金融创新增加了表外风险。既没有在资产负债表中得到反映，又可能转化为银行真实负债的行为所带来的风险。随着表外业务的开展及规模的增大，金融企业的表外风险随时都可能转化为真实风险。目前在西方国家的商业银行中，特别是美国，表外业务的规模已超过了表内业务，由表外业务创造的利润正在成为金融机构新的盈利点，表外业务的风险也成为金融机构风险的重要来源。

第三，金融创新推动了金融同质化、自由化和国际化。一国金融机构之间、本国金融机构与外国金融机构之间、国内金融市场与国际金融市场之间的相互依赖性增加。金融体系中出现的任何差错都会涉及整个金融体系的安全。即所谓的“伙伴风险”。

第四，金融创新为金融投机活动提供了新的手段与场所。金融创新具有双向性，既增加了金融市场的流动性，提供了新的金融产品，也为更大的投机活动创造了可能性。

第十九章

金融发展

☞学习目的和要求

通过本章的学习，理解金融发展、金融抑制、金融深化、金融自由化等基本概念，了解发展中国家金融深化的经验教训，理解中国金融改革以渐进方式推进的现实意义。

☞要点提示

第一节 金融与经济发展

一、经济发展决定金融

（1）历史的看，金融是内生于经济的一种产业，是在商品经济的发展过程中产生并随着商品经济的发展而发展的。经济发展层次越高，对金融的需求层次越高。

（2）经济的不同发展阶段为金融发展提供的社会经济环境条件也不相同，由此决定了金融发展的结构、规模和阶段。

二、金融促进经济发展

（1）通过金融支付中介功能，金融极大地降低了经济发展所要求的社会流通成本，加快了资金周转速度，提高了产出的效率。

（2）通过金融信用中介功能，筹集资金和运用资金、合理配置资源，促进储蓄转化为投资，为规模化经济发展提供条件。并为最大限度地实现资源跨越时间、空间流动提供可能。

（3）通过金融机制的定价功能和风险管理功能，有效减少经济发展中不确定性的负面影响，进一步提高社会经济发展的效率。

（4）通过金融产业产值的增长直接为经济发展做贡献。

在货币信用高度发达的现代市场经济中，由于金融中介功能的高度发达，以及金融效率的极大提高，金融的正、负外部性系统影响范围日趋扩大，一旦金融市场失灵或金融中介机制运行受阻，金融也会为经济带来严重的负面影响，具体表现在以下方面：

（1）因金融总量控制不当而出现通货膨胀（通货紧缩）、信用膨胀（信用紧缩），导致社会总供求失衡，危害经济发展。

（2）从微观角度看，金融机构是经营风险、管理风险的高风险行业。由于金融自身的外部性作用，若金融中介机构经营不善，出现流动性危机、清偿力危机，一旦风险失控，引起社会信任危机，可能会引发“多米诺骨牌”效应，使整个国家陷于金融危机之中。

（3）由于信用过度膨胀而产生的虚拟金融，使金融经济与实体经济的内在联系日益背离。

第二节　金融发展相关理论

一、关于金融发展

根据戈德史密斯的解释，金融发展，是指金融结构的变化。一个国家现存的金融工具与金融机构之和构成一国的金融结构。有的国家金融工具种类多、数量大，同时，金融机构种类多、规模大、效率高；而有的国家则相反。这就形成不同发展程度的金融结构。金融越发展，金融结构就越得到提升，金融的效率就越高。

对于金融发展程度的衡量，金融相关率（简称 FIR）指标因其简单、适用而被广泛采用。所谓金融相关率，是指一定时期内一国金融活动总量与经济活动总量的比值。金融活动总量一般用金融资产总额表示。经济活动总量可用国民生产总值或国内生产总值来表示。

金融发展与经济发展之间的关系。研究表明，金融发展，对一国经济增长有巨大的刺激与推动作用。这是因为金融结构的进步可以改善社会融资的条件，增大资本流量与投资规模，并大大地改进融资的效率，降低资金成本，为资本的流动转移与合理配置创造有利的条件。与此相应，一国经济的增长与发展也会对金融结构的演进与金融的发展产生积极的促进作用。经济的增长，国民收入水平较快地增加，社会资金的流量也相应增加，社会对资金的需求量也会上升，金融的发展也就具有相应的基础与条件。

二、关于金融抑制

根据麦金农和肖的观点，金融抑制是指在金融体系不健全、金融市场机制未充分发挥作用的发展中国家，普遍存在着政府对金融的过度管制措施，而受到压制的金融又反过来阻碍经济发展的现象。

1. 金融抑制的主要政策表现

（1）通过规定存贷款利率和实施通货膨胀人为地压低实际利率。

（2）采取信贷配给的方式来分配稀缺的信贷资金。

（3）对金融机构实施严格的控制。

（4）人为高估本币的汇率。

2. 金融抑制政策对金融发展的严重影响

(1) 金融机构单一。商业银行在金融活动中居于绝对的主导地位。(2) 金融体系存在着明显的“二元结构”。(3) 金融资产形式单一，数量有限。金融资产仅限于现金、活期存款、定期存款及初级市场上的政府债券等。(4) 直接融资市场极其落后。企业的资金来源主要靠自我积累和银行贷款。

3. 金融抑制政策对经济产生的负效应

(1) 负储蓄效应。(2) 负收入效应。(3) 负投资效应。(4) 负就业效应。

三、关于金融深化

1. 有关金融深化的描述性分析

金融深化论的核心观点是：金融深化对于发展中国家来说，意味着储蓄向投资的转化和经济增长的互相促进。由于金融抑制是发展中国家经济发展的一大障碍，因此，金融深化是解决金融抑制的有效政策。政府通过放弃对金融体系和金融市场的过分干预，允许市场机制特别是利率机制自由运行的前提条件下，一方面健全的金融体系和活跃的金融市场能有效地动员社会闲散资金并向生产性投资转化，还能引导资金流向高效益的部门和地区。另一方面，经济的快速发展，通过增加国民收入和提高各经济单位对金融服务的需求，又刺激了金融业的扩展，由此形成金融——经济发展的良性循环。

金融深化的关键在于储蓄率和投资率的增长以及金融效率的提高，前者是量的指标，后者是质的指标。

2. 金融深化的政策主张

(1) 彻底改革金融体制，大力发展资本市场和非银行金融机构，放宽对金融市场的管理和限制，建立健全金融体系。

(2) 解除对存贷款利率的控制，允许利率随市场资金的供求关系变化而自由浮动，从而正确反映资金的供求状况和发展中国家资本匮乏的现实。

(3) 放弃以通货膨胀刺激经济增长的做法，采取有力措施抑制通货膨胀，通过稳定的物价环境来促进经济的增长。

(4) 逐步放松对汇率的限制，允许汇率在适度范围内自由浮动，使汇率正确反映外汇市场供求状况。

(5) 政府应取消对国有企业的各种补贴，使这些企业成为独立自主、自负盈亏的经济实体。

西方学者还认为金融深化政策就是金融自由化政策。

第三节　发展中国家的金融自由化改革

一、若干发展中国家的金融自由化实践

(一) 金融自由化的含义

金融自由化通常是指20世纪80年代西方国家普遍放松金融管制后出现的金融体系和金

融市场自由经营、公平竞争的趋势。典型的金融自由化一般包括四个方面的内容：价格自由化，业务自由化，市场自由化，资本流动自由化。

（二）发展中国家金融自由化改革

20世纪70年代以后，许多发展中国家开始接受金融深化理论，并着力推进金融改革，其改革的核心是金融自由化。主要内容是：

1. 放松政府对利率的管制。实行较为灵活的利率管理方式，推进利率决定的自由化。
2. 减少政府对信贷资金的计划控制。
3. 对金融机构的发展放松控制。主要是取消各种不合理的行政障碍，放松金融业的进入限制。
4. 发展直接融资，活跃证券市场。
5. 放松对汇率和资本流动的限制。

二、发展中国家金融自由化的经验教训

发展中国家和地区金融自由化改革，既有成功的经验，也有失败的教训。其主要教训有以下几点：

1. 以金融自由化为基本内容的改革一定要有稳定的宏观经济背景。
2. 金融自由化的改革必须与价格改革或自由定价机制相配合。
3. 金融自由化改革并不是要完全取消政府的干预，而是要改变干预的方式。就是要以法律和经济干预取代人为的行政干预。
4. 政府当局在推行金融自由化改革和价格改革政策时，必须预先判断出相应价格变动对不同集团利益的影响，适当采用经济补偿手段。
5. 金融自由化要注重循序渐进和依次完成。

☞练习题

一、填空题

1. 金融抑制政策主要表现为，通过规定存贷款利率和实施通货膨胀人为地压低__________。

2. 随着经济的发展，银行资产占金融机构全部金融资产的比重将会下降，社会融资方式出现__________，即其他金融机构的资产占有全社会金融资产的比重相应会大大提高。

3. M2/GNP是体现一国经济货币化水平的指标，也是麦金农用来衡量__________的一项重要指标。

4. 可以通过人为地高估本币汇率，降低进口机器设备的成本，这样必须通过__________来平衡国际收支。

5. 直接融资市场极其落后条件下，企业的资金来源主要靠__________。

二、单项选择题

1. 如果金融体系存在两个系统：以现代大银行为代表的现代部门和以钱庄、当铺、合

会为代表的传统金融部门，前者主要集中在大城市和经济发达地区，后者则普遍存在于落后的农村。这种现象被称为（　　）。

A. 金融“二元”结构　　B. 金融“二元化”系统
C. 金融城乡分工　　D. 金融城乡分割

2. 金融资产形式单一，数量有限，金融资产同国民收入的比率也处在很低的水平。金融资产主要形式是（　　）。

A. 现金　　B. 银行存款
C. 政府债券　　D. 以上三类

3. 在金融抑制下，传统部门得不到政府支持，劳动密集型产业得不到金融支持，迫使大量农村劳动力涌向城市。资金流向资本密集型产业导致的经济效应被称为（　　）。

A. 负储蓄效应　　B. 负就业效应
C. 负收入效应　　D. 负投资效应

4. 在多数发展中国家，缺乏丰富的金融工具和多元化投资渠道，通货膨胀率一般较高，人们往往用购买实物、增加消费、向国外转移资金的方式回避风险所导致的经济效应被称为（　　）。

A. 负储蓄效应　　B. 负就业效应
C. 负收入效应　　D. 负投资效应

三、多项选择题

1. 金融抑制政策会对一个金融经济发展的严重负面影响，下列（　　）属于典型的表现。

A. 利率管制　　B. 工资管制
C. 投资管制　　D. 外汇管制

2. 在金融抑制政策下，直接融资市场极其落后。企业的资金来源主要是自我积累和银行贷款，这种融资方式被称为（　　），不利于社会金融资源配置效率的提高。

A. 内源性融资与间接融资　　B. 外源性融资与间接融资
C. 储蓄性积累与间接融资　　D. 外源性融资与间接融资

四、重要概念

1. 金融抑制　2. 金融深化　3. 金融自由化　4. 负收入效应　5. 负储蓄效应　6. 负就业效应

五、简答题

1. 金融压抑理论的主要内容是什么？我国现在是否有金融抑制？有哪些金融压抑的现象？

2. 金融深化理论的主要内容是什么？

六、论述题

1. 结合中国与欧洲金融发展历史，分析金融发展与经济发展的基本关系。

2. 试分析中国金融体系改革与金融深化政策主张的不同。

3. 结合金融深化理论，谈谈我国应怎样进行金融和经济发展，如何才能避免金融自由化失败国家的教训？

七、深度思考题

你认为目前我国金融市场全面对外开放条件具备吗？为什么？

☞参考答案

一、填空题

1. 实际利率
2. 多元化
3. 金融深化
4. 外汇管制
5. 自我积累和银行贷款

二、单项选择题

1. A　　2. D　　3. B　　4. A

三、多项选择题

1. AD　　2. AC

四、重要概念

1. 金融抑制。金融抑制是指在金融体系不健全、金融市场机制未充分发挥作用的发展中国家，普遍存在着政府对金融的过度管制措施，而受到压制的金融又反过来阻碍经济发展的现象。这种抑制性的金融政策使得实际金融资产的规模非常有限，增长极为缓慢，有时甚至出现持续下降。

2. 金融深化。金融深化是发展金融理论对其改革政策的概括。核心观点是：政府通过放弃对金融体系和金融市场的过分干预，允许市场机制特别是利率机制自由运行，来有效地动员社会闲散资金向生产性投资转化，引导资金流向高效益的部门和地区。通过经济的快速发展，提高各经济单位对金融服务的需求，刺激金融业的扩展，由此形成金融——经济发展的良性循环。

3. 金融自由化。金融自由化通常是指 20 世纪 80 年代西方国家普遍放松金融管制后出现的金融体系和金融市场自由经营、自由竞争的趋势。典型的金融自由化一般包括四个方面的内容：

（1）价格自由化。取消利率、汇率管制，让金融价格充分发挥市场调节作用。

（2）业务自由化。允许各类金融机构业务相互交叉，公平竞争。

（3）市场自由化。放开各类机构进入金融市场的限制，国与国之间相互开放本国的金融市场，给予外国金融机构国民待遇。完善金融市场的管理，丰富金融工具和技术。

(4) 资本流动自由化。允许外国资本方便地进入本国市场，同时也放宽本国资本进入外国市场的限制。

4. 负收入效应。在金融抑制条件下，当通货膨胀削减货币的实际价值时，人们就会减少以货币形式的储蓄。社会储蓄减少，社会投资的资金来源就少，国民收入的增长速度就慢。这又进一步制约储蓄和投资的增长，制约国民收入的增长，形成恶性循环。

5. 负储蓄效应。负储蓄效应是指，在经济货币化程度低的发展中国家，由于收入水平较低，通货膨胀率一般较高，社会缺乏丰富的金融工具和投资渠道。政府的低利率政策常常不能弥补价格上涨给储蓄者造成的损失，这往往激励人们通过购买实物、增加消费、向国外转移资金的方式回避风险，产生不利于储蓄率提高的社会效应。

6. 负就业效应。负就业效应是指在金融抑制下，传统部门得不到支持，劳动密集型产业得不到发展，迫使大量农村劳动力涌向城市。而在城市，投资注重的是资本密集型产业的发展，吸纳的劳动力十分有限甚至排斥劳动力。未被吸纳的劳动力则处于失业、半失业状态，形成大城市中特有的贫民阶层。

五、简答题

1. 金融压抑理论的主要内容是什么？我国现在是否有金融抑制？有哪些金融压抑的现象？

金融压抑理论是金融发展理论的组成部分，其主要内容包括：金融抑制概念、金融抑制的制度特征、金融抑制的具体现象及其导致其发生的政策原因。经过40年的改革开放，中国金融抑制状况有了相当大程度的改变，并仍然处于进一步深化的改革进程中。尚未解决的部分主要表现为金融“二元结构”未彻底解除。

2. 金融深化理论的主要内容是什么？

金融深化理论是金融发展理论中的重要组成部分，主要内容是关于促进储蓄向投资的转化，实现经济增长金融发展互相促进的政策理论。该理论认为金融深化是解决金融抑制的有效政策。政府通过放弃对金融体系和金融市场的过分干预，发挥金融市场机制特别是利率机制在金融资源配置中的作用。

六、论述题

1. 结合中国与欧洲金融发展历史，分析金融发展与经济发展的基本关系。

第一，经济发展决定金融发展。金融是内生于经济的一种产业，无论是金融的支付、信用以及其他资源跨期配置功能的产生、发展，以及金融市场的形成与发展、金融宏观调控、金融监管的需要都是因经济发展的需要，经历了由低级向高级不断发展完善的过程。

第二，经济的不同发展阶段为金融发展提供的社会经济环境条件也不相同，由此决定了金融发展的结构、规模和阶段。

第二，金融促进经济发展。首先，通过金融支付中介功能，金融极大地降低了经济发展的社会综合成本，提高了产出的效率，使经济成长为金融经济。在金融经济条件下，金融作为生产要素的载体，已经成为推动社会经济发展必不可少的要件。其次，金融信用中介功能，筹集资金和运用资金、合理配置资源，促进储蓄转化为投资，为规模化经济发展提供条件，并为最大限度地实现资源跨越时间、空间流动提供可能。再次，金融机制的定价功能和风险管理功能，有效减少经济发展中不确定性的负面影响。最后，金融产业产值的增长直接为经济发展做贡献。

2. 试分析中国金融体系改革与金融深化政策主张的不同。

金融深化论的核心观点是：政府应放弃对金融体系和金融市场的过分干预，允许市场机制特别是利率机制自由运行，引导资金流向，刺激金融业的扩展。金融深化的政策主张：一是解除对存贷款利率的控制；二是采取有力措施抑制通货膨胀；三是逐步放松对汇率的限制，允许汇率在适度范围内自由浮动；四是取消对国有企业的各种补贴，使这些企业成为独立自主、自负盈亏的经济实体。金融深化论关注的是具体的政策措施。部分西方学者还认为金融深化政策就是金融自由化政策。

中国金融体制改革政策与金融深化的政策主张主要的区别在于起点不同、改革目标有差异。

中国的金融体制改革政策是服务于通过渐进式改革模式建设中国特色社会主义，即建设社会主义市场经济体制大目标的。中国金融体制改革起步于计划经济，在改革的起点上，中国金融体制存在的问题与实行市场经济的发展中国家有所不同，有着深厚的中国特色，既有市场机制不健全的所致的金融抑制现象，也有由于长期实行计划经济所致的缺乏市场经济文化、制度、法制环境等问题，不是简单的依靠政府放松管制就可以解决的。同时，中国经济体制改革本身的目标是要在提高社会财富水平的条件下，促进实现人民群众利益最大化，即实现社会社会经济协调、可持续发展。在金融体制改革过程中关注人民群众的利益、技术进步、社会与自然生态系统和谐稳定，不把金融自由化当作目标。

3. 结合金融深化理论，谈谈我国应怎样进行金融和经济发展，如何才能避免金融自由化失败国家的教训?

要结合经济体制改革和发展进行金融体制改革。具体而言，

第一，金融深化所主张的政策在中国金融体制改革中可以有选择的采用。但不能脱离国情一味以金融自由化为改革目标。在放松对金融体制管制的过程中，一定要有稳定的宏观经济背景。以避免由过激改革带来的经济不安定的状况。

第二，金融深化改革必须与价格改革或自由定价机制相配合。最基本的就是要形成合理有效的市场定价机制，并且解除政府管制下的行业垄断和金融机构的准入限制，否则，金融市场的价格仍然会是扭曲或错误的，出现新的资源配置结构失调。

第三，金融改革并不是要完全取消政府的干预，而是要改变干预的方式。政府将以法律和经济干预的方式继续发挥主导作用，要以法律和经济干预取代人为的行政干预。

第四，政府在放松金融管制和价格改革政策时，应根据公平原则和政治均衡要求，适当采用经济补偿手段。

第五，金融市场化改革要注重循序渐进和依次完成。金融市场化改革是需要长期进行的系统工程，不可能一蹴而就，应该根据国情探索最优顺序，同时，改革期间要控制国际短期资本流动，以减轻金融体系的压力。